로르샤흐 수행평가체계

실무 가이드북

실시, 기호화, 채점

우상우 저

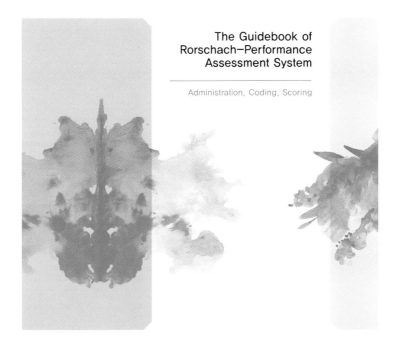

The Guidebook of
Rorschach–Performance
Assessment System

Administration, Coding, Scoring

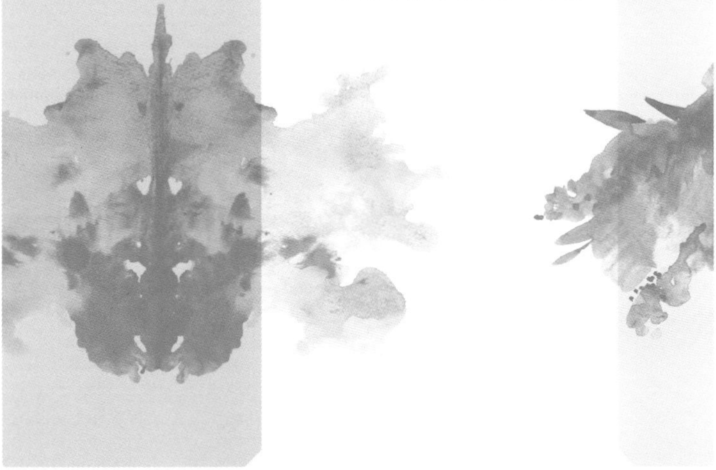

학지사

머리말

내가 로르샤흐 수행평가체계(R-PAS)에 관심을 가진 지 어느새 10여 년이 흘러가고 있다. 그동안 실무 영역에서 로르샤흐를 사용하시는 선생님들이 가진 '모호하고 막연했던 로르샤흐에 관한 생각'이 점차 '정확한 로르샤흐 사용법과 관련된 생각'으로 변해 가고 있다는 것을 발견할 때마다 R-PAS에 대한 기대가 더는 막연한 것이 아님을 알아차리게 된다. 하지만 여전히 '심리평가 장면에서 로르샤흐 사용법을 굳이 배워야 할까?'라는 의문을 가진 지도감독자 선생님들을 마주하기도 한다. 로르샤흐에 대한 불분명하고 막연한 지식과 태도는 로르샤흐의 가치와 실용성을 검토하고 따져보는 작업부터 어렵게 만들었었다. 많은 나라에서 로르샤흐 검사법이 엑스너의 종합체계에서 수행평가체계로 꿋꿋이, 그리고 격렬하게 밟아 갈 때 국내에서 이러한 흐름을 함께하지 못하고 지켜만 봐야 하는 것은 너무나 아쉽고 안타까운 일이 아닐 수가 없었다. 이제는, 로르샤흐의 발달 과정에서 우리나라의 발걸음이 더 느려지지 않아야 하고 우리가 모르기도 했으며, 누군가는 알아가려고 하지도 않았던 로르샤흐가 어떤 가치를 지닌 평가법인지 제대로 알아볼 기회가 왔다고 생각한다. 현재에는 R-PAS®에서 수행평가체계를 적극적으로 소개하고 정확하게 사용할 수 있는 온라인 지원 시스템을 구축해 둠으로써 로르샤흐 사용자들의 편의성을 다방면으로 극대화했다고 생각한다. 이러한 지원을 통해 많은 로르샤흐 사용자들의 로르샤흐에 대한 접근성을 높였을 뿐만 아니라 좀 더 세부적이고 친절한 매뉴얼을 통해 종합체계보다 눈에 띄게 정확하고 상세한 로르샤흐 검사의 사용 근거를 갖추게 되었다.

현재 우리나라에서는 R-PAS의 낯선 느낌과 부가적 학습에 대한 부담으로 엑스너의 종합체계에서 쉬이 벗어나지 못하는 학습자들과 실무자들이 많은 실정이다. 이러한 변화에 낯선 느낌은 비단 로르샤흐의 변화만은 아닌 듯하다. 웩슬러 지능검사의 새로운 개정판이 출간되는 과도기마다 기존 도구에 익숙한 실무가들은 정체를 알 수 없는 고집인지 모를 불편감을 호소하기도 한다. 하지만 심리검사를 다루는 전문가들이 준수해야 할 심리검사 관련 규정에서도 밝히듯이 시대에 맞는 가장 신뢰할 수 있고 타당한 검사를 사용해야만 할 것이다. 그렇기에 로르샤흐 검사도 이제는 전통적인 방식이 가진 한계점을 수용하고 근거를 바탕으로 검증된 방식의 사용체계에 익숙해져야 할 때이다. 하지만 로르샤흐 활용법의 변화-발전 과정에서 엑스너의 종합체계는 치명적인 한계를 안고 있다 할지라도 고유한 사용체계로서 기념비적인 가치를 인정받아 마땅하며 R-PAS의 시대가 왔다 하더라도 엑스너의 명성과 업적은 누구도 쉽게 비난할 수가 없을 것이다. 이제 온고지신(溫故知新)의 가치를 새기며 R-PAS로 앞으로 얻게 될 학문적 · 실제적 유용성을 마음껏 누릴 준비가 필요한 순간이다.

나는 로르샤흐의 새로운 국제적인 흐름에서 우리나라도 더는 지연할 수 없다는 개인적 오지랖에 기대어 오래전부터 로르샤흐 학습을 위한 시리즈 책을 계획하였다. 이 책에 앞서 『개념으로 배우는 로르샤흐』를 먼저 출간하게 되었는데 실시, 기호화, 채점 과정을 다루기 전에 로르샤흐의 정확한 개념 숙지가 되어야만 한다는 고집이 한몫하였다. 이러한 이유뿐만 아니라 결과를 해석하는 방식은 r-pas.org의 '온라인 해석 가이드'를 번역하면서 스스로 학습을 할 수 있는 자료가 마련되었다고 생각했고, 이와 함께 'R-PAS 매뉴얼'에서 소개하는 가설을 참고하는 것으로 충분히 활용할 수 있을 것으로 생각했다. 사실 이러한 생각은 로르샤흐 학습의 순서를 고려한 것이기도 한데 기본 개념을 정확히 익힌 후 실시, 기호화, 채점, 해석이 이루어지는 것이 안전하다고 판단해서이다. 그렇게 로르샤흐 시리즈의 두 번째 책으로『로르샤흐 수행평가체계 실무 가이드북: 실시, 기호화, 채점』을 출간하게 된 것이다. 이후 R-PAS 시리즈의 다음 책으로 기호화 워크북과 사례집을 계획하고 있으며 충분한 사례를 모을 수 있는 시간을 갖고 그리 머지않은 시기에 출간할 수 있도록 준비 중이다.

이 책에서 전하는 R-PAS의 정보는 r-pas.org에서 제공하는 공식 정보와 매뉴얼에 담긴 내용을 기반한다. R-PAS가 제시하는 사용 규칙에 벗어나지 않으면서도 쉽고 빠르게 학습할 수 있도록 새롭게 내용 구성을 하였고 국내 문화, 특히 언어문화에 적합한 언어 선택과 기술 방식을 더해 한국어 사용자들에게 좀 더 쉽게 이해될 수 있도록 노력하였다. 제1장에서는 R-PAS를 활용하는 것은 통합적 심리평가 전체 과정의 일부라는 것을 강조하려고 하였으며 이 과정에서 R-PAS의 가치를 정리해 보았다. 제2장에서는 R-PAS의 실시 방법에 초점을 두었으며, 실무지침서의 기능을 넘어서지 않는 수준에서 가능한 한 상세한 설명을 제시하고자 하였다. 제3장에서는 R-PAS의 기호화 방식의 친절함과 구체성이 잘 드러날 수 있으면서도 기호화의 핵심 사항을 간명히 정리하려고 하였다. 제4장에서는 r-pas.org의 채점에 필요한 기본 상품 구매 방법 등을 포함하여 기본적 지원체계를 활용하는 방법과 실제 사례 자료에 대한 온라인 채점 프로그램을 사용하는 방법을 실제 화면 이미지를 제시하며 시각적으로 안내하였다. 그리고 온라인상에서 결과를 보는 방법과 해석 가이드를 사용하는 방법도 추가로 설명해두었다.

그리고 전체 장의 예시들 대부분은 로르샤흐 검사를 위해 내가 직접 검사했던 수검자들에게 정보 활용 동의를 받은 자료이며, 책에 실을 수 있는 정도의 각색과 수정을 한 예시이다. 해당 예시는 생생한 수검자의 반응으로 현실적인 이해를 돕기 위해 가능한 수검자가 사용한 '틀린 맞춤법'이나 '불쾌한 언어' 등을 수정 없이 그대로 소개하려고 하였다. 심한 욕설이나 성적 표현 그리고 폭력적인 표현들도 그대로 포함되어 있을 것이다. 이러한 표현이 특정 학습자에게는 불쾌함을 느끼게 할 수도 있지만 생생하게 전달을 하려는 의도를 독자들도 이해할 수 있을 것이라는 믿음에 가감 없이 제시하였다. 이러한 예시들은 실제 장면에서 만나고 앞으로 만날 내담자와 환자들에게 충분히 들을 수 있는 말들이기에, 특히 초심자들은 현장의 느낌을 예상해 볼 수 있기를 바란다. 한편, r-pas는 새로운 결과와 개념들이 추가되고 수정되고 있기에 앞으로 이에 상응하는 한국어 표기법이 추가될 수도 있다. 하지만 의미와 내용상 변화는 크지 않을 것이기에 학습에 큰 불편함은 없을 것이라 예상된다.

끝으로, 최근 짧은 시간에 결과물을 볼 수 있도록 나를 자극하기도 하고 응원과 힘을 불어넣어 주기도 한 많고 다양한 분들에게 감사를 전한다. 특히, R-PAS 실시 가이드북이 필요하다는 많은 수련생과 실무가 선생님들의 바람과 응원이 아니었다면 이 시점에 이 책을 만날 수는 없었을 것이다. 어쩌면 수년이 더 걸렸을지도 모를 일이다. 그리고 나에게 학문뿐만 아니라 인생에서의 멘토로서 역할을 기꺼이 맡겨 준 '희망찰 모임'에 크나큰 감사를 드린다. 그리고 R-PAS®의 비지니스 매니저 Mark Lafferty를 비롯하여 나에게 온라인 해석 가이드와 웹사이트의 한국어 번역을 맡겨 준 R-PAS® 팀에게 언제나 처음처럼 감사의 마음을 전한다. 끝으로 지금까지 세 번째 저서를 출판할 수 있게 해 주신 학지사 김진환 대표님과 한승희 부장님 그리고 편집을 위해 고생해 주신 이세희 님께 미안함과 감사함을 전한다.

2024년

저자 우상우

차례

제1장

수행평가체계 활용의 기초

Rorschach

The Guidebook of Rorschach-Performance Assessment System

1. 심리평가 수행의 구조

심리평가는 평가를 '**의뢰한 사람**'과 평가를 수행하는 '**훈련된 평가자**'의 약속된 작업이다. 심리평가는 '**의뢰자**'와 '**평가자**' 그리고 '**평가대상**'으로 완성되는 것이며, 의뢰자의 '물음'에 합리적이고 가장 최선이라 여길 만한 '**답변**'을 제시하는 전체 과정을 말하는 것이다.

먼저, 심리평가를 의뢰한 사람, '**의뢰자**'는 앞으로 진행될 심리평가 수행의 목적을 제시해 주는 주체가 된다. 실제 다양한 장면에서 심리평가가 수행되지만 '의뢰자가 평가대상이 되는 상황'에서는 명확한 의뢰자 역할이 없는 상태에서 심리평가 수행이 이루어지기도 한다. 어떤 상황이든 '의뢰자'가 없으면 심리평가 수행은 이루어질 수 없고, '훈련된 평가자'가 없으면 환자 또는 내담자에게 실제적 도움을 줄 수 없을 것이다. 우선, 훈련된 평가자가 되기 위해서는 대학원 수준 이상의 학위과정과 실제 임상 장면의 수련 프로그램을 거쳐야 하고, '의뢰자'는 강제로 만들어 낼 수도 없고 그렇게 해서도 안 된다. 평가자가 아무런 동기가 없는 사람에게 의뢰자 역할을 하게끔 강제하여 심리평가 수행을 하게 된 경우는 심각한 법적 문제를 겪을 수도 있다. 그래서 평가자는 심리평가를 적절히 수행할 수 있는 실무 능력뿐만 아니라 평가대상이 심리평가를 받음으로써 겪게 될 '다양한 경험과 그 결과에 대한 책임감'을 지녀야만 한다. 의뢰자는 평가대상의 심리평가 결과를 들어야 할 의무와 책임이 있고 듣게 될 평가 결과를 어떻게 활용해야 평가대상의 안녕에 도움이 될지 잘 알고 있어야 할 것이다. 만약 의뢰자가 평가대상에게 도움을 주지 못할 것 같다는 '능력 및 자신감 부족'으로 인해 불안을 느낀다면 자신이 감당하기 불편한 환자와 내담자를 심리평가자에게 던져 버릴 수도 있을 것이다(예: 자녀의 심리평가를 의뢰하는 부모님, 다루기 귀찮은 학생의 심리평가를 의뢰하는 위클래스 전문상담 선생님, 일이 불거져 자신에게 불똥이 튈 것을 염려하는 특정 조직의 관리자 등). 이뿐만 아니라 평가자는 평가대상을 '이상한 사람'으로 낙인을 찍고 그러한 증거를 확인하려고 심리평가를 의뢰하려는 비의식적 마음을 심각하게 경계해야 할 것이다.

한편, '**평가자**'는 의뢰자에게 책임감 있는 '의뢰자로서 역할'을 할 수 있도록 안내하고 교육하고 협의해 나갈 수 있도록 해야 한다. 지정된 평가대상에게 심리평가를 왜 의뢰하게 되었고, 어떤 상황에서 의뢰하게 되었으며 평가대상에 대해 무엇을 알고 싶은지 등의 '의뢰목적'을 물어보면서 의뢰자로서 책임감과 역할을 상기시킬 수 있으며 평가수행에 책임을 갖고 관여하도록 도와줄 수 있을 것이다. 만약 의뢰자가 평가작업에 거리를 두려고 하거나 직접 관여하지 않으려고 한다면 평가대상과의 관계에서 느끼는 불편감을 벗어 버리려는 비의식적 태도를 점검해 봐야 한다. 이러한 불편감을 낮추고 책임감 있는 관여 태도를 갖추게 도와주는 것이 평가자의 능력일 것이다. 유능한 평가자 역할을 하기 위해서는 의뢰자 및 평가대상이 평가자를 진실하고 신뢰할 수 있는 사람으로 경험할 수 있도록 해야 한다. 구체적으로 호감 가는 표정과 말투 그리고 외양을 갖추는 것, 자신의 평가수행과 평가결과에 대한 책임감, 편견 없이 있는 그대로 평가대상을 보려는 태도, 인간 행동의 적응과 부적응에 대한 적절한 심리학적 관점, 심리평가에 요구되는 전문적 지식, 면담, 행동관찰, 심리검사를 활용한 심리측정 수행에서 필요한 실무 능력, 가용한 정보를 통합하여 의뢰문제에 대한 다양한 가설을 만들 수 있는 능력,

'평가대상이 속한 실제 삶에서 모습'에 대한 진실한 관심, 심리평가로부터 얻을 수 있는 평가대상의 심리적 안녕을 위한 피드백 및 의사소통 능력 등등이 필요하다. 훌륭한 평가자가 훌륭한 의뢰자를 만드는 법이다. 어떤 심리평가 수행 상황에서도 의뢰자는 의뢰자다워야 하고, 평가자는 평가자로서 책임과 능력을 갖추고 있어야만 한다.

의뢰자와 평가자 사이에서 주고받는 핵심 메시지는 '**의뢰목적**'에 담겨 있다. 의뢰자와 평가자의 관계는 오로지 평가대상에 대해 이해하고자 하는 특정된 의뢰목적, 즉 '**의뢰문제**(referral question)'로 연결되어 있다. 의뢰자가 평가대상에 대해 궁금해하는 물음에 평가자가 합리적이고 최선의 가정적인 답을 해 주는 것이 심리평가의 목적인 것이다. 만약 의뢰문제가 설정되지 않은 상황에 심리평가가 진행되는 것은 심리평가자의 권한을 넘어선 작업이 될 수 있다. 원하지도 않은 환자와 내담자에게 '당신은 이러저러한 사람이군요' 식의 점치기가 되지 않도록 조심해야 한다. 그러한 점치기 수행이 그들에게 궁극적인 도움이 될지라도 의뢰문제를 협의하지 않았다면 평가자의 잠재된 성격적 문제를 반영한 오만한 태도의 발현일지도 모를 일이다. 실제 심리평가 수행 장면에서 의뢰문제를 명확히 하려는 시도 없이 일방적으로 검사를 선정, 실시하는 경우가 심심찮게 발견되는데 '정확하게 잘못된 수행'임을 평가자 스스로가 인식하고 있어야 한다.

심리평가 의뢰문제를 협의해 가는 과정에서 발생하는 대표적인 문제 몇 가지를 살펴보면 우선, '**상담 및 심리치료의 목적**'과 '**심리평가의 의뢰목적**'을 구별하지 않거나 혼동하고 있다는 것이다. '**상담 및 심리치료의 의뢰목적**'은 환자와 내담자가 겪고 있는 불편함이나 부적응에서 벗어나 심리적 안녕을 얻고자 하는 내용이 무엇이며, 어떠한 궁극적으로 앞으로 되길 바라는 상태가 무엇인지에 대한 물음이다. 이러한 물음은 의뢰자가 가질 수도 있고(예: 평가대상의 부모님, 담당 선생님 등) 평가대상이 직접 요청할 수도 있다. 반면, '**심리평가 의뢰목적**'은 평가대상이 겪고 있는 불편함이나 부적응을 포함해 의뢰자가 평가대상에 대해 알고자 하는 것이 무엇인지에 대한 물음인 것이다. 그래서 상담 및 심리치료의 목적은 평가대상이 어떻게 '되고 싶다는 바람이나 소망'과 관련되어 있으며, 심리평가 의뢰목적은 평가대상에 대해 '알고 싶은 내용'과 관련이 되어 있다.

의뢰목적을 협의하는 과정에서 발생하는 또 한 가지 문제점은 평가대상의 동의와 관계없이 평가자가 환자 또는 내담자에 대해 좀 더 분명하게 개념화하여 이해하고자 할 때 발생한다. 이러한 평가자의 태도가 본질적인 잘못은 아니나 규정상 잠재된 문제가 있다. 실제로 심리평가 수행이 갖는 궁극적인 목적은 향후 치료적 과정의 일환으로서 환자 또는 내담자의 긍정적이고 적응적인 변화를 이끄는 데에 있다고 할 수 있다. 평가자는 이러한 역할에 따른 정체성을 가지고 있기에 평가대상에게 실제적 도움을 줘야 한다는 압박을 가질 수 있으며 이 압박을 생산적으로 잘 해결해 낸다면 좋겠지만 그렇지 못할 경우, 평가대상을 '고장 난 대상'으로 인식하여 일방적인 위계적 개입을 해 버릴 수도 있다. 이는 환자와 내담자에 대한 평가자의 과잉 책임감 또는 과잉 수행인 것이다. 즉, 환자와 내담자를 존엄한 인간으로서 인정하지 않는 비의식적 태도의 반영일 수도 있다는 것이다. 그 의도가 내담자와 환자를 잘 도와주고자 하는 좋은 것일지라도 의뢰자와 협의하지 않았다는 점 때문에 윤리적 · 법적 문제를 갖게 되고 자칫 평가대상과 법적 분쟁에 직면할 가능성도 있다. 그렇기에 의뢰문제를 협의하는 과정이 필수 절차임을 명심해야 하고 좋은 의도가 있다고 하더라도 협의가 되지 않는다면 그로부터 발생할 여러 문제 상황에 대해 평가자가 책임을 져야 할 것이다.

이상에서 설명했듯이 실제 심리평가 수행이 이루어지는 모든 장면은 의뢰자, 평가자, 평가대상의 역할이 정확하게 설정되어야 한다. 심리평가가 수행되어야 할 장면이 어떤 곳이냐에 따라 의뢰자의 특징이 달라지지만 어떤 경우라 할지라도 심리평가 수행 구조의 전제를 어겨서는 안 된다는 점을 명심해야 할 것이다. 먼저, 심리평가 수행 장면이라면 가장 오랜 역사를 가진 전통적인 심리평가 영역인 '**병원 장면**'이라 할 수 있다. 병원 장면에서는 비교적 자연스럽게 정확한 평가자–의뢰자 역할 관계가 설정되는데, 전적으로 '의사'가 담당 환자에 대한 심리평가를 의뢰하기 때문에 심리평가 수행의 명분이 명확하다. 이뿐만 아니라 의뢰목적도 상당히 분명하고 구체적이다. 의사는 자신이 담당하는 환자의 전반적인 심리적 상태를 알고자 할 수도 있고, 문진을 통해 얻게 된 진단적 인상의 근거를 심리검사를 통해 얻고자 할 수도 있으며, 환자가 겪고 있는 증상이나 징후와 관련된 양적·질적 특징을 확인해 보려 할 수도 있을 것이다. 이뿐만 아니라 감별진단을 위한 구체적인 세부 사항을 얻기 위해 의뢰할 수도 있다. 그래서 일반적으로 병원에서 심리평가 수행을 하는 거의 모든 평가자는 적합한 의뢰자(담당 의사) 역할을 안내하기 위해 특별히 노력하지 않아도 된다. 병원이 가진 최적화된 시스템에 얹혀 그에 적합한 수행을 할 수 있기에 의뢰자에 대한 교육이나 의뢰자와의 협의 과정을 굳이 거치지 않으며 담당 의사가 알고자 하는(의뢰하는) 문제에 따라 실제 평가수행을 하기만 하면 되는 것이다. 대부분 병원 장면에서 담당 의사가 임상심리사에게 심리평가를 의뢰하는 형식은 전산화되어 있으며, 특이 사항이 있을 시 직접 소통하며 의뢰

문제를 명확히 한다. 이 과정에서 심리평가를 의뢰하는 담당 의사의 선호 방식을 사전에 전달 및 교육받을 수도 있고, 임상심리사가 적절히 담당 의사에게 의뢰 방식에 대한 제안 및 요청할 수도 있다. 특히, 개업 병원 장면에서는 담당 의사와의 소통이 좀 더 직접적이고 자유로운데 환자에 대한 질 높은 심리평가 서비스 제공을 위해 적극적으로 담당 의사, 간호사, 의료 코디네이터 등과 생산적으로 자유롭게 의논하는 작업 분위기를 형성, 유지하려고 노력하는 것도 중요한 부분이다.

한편, 병원 외에 대표적인 심리서비스 제공 장면은 '개업 장면(예: 심리상담센터/연구소)', 국가가 위탁 운영하는 '복지관(예: 청소년상담센터, 다문화/건강가정지원센터)', '학교상담 장면(예: Wee클래스/센터, 학생생활상담센터)' 등을 들 수 있다. 이들 기관에서는 의뢰자와 평가자의 관계가 체계적으로 고정되어 있지 않고 다변적이고 복잡한 경우가 많아서 평가의뢰 목적을 협의할 때 특별히 신중한 태도를 갖추어야 한다. 병원 외 장면에서 심리평가를 의뢰하는 사람은 스스로

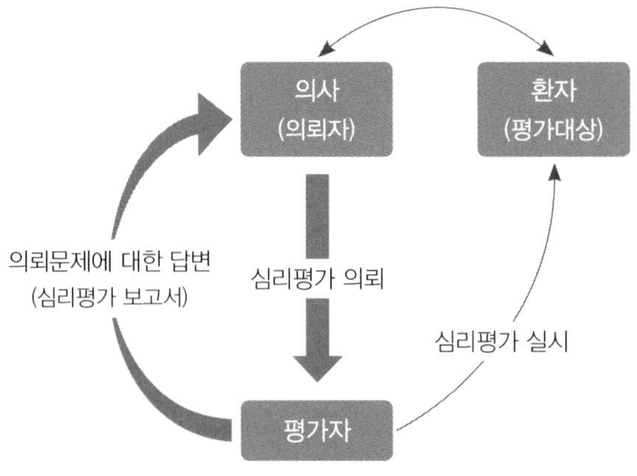

[그림 1-1] 병원 장면에서 심리평가 수행의 구조

가 심리평가 대상인 경우가 많고, 아동・청소년의 경우에는 보통 그들의 보호자가 의뢰자가 된다. 그리고 학교 장면에서는 학생을 관리하고 교육하는 선생님, 상담교사 등의 학교 관계자가 될 수도 있다. 이상의 장면에서는 병원 장면처럼 약속된 의뢰체계가 자리 잡혀 있지 않기에 평가대상과 관계되는 다양한 사람들의 역할을 분명히 인식하는 것이 중요하다. 이러한 역할 관계를 분명히 하지 않을 시 의뢰자가 평가대상을 골칫거리로 여기거나 평가대상을 다루어야 하는 책임을 회피하려는 비의식적 의도로 평가대상을 떠넘기게 되면서 그들을 더욱 힘들게 만들 수도 있다.

개업 상담센터를 중심으로 살펴보면, 보통 내담자가 자발적으로 예약 방문하는 경우가 많은데 이 경우 보통 상담 및 심리치료에 대한 바람을 표현할 것이다. 신체적 문제에 대한 도움을 받으러 병원에 방문할 때 접수 시 자신의 불편함을 강조하는 것이 일반적이며, 특정 신체 부위에 대한 검사(평가)를 받고 싶다고 요구하는 환자는 드물다(예외, 정기검진. 이 경우도 암묵적 동의가 되어 있다). 이와 마찬가지로 개업센터를 찾은 내담자에게 아무런 설명과 안내 없이 즉석에서 검사를 시행해 버리는 것은 잘못된 것이다. 일반적으로 상담/심리치료 초기에 내담자가 요청하는 내용은 상담 및 심리치료에 대한 의뢰목적이 되고 심리평가 목적은 본격적인 상담 및 심리치료가 진행되면서 평가자와 내담자가 함께 협의하게 된다. 초기 회기를 거치면서 충분히 자신이 받길 원하는 심리서비스의 내용과 방향이 무엇인지 평가자에게 요청하게 되고 이에 따라 '**자신의 특정 심리에 대해 알게 된다면 좀 더 구체적인 도움을 받을 것이라는 점**'에 동의할 때 실질적인 심리평가 절차가 진행되는 것이다.

이 과정에서 평가자가 심리평가 수행의 속성을 정확히 이해하지 못할 때 혼란스러울 수 있는데, 전문적 심리평가 서비스의 특징과 심리서비스가 제공되는 실제에서 심리평가의 특징을 정확히 이해하는 것이 필요하다. 보통 심리평가는 평가자 개인의 머릿속에서 이루어지는 내적 수행이기에 평가자가 내담자의 심리를 평가하고 있다 하더라도 내담자는 자신이 심리평가를 받고 있음을 알아차릴 수는 없다. 다만, 수검자는 자신의 심리적 상태를 평가자에게 알려 주려는 태도(도움을 받기 위한 정보 전달)로 면담에 임하면서 자연스럽게 평가를 받고 있다고 느낄 수 있다. 본인의 의도나 인식과는 상관없이 상담자/심리치료자가 스스로 심리평가를 의식적으로 하고 있지 않다고 느끼더라도 심리평가는 이루어지고 있다는 것이다. 어쨌든 상담사/심리치료사가 내담자의 상담 의뢰목적을 달성하기 위해서는 내담자에 대한 이해는 필수 조건이다. 내담자의 심리적 상태를 모르고서 어떠한 상담이나 심리치료는 불가능하다. 이러한 실제 장면에서의 심리평가의 속성은 심리평가가 선택이 아니라 상담 및 심리치료 과정에서의 반드시 정확하게 수행해야 할 임무이다. 보통 이처럼 내담자에 대한 이해를 위한 전문적인 수행을 하면서도 치료자 스스로가 특별히 '심리평가 수행'을 하는 것이라 의식하지 않기도 한다.

일상적으로 심리평가 수행의 한 절차로서 '심리검사 도구를 사용'할 때는 내담자도 평가자도 오히려 '심리평가가 이루어지고 있는 것'으로 인식한다. 즉, 내담자는 특별히 시간과 장소를 정하고 검사 사용규칙에 따라 지시와 자극을 제시하는 실험적 절차를 거칠 때에야 심리평가를 받고 있다고 인식하는 것이다. 하지만 심리평가 영역에서는 이러한 수행을 '**심리검사**' 또는 '**심리측정**'이라 한다. 상담 영역에서 주로 사용하는 개념 중 내담자를 이해하는 과정을 '**사례 개념화**'라 하는데 이는 실질적으로 심리평가 수행이라 할 수 있다. 하지만 사례 개념화 과정에서 심리검사를 사용해야 '심리평가'를 한다고 생각하기도 하는데 이는 잘못된 생각이며, 심리검사와 심리평가의 개념을 정확히 구분하지 않고 있다는 것을 보여 주는 예이다.

이상에서 설명했듯 개업 장면의 복잡한 특성 때문에 분명한 심리평가의 구조를 설정하는 것은 매우 어렵고 그만큼 신중함을 요구한다. 우선, 심리평가의 '의뢰자'와 '평가대상' 모두 내담자 본인이 되는 경우가 많으며 동시에 상담사/심리치료사는 '평가자'의 역할뿐만 아니라 상담 및 심리치료 과정 전반에 관여하는 '상담자/심리치료자' 역할까지 맡게 될 수도 있다. 이러한 '평가자'와 '상담/심리치료자'의 이중 역할 구조가 상담 및 심리치료 목표를 달성하는 데에 잠재적인 문제가 될 수 있음을 인식하고 있어야 하며, 이러한 이중 역할의 영향을 충분히 고려하고 그로 인한 결과를 가능한 통제할 수 있도록 세심한 계획 및 마음가짐이 필요하다. 만약 치료자 스스로가 감당하기 어려운 영향이 예상되거나 내담자와의 치료적 관계에 중요한 문제가 발생할 것이라 예상될 경우, 다른 평가자에게 의뢰하는 것을 신중히 고려해야만 할 것이다.

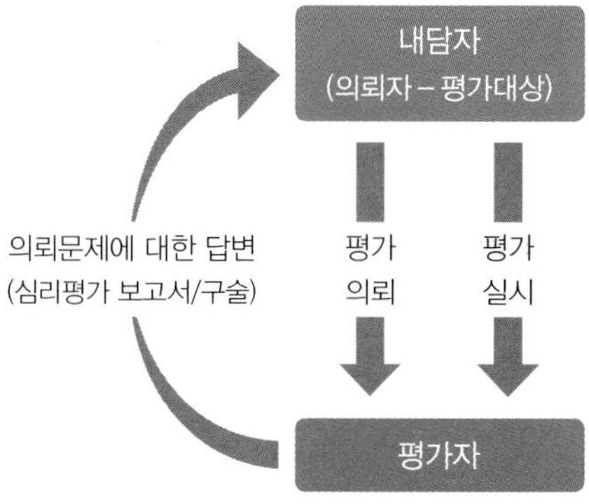

[그림 1-2] 심리서비스 개업 장면에서 심리평가 수행의 구조

어떤 경우가 되었던 평가자가 결정되었다면, 평가대상이자 의뢰자인 내담자 자신이 알고자 하는 심리적 내용(의뢰문제)을 평가자와 함께 만들어 가게 된다. 일반적으로 내담자 스스로가 심리평가 수행에 적합한 형식의 의뢰문제를 만드는 것을 매우 어려워하는데 심리적 부적응이 합리적 적응을 방해해서이기도 하지만 '상담목적'과 '심리평가 목적'을 구별하지 못해서인 경우가 많다. 두 가지 목적이 다르다는 것을 안내한 뒤에도 여전히 일반적인 진술로 보고할 때도 많다. 예를 들어, '나의 성격이 어떤지 알고 싶어요', '내가 진짜(얼마나) 이상한지 알고 싶어요', '앞으로 어떻게 살면 좋을지 알고 싶어요' 등. 이러한 추상적이고 모호하며 일반적인 진술을 그대로 받아들이고 다음 절차로 넘어가 버리게 되면 최종 평가결과 피드백의 방향과 범위를 잡는 것이 매우 어려워질 것이다. 그래서 내담자가 일반적이고 두루뭉술하게 보고하면 평가자는 내담자가 실제 장면에서 겪고 있는 불편함이나 부적응과 관련된 구체적 내용을 말할 수 있도록 안내해야 한다. 예를 들어, '○○○ 님이 생각하는 본인의 성격은 어떠한지요?', '주위 사람들은 자신의 성격이 어떻다고 하던가요?', '언제부터 자신의 성격에 대해 궁금했던가요?', '스스로 자신이 이상하다고 생각하는지요?', '어떤 점에서 자신이 이상하다고 생각하시나요?', '만약 이상하다고 결과가 나오면 어떠실 것 같으신가요? 어떻게 하실 건가요?'와 같은 질문을 시작으로 실제 적응 장면에서 불편함을 명료히 하고, 그 불편함을 만들게 된 원인이 무엇일지 진지하게 검토해 볼 수 있을 것이다. 이러한 과정을 거치면서 의뢰문제는 더욱 구체적이고 분명해질 것이다. 그런데 내담자는 전문적인 심리평가의 절차나 가치에 대해 잘 알지 못하는 일반인이다. 그렇기에 평가자의 관점에서 내담자에게 심리평가 수행(심리검사를 포함하는 과정)이 도움이 될 것이라 예상된다면 반드시 내담자에게 충분히 안내하여 본인에게 심리평가 작업(심리검사)이 왜 필요한지 분명히 이해시켜야 할 것이다.[1] 만약 평가자의 이러한 안내를 하지 않거나 단순하고 일반적인 안내만 하고 심리검사를 진행해 버리면 내담자는 자신이 참여해야 하는 평가작업의 필요성을 온전히 이해할 수도 없고 평가작업에 대한 충분한 동기부여도 없이 평가 상황에 순응적인 태도로 임하게 될 가능성이 커진다. 혹시라도 의존적이고 불안이 심한 내담자라면 그들의 의존성이나 불안을 더 키운 상태의 수검 태도를 갖추게 할 수도 있다. 이뿐만 아니라 극단적인 상황에서는 원치 않은 과잉검사로 윤리적 · 법적 문제가 불거질 수도 있을 것이다.

개업 장면에서 겪을 수 있는 심리평가 구조 설정의 또 다른 어려움은 아동, 청소년 대상이 부모님으로부터 의뢰되었을 경우이다. 이는 보통 자녀의 측면에서 자발적이기 어려운 조건이며, 특히 자녀의 문제행동을 원인으로 의뢰되었을 때 아주 세심한 주의가 필요하다. 어떤 연령 집단이라도 비자발적인 내담자를 심리평가 목적에 맞게 이끌어 가는 것은 몹시 힘든 일이며, 이때 상담자, 평가자의 대인관계 능력이 중요해진다.[2] 내담자가 심리평가에 비자발적으로 참여하는 상황에서는 심리검사에 대한 계획을 잠시 보류하는 것이 필요하다. 왜냐하면 심리측정 과정에서 내담자의 비자발적 태도가 반영되어 진정한 개인성을 확인하기 어렵기 때문이며, 또한 측정하지 않아

---

1) 내담자에게는 '심리평가'라는 단어보다 '심리검사'라고 설명하는 것이 더 분명히 전달될 것이다.

2) 심리평가자로서 능력 향상을 원하는 실무가들이 자신의 대인관계 형성 능력과 심리평가자가 필요한 능력은 별개의 것이라 여기는 경우가 있는데 대인관계 능력은 진솔한 라포를 만들어 갈 수 있는 좋은 방법이다.

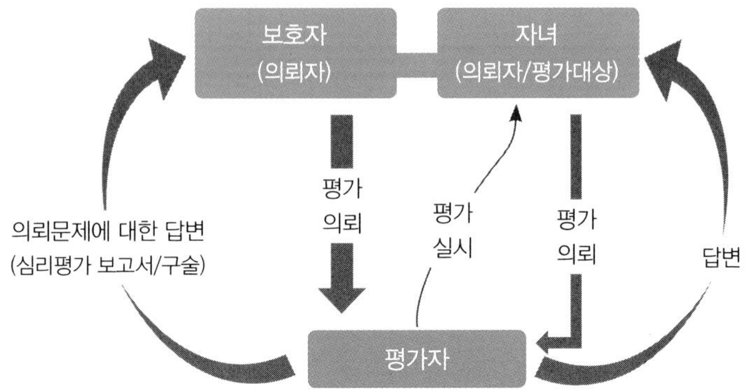

[그림 1-3] 심리서비스 개업 장면에서 심리평가 수행의 구조: 아동 · 청소년

도 내담자가 비자발적인 태도로 인한 결과를 보일 가능성이 충분히 예상되기에 실제적 유용성이 떨어진다. 만약 부모님이 '자녀의 심리평가 수행이 진행되길 간절히 바라는 마음'에 못 이겨 일방적으로 검사 실시를 하였다거나 검사 시행으로 얻게 되는 평가자 본인의 경제적 이득을 위해 실시하게 되는 일은 없어야 할 것이다. 아무리 현실적인 조건을 고려한다 해도 내담자에게 하지 말아야 할 선을 넘어서는 안 된다.

비자발적인 아동 · 청소년 내담자라면 라포를 위해 충분히 시간 배정을 해야 하며, 그 과정에서 아동 · 청소년의 눈높이에 맞는 개별적 의뢰문제를 함께 협의해 나가는 것이 더 중요하다. 요청하는 물음이 아무리 미숙하고 마땅하지 않게 보이더라도 수용하는 것은 라포를 만들어 가는 데에 큰 도움이 된다. 예를 들어, 초등학교 2학년의 아동이 "**내가 숙제하기 싫은데 자꾸 하라고 해서 싫다. 안 그러셨으면 좋겠다.**"라고 한다면 "**엄마가 숙제하라고 할 때마다 싫은 마음이 드는데 왜 엄마는 자꾸 그러고 엄마가 그럴 때마다 왜 너는 그런 마음이 드는지 알면 도움이 되지 않을까?**", "**엄마가 왜 그러는지 그리고 너는 엄마가**

그럴 때 기분이 왜 안 좋아지는지 알아 볼 수 있는 방법이 있는데 해 보지 않을래? 선생님이 도와줄 수 있을 것 같은데." 등으로 본인이 도움을 받을 수 있다는 점을 강조할 수도 있을 것이다. 이러한 설명에는 '진솔성'이 담겨야 하고 해당 문제는 실제적 도움이 되는 문제여야 한다. 이상의 예에서 보호자가 아동이 바라는 내용과 의뢰자로서 궁금해하는 내용은 같을 수도 있고 다를 수도 있는데, 부모와 자녀가 각각이 원하는 것을 세심하게 듣고 구성원 각각의 의뢰문제를 설정할 수 있어야 할 것이다.

지금까지 평가수행 구조가 '의뢰자'–'평가자'–'평가대상'으로 완성된다는 점을 강조하였고, 병원, 개업 장면에서 평가수행 구조의 고유한 특성을 알아보았다. 평가자는 의뢰자의 물음에 성공적이고 합리적인 답을 제공해 주기 위해 적절한 평가자의 역할을 해내어야 하며, 의뢰자와 평가대상이 자신이 부여받은 역할을 충실히 할 수 있도록 안내하고 교육할 수 있어야 할 것이다.

2. 심리평가의 절차

심리평가 의뢰목적이 설정되었다면 본격적인 심리평가 작업이 시작될 수 있다. 이후 절차는 의뢰자의 물음에 답을 해 주는 과정으로 응집성 있게, 단계적으로, 정확하게, 진행되어야 한다. 의뢰한 물음에 답을 해 주는 데에 도움을 될 것이라 예상되는 정보를 적합하고 다양한 방식으로 수집하고(측정 단계) 수집된 정보를 바탕으로 의뢰문제에 대한 가장 합리적인 가설을 세운 뒤(가설설정 단계) 평가대상에게 가설의 진위를 확인하고 평가자와 함께 구체적으로 가설을 정교화하는 '가설검증' 작업을 거치게 된다(가설검증 단계). 이러한 과정은 반드시 순서대로 진행되어야 하며, 최종 검증된 가설은 평가대상에게 가장 적합한 '개별 특수적인 모범 답안'이 될 수 있다.

일반적으로 의뢰문제–정보수집(측정)–가설설정–가설검증 단계로 구분할 수 있는데 특히, 실무에서는 가설설정 단계에서 평가자의 작업을 '해석'이라고 부르는 경향이 있다. 해석, 'interpretation'의 어원으로 이해해 보면 특정 정보를 서로에게 맞는 형태나 방식으로 연결지어 주는 것을 의미한다. 즉, 일방적인 정보 전달 및 정보 확인이 아니다. 심리평가 과정에서 얻어진 정보를 통합하여 설정된 가설은 전문적 수행으로 얻은 정보에 대한 이론적이고 개념적인 설명이며(해석), 면담 형식을 빌려 평가대상에게 해당 가설을 제시하고 검증을 받으며 평가대상의 실제 삶의 맥락과 개인이 가진 통찰 수준에 맞게 정교하게 수정해 나가는 것이다. 최종적으로 가장 최선의 가설이 도출되면 이를 의뢰자의 입장 및 수준에 따라 이해 가능한 방식으로 분명하고 구체적으로 전달해야 한다. 이때 전문적 용어와 진술방식 등이 의뢰자의 역할 및 수준에 맞을 수도 있고 적합하지 않을 수도 있다. 특히, 의뢰자와 평가대상이 같은 경우 의뢰자의 직업, 학력, 언어 사용 스타일 및 어휘 수준, 수용적 태도, 성격특성 등 개인적 요인들을 충분히 고려하여 그에 맞춰 전달해야 한다. 가설을 설정하는 과정에서 평가자의 내적인 전문적 수행을 **'해석'**이라 한다면 가설을 확인 과정에서 벌어지는 수행은 **'해석해 주기'**라고 할 수 있다. '해석'은 얻은 정보와 내담자 사이의 관련성을 평가자 자신의 정신적 공간에서 설명하는 것이고 '해석해 주기'는 최종 설정된 가설과 내담자 사이의 관련성을 평가자의 입을 통해 내담자에게 설명하는 것이다.

이상의 두 차례 해석과정을 정확하게 거치면서 최종적으로 의뢰 문제에 대한 가장 유용한 답을 찾아내게 되는데 이 과정에 그치지 않고 평가자가 원하는 자신의 모습에 한 발 더 다가갈 수 있도록 구체적인 방안을 제시해 주어야 한다(전달 단계). 의뢰자가 평가대상의 담당 의사라면 '진단적 제언'을 해 줄 수 있을 것이고 담당 치료자라면 '치료적 제언'을 해 줄 수도 있는 것이다. 만약 의뢰자가 평가대상 본인이라면 적응상 어려움을 좀 더 쉽게 견디거나 극복할 수 있는 또는 건강한 선택을 할 수 있는 구체적인 대처전략들을 소개해 줄 수도 있을 것이다. 이러한 '전달 단계'는 개업 장면에서 심리평가 수행이 상담 및 심리치료로 자연스럽게 연결되는 순간이다. 심리평가 결과를 근거로 한 상담 및 심리치료의 개입은 내담자에게 좀 더 설득력 있는 설명이 될 것이며, 막연하고 불안했던 자신의 심리적 경험을 **'매개체로서 평가결과'**를 통해 한발 물러서서 자신을 객관적으로 볼 수 있도록 도와줄 수 있다.

3. 심리평가를 위한 R-PAS 사용의 가치

R-PAS 사용 현황 R-PAS는 단순히 검사 도구를 가리키는 이름이 아니다. 실제 헤르만 로르샤흐(Hermann Rorschach)는 최초 잉크 반점을 사용하는 작업을 **'실험'**으로 여겼다. R-PAS 시대를 맞게 된 과정을 짧게 요약해 보면, 벡(Samuel J. Beck), 클로퍼(Bruno Klopfer), 헤르츠(Marguerite R. Hertz), 셰이퍼(Roy Schafer), 라파포트(David Rapaport), 피오트로프스키(Zygmunt A. Piotrowski)의 고유한 사용법

이 서로에게 이익과 손해를 끼치지 않으며 배타적으로 적용되고 교육되어 오던 중 1974년 엑스너(John E. Exner)의 종합체계가 발표되면서 극적(?)으로 통합을 이루게 된 것이다. 이 종합체계는 새로운 체계의 개발을 의미하는 것이 아닌 이름 그대로 당대의 대표적 사용법들을 화합하여 정리한 것으로서 가치가 특별했다. 이때부터 수량적 심리측정을 강조하는 시대적 흐름에 걸맞게 객관적 '체계'의 틀에 얹어 사용하게 되었다. 로르샤흐 사용에 대해 생산적이지 못한 여러 말들을 '**종합체계**'를 통해 통합해 낸 엑스너의 업적은 여전히 그 가치를 인정받고 있다. 그 후로 연구 및 임상 장면 전반에서 광범위한 사용이 가능해졌으며 심리평가를 위한 가장 영향력 있는 측정법 중 한 가지로서 자리를 지켜 온 것이다. 하지만 연구와 실무 장면에서 종합체계(comprehensive system: CS)의 측정론적 문제점들이 속속들이 밝혀지게 되었고, 사용자들은 이러한 CS의 측정론적 한계를 사용자 개인의 역량으로 채워 수정된 방식으로 사용해 왔다. 안타깝게도 로르샤흐를 사용하는 실무가 중에서는 엑스너의 명예와 로르샤흐 잉크 반점에 대한 맹목적인 믿음에 아무런 문제의식 없이 관습적으로 사용하기도 했다.

이제까지 직접 들은 로르샤흐에 대한 소개 중 가장 심각하게 뒤통수를 잡게 만든 말이 있다. '**로르샤흐는 인간의 요람에서 무덤까지 전 생애를 설명해 준다.**' 이런 검사가 있다면 당장 인생을 바칠 수도 있으련만 이는 맹목적인 로르샤흐 극단적 추종자의 목소리에 불과하다. 이와 관련된 문제의식은 로르샤흐 연구회에서도 끊임없이 변화의 목소리를 만들었으나 엑스너의 사망 이후에서야 실제 생산적 작업에 박차를 가할 수 있게 되었다. 그 과정에서 CS 사용의 타당성에 거침없는 비난도 있었고 심리평가 영역의 연구자와 실무가들조차도 로르샤흐의 사용을 중단하는 분위기가 형성되었다. 사실 로르샤흐 사용이 중단된 적은 없다. 결과적으로 단지 로르샤흐 비판론자들의 권고에 그쳤다. 그렇다 하더라도 로르샤흐 사용이 과학적 신뢰성과 타당성을 인정받았다는 의미는 아니다. 국내에서도 별반 다르지 않은 상황을 겪어 왔으며 현재 분위기를 명확히 정의할 수 없지만, 대학 장면과 실무 장면에서 지도감독자가 가진 로르샤흐에 대한 인식과 태도에 따라 로르샤흐 교육 및 사용에 정도와 방식의 차이를 보인다.

CS 사용으로 인한 비판과 비난이 난무했던 시기에서 어떠하다는 명확한 결정을 내리지 못한 채 교착상태에 빠진 듯하였지만, 로르샤흐 연구회의 마이어, 비글리오니, 미우라, 에라드, 어드버그를 중심으로 한 연구자들은 R-PAS의 시대를 서서히 그리고 충실히 준비하고 있었다. 결과 엑스너의 CS가 가진 가치와 명성은 심리평가 영역의 '불후의 상징'으로서 남겨 놓는 것으로 엑스너의 유족들과 수많은 소통을 통해 결론을 내리게 되었다(엑스너는 CS의 저작권을 로르샤흐 연구회가 아닌 가족에게 남겼다). 그래서 R-PAS는 로르샤흐 연구회에서 독립하여 새로운 집단을 구성하여 전 세계적으로 R-PAS가 주된 체계로 자리 잡아 가는 데 큰 역할을 하고 있다(2024년 기준 60개 나라에서 사용). 현재 국내에서는 R-PAS 한국어 매뉴얼 번역 작업이 오랜 시간 동안 진행 중에 있다. 매뉴얼 번역과는 별도로 R-PAS는 r-pas.org의 온라인 사용 시스템을 통해 손쉽게 실시, 기호화, 채점, 해석 전 과정에서 다면적으로 서비스 지원을 충분히 받을 수 있다.

현재 R-PAS의 규준은 국제규준에 따르고 있으며 국가 간 편차가 타당성과 신뢰성에 심각한 위협을 지적하는 수준은 아닌 것으로 알려져 있다. 하지만 국제기준에는 유럽과 미주 국가의 자료가 대부분

차지하고 있으며, 아시아 국가에서는 일본의 자료만 포함되어 있다. 그렇기에 국내 연구자들의 R-PAS 국제규준 작업을 위한 적극적 노력이 필요하며 국내 자료가 적용된 향후 국제규준의 건강성을 향상하는 데에 무거운 책임감을 가진 구체적 실천이 필요하다. 국내 실정이 이렇다 하더라고 R-PAS®은 아동, 청소년 규준을 업데이트하는 등 꾸준한 규준 관리 및 유지하고 충분한 규준 자료를 얻기 위해 연구자들에게 폭넓게 지원하고 있다. 한편, 로르샤흐 잉크 반점을 보면서 '반응하는 대상이 무엇인가(반응내용)'가 측정의 핵심 사항이 아니라는 것이 중요한데, 수검자가 반응한 대상의 이미지가 잉크 반점에 얼마나 잘 맞아떨어지는지(형태질) 그리고 묘사된 지각과 사고의 특징이 어떠한지를 알아보려는 것이기에 문화적 차이는 희석될 수 있다.

한편, R-PAS 교육 실정은 국제적으로 다양 언어로 실무가와 지도감독자 대상 그리고 초심자와 수련생 대상을 구분하여 효율적으로 교육 시간을 구분하여 교육이 이루어지고 있다. 특정 국내 대학원에서도 2023년부터 R-PAS 강의가 단일 교육과정으로 개설되었고, 외부 교육기관에서 실무가와 전문가 그리고 처음 로르샤흐를 배우는 수련생을 대상으로 워크숍이 진행되고 있다.

R-PAS의 특징 R-PAS의 강력한 무기는 결과 변수들이 CS와 다르게 방대한 '타당성 메타분석 결과'를 바탕으로 하고 있다는 점이다. 메타분석을 활용한 연구의 초기에 마이어와 아셔(Meyer & Archer, 2001)는 로르샤흐 결과가 MMPI의 결과만큼 타당성을 갖추었음을 확인하였으나 개별 결과 변수에 대한 일차적인 분석이었고 체계적이지 못한 연구라는 한계가 있었다. 그러던 중 2012년이 되어서 미

우라(Mihura)의 작업은 체계적인 메타분석 연구로 인정을 받았고, 미국심리학회 'Psychological Bulletin'의 해당 호에서 최고의 과학적 리뷰로 등재되기도 했다. 다른 검사들과 비교해 보면, MMPI-2는 왜곡 태도를 탐지할 수 있는 척도 구성을 위한 메타분석에 초점이 맞춰져 있었고(Rogers, Sewell, Martin, & Vitacco, 2003) 112개의 임상 척도 중 두 가지의 우울 관련 척도와 우울증 진단 간의 관련성을 지지하는 2개의 타당성 메타분석 결과만 가지고 있었다(Gross, Keyes, & Greene, 2000). 미우라의 연구에는 2005년부터 6년에 걸쳐 CS의 전체 변수들을 포함하여 확장한 작업이었고 이로부터 얻게 된 성과물들은 R-PAS 설계의 근간이 되었다. 이뿐만 아니라 로르샤흐 사용의 역사에서 잊힐 수 없는 '로르샤흐 사용에 대한 국제적 사용 중지 권고'가 있었지만(Garb, 1999), 미우라의 작업으로 2015년이 되어 사용 중지 권고를 철회하기도 했다. 아래는 로르샤흐 비평가들의 결론을 옮긴 것이다.

> "저자들이 보고한 추정된 타당성 계수는 편향되지 않았으며 신뢰할 수 있는 출간된 문헌 자료를 제공하였습니다. ……[중략]…… 거의 15년 전, 이 논평의 저자 중 한 명이 검사의 빈약한 과학적 근거 때문에 임상 및 법정 장면에서는 로르샤흐 사용을 중단하라는 권고했습니다(Garb, 1999). 그와 이 논평의 다른 저자들은 Mihura 등이 제시한 설득력 있는 근거에 비춰 볼 때 권고 철회할 때가 됐다는 것에 동의합니다."

한편, CS의 규준을 활용할 경우 흔히 발생하는 위험성은 수검자의 심리적 특성을 과잉 병리화하여 부정확한 의사결정을 하게 된다는 것이었다(Wood, Nezworski, Garb, & Lilienfeld, 2001a, 2001b). 엑스너는 이러한 비판에 동의하지 않았지만, 로르샤흐 연구회의 자체 연구에서 CS 규준에 많은 오류가 있음을 확인했었다(Meyer, Erdberg, & Shaffer, 2007; Viglione & Giromini, 2016). 그 뒤로 마이어 등이 2007년에 새로운 국제규준을 발표했고 현재까지 새로운 규준을 모으는 작업을 계속하고 있다.

또 다른 R-PAS의 특징을 살펴보면, CS와는 다르게 '반응과정-기반' 해석을 강조하는 체계라는 점이다. '반응과정-기반' 해석은 수검자가 특정된 기호로 변환될 수 있는 반응을 했을 때 그 반응과정에서 발생했던 고유한 수검자의 행동과 심리적 작동 방식 및 전략을 연결 짓는 것을 의미한다. 즉, 수검자의 '**수행**'을 측정한다는 것이며 실제 수행 행동에 근거해 기호화 및 해석적 가설을 만드는 방식을 말한다. 최종 산출된 프로파일 점수를 상위(추상적) 개념을 사용하여 해석하는 것을 지양하고 개별 기호와 관련된 실제 반응 양태를 검토하고 탐색하는 과정을 중요시한다. 예를 들어, 지능검사에서 '토막 짜기' 검사로 우리가 알려는 것은 수검자가 실제 장면에서 토막을 얼마나 잘 짜내는가를 보려는 게 아니며 토막을 짜 맞추는 수행의 결과 점수만 해석하지도 않는다. 토막을 짜는 시간, 군집화 전략, 시행착오 학습, 반복 경험으로 얻을 수 있는 수행 향상 패턴, 실패 유형의 특징 등등을 검토하여 최종 해석적 가설을 만들어 가는 것과 같다.

하지만 CS에서는 최종 산출 변수들을 활용하여 개념적인 해석을 만들어 가기에 과잉해석의 오류에 취약하고 해석의 이상성과 추상성을 평가자가 채워 가는 미신적 믿음을 키우게 하기도 했다. CS 사용자들은 최종 구조 변수의 개념을 해석하면서도 왜 그렇게 해석해야 하는가에 대한 의심을 지울 수가 없었다(Rorschach, 1921/1942;

Searls, 2017). 심지어 헤르만 로르샤흐는 잉크 반점의 활용을 정신분석적 이론과 연결하겠다는 언급을 한 적이 없는데도 불구하고 이후 많은 연구자가(대표적으로 클로퍼) 정신분석적 접근으로 해석하려고 부단히 애를 써 왔다. 이러한 정신분석적 접근으로 이해하려는 노력은 아직도 진행 중이다. 이들의 노력 덕분에 정신분석이론의 비판이 고스란히 로르샤흐 잉크 반점 검사에까지 영향을 끼쳤다(Crews, 1996). 이러한 억울함(?)을 엑스너가 CS를 완성하며 정신분석적 활용과 한 발짝 거리를 두었으나 정신분석과 연결 지으려는 접근이 하나의 문화처럼 자리를 잡은 듯 꾸준히 유지되고 있다.

이제는 R-PAS의 활용으로 신뢰받을 수준의 경험적 결과를 기초로 '**반응과정-기반 해석적 접근**'을 할 수 있으며 정신분석과는 거리를 둔 다분히 '현상학적 방식'으로 수검자의 수행에서 실제로 벌어진 '있는 그대로 행동'에 관심을 두게 되었다. R-PAS 개념으로 예를 들면, M/MC, WSumC 등 개별 기호를 교정하고 비율로 변환하여 산출된 점수 자체를 해석하는 것에 멈추지 않고 해당 '**점수를 구성하는 개별 기호를 만드는 과정에서 드러난 수검자의 반응 특징**'을 검토하는 것으로 해석적 가설을 만들어 가는 것이다. 이러한 접근은 로르샤흐 학습자들에게 CS가 그러했듯 '모호한 개념으로 이상적 추론을 해야 하는 부담'을 덜어 줄 수 있고, 수검자의 실제 적응 행동과 연결된 로르샤흐 기호를 검토하는 작업을 통해 실제 삶에서 적응하는 수검자의 태도와 행동 양식을 합리적으로 추론할 수 있게 된 것이다.

그리고 R-PAS의 특징은 반응 수를 최적화한 시행방법을 적용했다는 점에서 특별한 가치를 갖고 있다. CS를 적용한 실시 상황에서는 수검자에게 다소 허용적으로 반응을 제약한다. 초기 반응에서만 수검자가 충분하지 않거나(1개 반응) 넘치는(6개 이상) 반응에 대해 개입을 하고 이후 카드에서도 같은 반응 패턴을 보일 경우는 수검자의 반응 특징이라 여기며 더는 제약하지 않았다. 하지만 R–PAS에서는 반응 수를 2개로 최적화하고, 그 이상의 반응하려고 하면 원한다면 3개까지 봐도 좋다는 기준을 적용하고 있다. 모든 카드에서 2개 반응을 하지 못할 때 매번 추가 반응을 하도록 '**독려**'해야 하고, 4개 반응을 하게 되면 반드시 반응 '**수거(반응금지)**'를 해야만 한다. 수차례의 반응 제약의 영향을 연구하여 '**반응 수 최적화**(R-Optimized)' 조건을 확정할 수 있게 되었다(Hosseininasab et al., 2017; Reese, Viglione, & Giromini, 2014; Viglione et al., 2015). 이러한 반응 수의 제약을 갖춤으로써 반응 수의 불안정한 특성이 줄어들고 실제 검사 시간을 확연히 줄일 수 있는 이득을 얻게 된 것이다.

마지막으로, R–PAS는 시행방법과 기호화 그리고 결과 활용 전반에서 모호성과 불명확성을 줄이기 위해 아주 상세한 안내 지침을 제공한다. 특히, 실시 상황에서 벌어질 만한 수검자의 돌발적 질문이나 반응에 어떻게 대응해야 하는지를 상세하게 소개하고 있다. 실시 안내는 CS보다 더 일관성 있고 신뢰성 있는 대응 방식을 수정하고 추가하였으며, R–PAS 학습자를 위해 상세한 기호화 규정 자료를 제공하고 있다(r–pas.org). '해석을 위한 지침'에서도 큰 변화가 있는데 원점수를 그대로 사용하지 않고 표준점수를 산출하여 활용하며 반응과정–기반 해석을 한다는 것이다. 이러한 변화는 로르샤흐 잉크반점을 사용하는 측정법을 더 신뢰할 수 있는 방식으로 실무에 적용할 수 있다는 이점이 있고 로르샤흐 학습자에게는 자신의 검사수행이 어떤 해석과 연결될 수 있는지를 추론할 수 있는 분명한 해석 절차와 구조를 제공해 준다.

제2장

실시

Rorschach

The Guidebook of Rorschach-Performance Assessment System

1. 일반적 실시 규칙

R-PAS 실시의 핵심은 수검자의 반응과정을 있는 그대로 관찰기록하고, 기호화에 적합한 방식으로 언어화할 수 있도록 최소한의 안내를 해야 한다는 것이다. 수검자의 반응과정은 표준화된 해석적 가설을 만드는 데 필수 재료로 활용하기에 반드시 R-PAS 실시 규칙에 따라야 한다. R-PAS 실시의 기본 규칙은 다음과 같다.

① 수검자가 요구받은 문제를 해결하기 위해 어떠한 구체적 방식을 사용하는지에 초점을 둘 것
② 검사가 진행되는 전체 과정을 정확하게 기록할 것
③ 수검자의 자율적인 수행에 초점을 두고 검사자의 개입을 최소화할 것
④ 표준화된 실시 절차를 따를 것

이상의 기본 규칙을 준수하는 것은 이후 진행되는 기호화와 채점 그리고 해석 과정에서 발생할 수 있는 잘못된 영향을 최소화하기 위함임을 명심해야 할 것이다. 실시상의 오류는 이후 과정을 거치면서 수검자가 아닌 '검사자가 가상적으로 만들어 낸 인물'에 대한 해석적 가설을 만들게 될 것이다.

R-PAS 실시에 앞서 반드시 준비되어야 할 사항은 다음과 같다.

① 순서대로 잘 정돈된 깨끗한 로르샤흐 잉크 반점 카드와 기록지
② 검사 수행에 적절한 '환경 조성'과 '좌석 배치'

③ 로르샤흐 작업 과정에 대한 기본적 안내 숙지
④ 충분한 라포 만들기

첫째, 검사 도구를 정갈히 다루는 것과 검사 공간 환경을 최적의 상태로 유지하는 것은 심리검사에서 기본이다. 간혹 로르샤흐 검사 도구를 자주 사용하는 장면에서 한 세트의 검사로 수십, 수백 번을 사용하기도 하는데 보통 적절하지 못한 것이다. 오랜 시간 여러 번 사용하면서도 카드의 상태를 깨끗이 유지한다면 사용 기간이나 빈도와 관계없이 계속 사용해도 되겠지만 세심한 관리가 필요하다.

둘째, 검사 수행에 적절한 환경 조성과 좌석 배치에서는 소음에 대한 대비가 충분하지 않은 경우가 가장 흔하다. 그리고 책이나 액자 또는 화분 등 부가적인 물건들을 비치해 두는 것, 검사자의 고유한 성 및 젠더관, 철학관, 종교관, 정치관을 예상할 수 있는 도서 및 물건, 원활한 검사 수행에 불편함을 주는 의자와 테이블, 검사실 온도와 조명, 환기 상태 등을 들 수 있다. 이와 함께 좌석 배치는 심리검사의 오랜 역사에서 일관되게 지적하듯이 정면 배치는 지양해야 한다는 것이다. 가끔 수검자의 수검 행동을 알뜰하게 관찰하기 위해 정면으로 좌석 배치를 하라는 지시가 있기도 하지만 실제 검사자와 수검자가 정면으로 마주한 검사 상황은 수검 행동을 알뜰히 살필 수 있다는 이득보다 수검자가 검사자의 시선과 존재에 불필요한 '의식'을 하게끔 하여 반응에 불필요한 영향을 미치게 된다. R-PAS의 표준 실시방법에서 제시하는 좌석 배치는 검사자가 수검자와 **'나란히 앉는 배치'**를 권고하고 있다. 이러한 배치를 수검자가 문화적 · 심리적 · 상황적으로 거리낌을 느낄 수도 있는데 공식 절차임을 설명하면 충분히 수용할 수 있을 것이며, 이러한 배치로 검사자가 경험하는 불편함은 스스로 관리해야만 한다. 내가 직접 실시한 대부분의 R-PAS 실시 상황에서 각도를 조금씩 달리하여 나란히 앉는 배치를 하였는데 약 160°가량의 위치에서 수검자를 향해 바라보는 것도 수검자의 검사 수행에 영향을 주지 않고 자연스러운 검사 진행이 가능했다.

셋째, 로르샤흐 반응을 얻어내는 과정에 대한 구체적 안내는 아래 RP와 CP 과정에서 상세히 설명하였다.

넷째, 라포를 만들고 유지해 나가기 위해서는 의뢰목적을 명확히 해야만 한다. 그리고 검사자 개인의 대인관계상 특징을 잘 인식하고 있어야 자신으로부터 영향을 받게 될 수검자의 태도와 행동에 대한 합리적 추론이 가능할 것이며, 그러해야만 모든 수검자의 행동을 그들의 문제로 여기지 않게 할 수 있을 것이다. 또한, 수검자의 실제 대인관계 상황에서 낯설게 느껴질 만한 '검사자의 말투나 어휘 선택'은 라포를 해치는 요인이 될 수 있다. 검사자는 자신의 말투와 어휘 사용 습관을 검토하여 상대에게 어떤 이미지를 떠올리게 하는지 잘 인식하고 있어야 할 것이다.

이상의 전반적인 검사 환경이 마련이 되었다면 검사자는 수검자가 앞으로 수행해야 할 작업이 무엇인지 친절하고 명료한 안내를 해야 한다. 우선, 사전 잉크 반점 자극을 봤다거나 알고 있는지를 확인하여야 하고(**"검사할 준비가 다 됐는데 혹시 이 검사에 대해 들어 봤다거나 이전에 검사를 받아 본 적이 있으신가요?"**) 만약 어떤 상황에서 어떤 식으로든 로르샤흐 잉크 반점에 대한 경험이 있다면, **"알고 있듯이 앞으로 보여드릴 것은 잉크 반점 그림이고 이 그림들이 '지금!', '무엇!'으로 보이는지 말해 주시면 됩니다."**라고 말해 줄 수 있다. 수검자가 이상의 일반적인 수행 방법을 이해했다면 다음과 같이 구체적인 수행 방법을 설명해 줄 수 있다.

"좋습니다. 이제 시작하겠습니다. 보여드리는 카드마다 무엇이 보이는지 두 개를 봐주시면 됩니다. 세 개를 보셔도 좋습니다. 각 카드에서 두 가지 정도 보려고 해 보세요. 원하시면 세 개를 봐도 됩니다. (I번 카드를 수검자를 향하게 수직으로 세워 들고 보도록 건네준다.) 이건 무엇으로 보입니까?"

일반적 지시 사항을 듣고 수검자는 다음과 같이 다양한 질문을 할 수도 있는데 그에 따른 적절한 응대 요령은 다음과 같다.

"특별한 걸 봐야 합니까?", "카드를 돌려봐도 돼요?", "이 그림(잉크 반점) 전부 다 봐도 되는가요?"
: 보시고 싶은 대로 보시면 됩니다.

"이건 어떻게 만든 거예요?"
: 데칼코마니 알고 계시지요? (답을 듣지 말고 바로 설명) 보통 종이 한쪽에 잉크를 짜서 그 위로 반을 접어 만들어진 겁니다. Rorschach라는 사람이 만든 것인데 살짝 보정한 그림이에요.

"잉크 반점으로 무엇을 알 수 있는 거지요?"
: 사람들 모두 세상을 보는 방식이 다 다를 것인데 ○○○ 씨가 어떻게 세상(생각하고 느끼고 행동하고 세상과 관계하는지)을 바라보는지 알아볼 수 있습니다.

"이걸 왜 해야 합니까?"
: "당신의 (구체적 의뢰 문제를 대입하여)에 도움 되는 답을 하는 데 도움 되

는 정보를 얻을 수 있습니다."
: 수검자의 평가 상황에 기초하여 앞 문장을 완전하게 만들어야 함.

예) "치료계획을 세우는 데에……."
"당신이 남편/아내 사이에 겪고 있는 갈등을 이해하는 데에……."
"당신이 평소 느끼는 불안과 관련된 것이 무엇인지 알아보기 위해……."
"당신이 처한 상황에서 벌어질 수 있는 문제를 설명하는 데에……."
"당신과 당신의 부모님이 이후에 무엇을 해야 하는지를 알아보기 위해……."
"당신이 학교/집에서 겪고 있는 문제를 이해하는 데에 도움을 받기 위해……."
"당신에게 좀 더 도움이 될 수 있도록 내가 당신을 알아가는 데에 도움이 됩니다."

여기까지 기본적인 안내가 이루어지면 바로 검사 수행으로 넘어간다. R-PAS 실시의 구체적 단계는 '**반응 단계**(Response Phase: RP)'와 '**명료화 단계**(Clarification Phase: CP)'로 나뉜다. 모든 단계에서 발생한 수검자의 언어적 · 비언어적 반응을 놓침 없이 기록을 해두고 특히, 검사자에게 질문한 것이 있었는지 그리고 실제 반응과정에서 어떤 표정과 자세, 상황적 뉘앙스가 있었는지를 기록하는 것이 중요하다. 검사자의 요구에 특정한 '무엇'을 보았다는 반응이 있기 전과 후의 행동에 특별히 주의하면서 검사자는 반응과 행동이 발생한 시간 순에 따라 기록하게 된다. 기록지에는 왼쪽에서 오른쪽 그리고 위에서 아래쪽으로 시간 선이 구성되어 있고 모든 기록내용은 이러한 규칙을 반드시 따라야 한다. 간혹, RP에서는 없던 반응이 CP에서 새롭게 보고될 때 그 보고 내용을 RP 기록 공간에 기록하는 검사자도 있는데 명백히 잘못된 기록 방식이다. 그리고 모든 언어적 · 비언어적 수검 행동은 그 행동이 드러난 그 순간 위치에 기록해야 한다. 이후 수검 행동 내용을 정리하여 별도의 칸에다가 편집, 요약하기도 하는데 이 역시 잘못된 기록 방식이다. 다시 말하지만, 수검자의 모든 행동은 '**실제 벌어진 순서에 따라**' 기록되어야만 한다.

본격적인 실시에 들어가는 RP는 검사자가 수검자에게 제시한 잉크 반점이 무엇으로 보이는지 말해 주기를 요청하고 수검자는 해당 지시에 따라 검사자에게 자유롭게 무엇이 보이는지를 말해 주는 단계이다. 여기서 주의할 점은 무엇으로 보이는지를 보고하는 것을 넘어 어떻게 그렇게 보게 되었는지를 한번에 구체적으로 또는 장황히 말할 때도 있는데 '**지금은 이 잉크 반점이 무엇으로 보이는지만 알려 주면 됩니다**'라고 다시 한번 더 안내한다. 먼저 RP에서 예상할 수 있는 수검자의 돌발적인 질문과 그에 대한 안내는 다음과 같다.

"정답이 있는 거예요?" / "대부분 사람은 무엇을 보나요?"
: "다들 다양하게 보곤 합니다."

"돌려봐도 돼요?", "○○을 봐야 되는 거예요?"
: "보시고 싶은 대로 하시면 됩니다."

"처음 머릿속에 떠오른 것을 말해야만 하나요?"
"그게 어떤 느낌을 들게 하는지 말해야 하나요?"
"상상하거나 창의적으로 뭔가를 봐야 하나요?"
: "이 그림이 무엇처럼 보이는지를 말해 주면 됩니다."

"가능한 반응을 많이 해야만 합니까?"

: "아니요, 카드 당 두 개를 보면 됩니다. 원한다면 세 개도 봐도 괜찮습니다."

"뭔가 떠오르는 것이 있지만 말하고 싶지 않을 때는요?"

: "원하는 대로 하시면 됩니다."

"선생님도 그렇게 보여요?"

RP) "먼저 전체 카드를 다 본 후에 다시 돌아와서 같이 한 번 더 보게 될 겁니다."

CP) "아니요, 지금은 잘 모르겠네요. 어떤 점 때문에 ○○처럼 볼 수 있었던 거지요?"

검사자는 수검자에게 이상의 질문 외에도 다양한 질문을 받을 수 있지만, 다음의 주의 사항을 염두에 두고 적절히 응대해야 할 것이다.

- '모호한', '비구조화' 단어를 사용하지 말 것
- 정답, 오답이 있다는 답변을 하지 말 것
- '대부분 사람'이 어떻게 본다거나 보려고 해야 한다고 말하지 말 것
- 상상력이나 창의성을 측정하는 것으로 생각하게 만들지 말 것

표 2-1 CS와 R-PAS 실시방법의 비교

항목	CS	R-PAS의 '반응 수-최적화' 실시
검사 소개	수검자가 이전에 로르샤흐 검사를 받아 봤거나 들어본 경우에는 짧고 간명하게 설명을 하고 필요하다면 바른 검사 실시를 위해 정확하게 이해시켜야 한다.	CS와 거의 같지만 더 자세한 설명을 제공한다. CS의 안내에 추가된 내용: "각각 카드마다 두 가지를 보시면 됩니다……. 원한다면 세 가지도 괜찮습니다. 자, 카드당 두 가지 '다른 것'을 보려고 해 보세요. 원한다면 세 개를 봐도 괜찮습니다."
일반적인 '반응 수' 조절	최소 '14개 반응'을 해야 하지만 조건에 부합한다면 '반응 수' 제한은 없다.	좀 더 최적화된 반응 수를 얻을 수 있는 구조로 되어 있는데, 카드당 두 개 반응이 목표이고 세 개여도 가능하다. "두 가지 반응을 하도록 '독려'하고, 네 개 반응을 한 후에 '수거'하는" 과정이 추가되었다. 네 가지 반응을 할 수는 있으나 권장되진 않는다.
더 많은 반응 권장 (독려)	1번 카드에서 단 하나의 반응만 함: 한 차례 권장하기. "시간이 충분하니 더 볼 수 있을 겁니다. 다른 무언가를 더 볼 수 있을 거예요."	모든 카드에서, 단 하나의 반응만 하게 되었다면 독려할 수 있다. 우선, "매 카드에서 두세 개 정도를 볼 수 있을 겁니다. 자, 그럼 다른 것도 봐 볼까요?" 이후 카드에서는 변형해서 말할 수 있다. 만약 수검자가 다른 것을 보지 못했다면 그대로 넘어간다. 카드당 한 차례 '독려'를 해 주면 된다.
너무 많은 반응 자제 (수거)	최초 다섯 개보다 더 많이 반응하게 될 때 지시해야 한다. "좋습니다. 이제 다음 카드로 넘어가 볼까요?" 다섯 가지 반응을 할 때마다 이상의 지시를 계속하게 된다. 하지만 다섯 개 반응 이하로 하게 되면 추가로 개입하지 않는다. 이후 카드에서 다섯 개 반응 이상이 나오더라도 개입하지 않는다.	모든 카드에서 4개 반응이 있었다면 카드를 돌려받는다. 최초에는 일반적 지시 사항을 다시 상기시켜 준다. "네, 좋습니다. 카드당 두 가지를 보면 된다는 것을 기억해 주세요. 세 개여도 괜찮고요." 이후 한 차례 다음처럼 말해 줄 수 있다. "감사합니다. 두 가지를 잘 보셨습니다." 또는 단순히 "고맙습니다" 라포 유지를 위해 네 개의 반응 후에 나온 추가 반응도 기록해 둔다. 하지만 해당 반응은 명료화하지 않고 절대 기호화하지 않는다.
짧은 기록에 그침 (재-실시))	14개 반응보다 적은 반응만 얻었다면 검사자는 수검자에게 재검사를 시켜야 한다.	재-실시는 '반응 수-최적화' 절차를 사용한다면 대부분 경우 거의 필요하지 않다. 하지만 16개 반응보다 적게 반응했다면 보충 실시가 필요하다. 원래 기록은 그대로 두고 다음과 같이 말해 줄 수 있다. "좋습니다. 그런데 결과가 도움이 될 수 있기에는 반응이 다소 부족합니다. 그래서 카드를 전체적으로 다시 보여 줄 겁니다. 시간 충분하니까 다시 한번 봐 보시고 다른 무언가가 보이는 게 있다면 말해 주시면 됩니다." 두 번째 실시가 진행되는 동안 추가적인 독려는 하지 않는다. 네 개 반응으로 제한하는 것은 그대로 유지된다.

2. 반응 단계

본격적인 RP에 들어가기에 앞서 수검자의 돌발 질문에 충분히 응대해야 한다. 그런 다음 I번 카드를 제시하며 수검자가 손에 쥐고 볼 수 있도록 전달하게 된다. 일단 I번 카드에서 첫 반응을 하고 다음 반응을 준비하는 모습을 보일 때는 별도의 개입이 없어도 되지만 아무런 반응을 하지 않거나 하나의 반응만 하고 카드를 검사자에게 돌려주려고 하면 바로 "**시간은 충분하니까 천천히 보시면 무언가를 더 보실 수 있을 겁니다. 조금 더 봐 보시겠어요?**"라고 추가 반응을 독려한다. 이러한 '독려'가 있었다면 기록지에 **'Pr(Prompt)'**를 기록해 놓는다. **'Pr'** 개입 후에도 수검자가 여전히 추가로 다른 반응을 하지 않는다면 다음 카드로 넘어갈 수 있다.

한편, 한 카드에서 3가지를 보고 나서도 계속 그림을 보고 있다면 다음 반응을 기다려 본 후 네 번째 반응을 하게 된다면 해당 반응을 기록해 두고 즉시 "**충분히 보셨습니다. (카드를 받기 위해 손을 내밀면서) 이제 다음 그림을 보여드리겠습니다.**"라고 안내해야 한다. 이때 검사자가 수검자의 손에서 일방적으로 카드를 뺏어 와서는 안 되며 언어적 지시로 카드를 돌려주기를 요청해야 한다. 이렇게 반응을 그만하도록 하는 검사자의 개입이 있었다면 기록지에 **'Pu(Pull)'**를 기록해 둔다. 카드당 **'Pu'**는 한 차례만 기록될 수 있다. 이렇게 반응 수를 최적화하기 위한 '독려'와 '수거' 개입은 이후 수검자가 당면한 실제 상황 또는 관계 대상 등과의 관계 양상을 추론할 수 있는 중요한 행동지표로 활용된다.

전체 반응 수가 15개 이하에 그친다면 **'보충 RP'**를 거쳐야 하는데

RP에서와 똑같은 절차를 반복하지는 않는다. 'Pu'가 있었던 카드는 제외하고 I번 카드부터 X번 카드까지 순서대로 제시하면서 다음과 같이 지시한다.

> "좋습니다. 그런데 검사결과가 도움이 될 수 있으려면 좀 더 많은 반응이 필요합니다. 그래서 다시 카드를 쭉 보여 드릴 텐데요. 시간을 두고 좀 더 보시면 다른 것을 볼 수 있을 겁니다."라고 지시한다. 그리고 "좀 전에 보셨던 것 외에 다른 무언가를 보실 수 있을 겁니다. 충분한 시간이 있으니 천천히 보시면 됩니다."

만약 이상의 지시를 한 후에도 더 보이는 것이 없다고 한다면 추가 지시 없이 다음 카드를 제시한다. '보충 RP'에서는 딱 한 차례만 지시해야 하고 'Pr'은 기호화하지 않는다. 반면, 수검자가 '보충 RP'에서 한 카드에서 총 4번째 반응을 하게 되면 'Pu' 개입을 할 수 있다. 드물게는 보충 RP를 마친 후에도 최소 반응 수인 16개를 만족하는지 확신하기 어려울 때가 있다. 그렇다 하더라도 정확하게 몇 개를 본 것인지를 즉각 확인하지 말고 CP 단계로 넘어가야 한다. 보통 CP에서 개별 두 개의 반응인지 하나의 반응인지가 자연히 구별되는 경우가 많은데 결국 하나의 반응에 추가로 정교화한 반응으로 밝혀진다면 하나의 반응으로 통합하여 기호화하는 것이 적절하다.

그리고 RP에서 수검자의 행동만으로 기호화하는 기호 중 '**카드 회전(CT)**'에 대한 기호가 있다. 'CT'는 수검자의 직접적인 행동이기도 하면서 최종 반응하게 된 카드의 방향을 가리키는 기호이다. 수검자가 직접 카드를 회전시키는 행동을 보였다면 반드시 'CT'로 기호화해야 하는데 직접 카드를 회전시키는 행동은 없이 최종 보고된 대상을 정방향으로 지각하지 않았을 때도 실제 반응과정에 따라 **'CT'**로 기호화할 수 있다. 다만, 심적 회전으로 기호화한 CT는 실제 행동한 CT와 반응과정이 다르기에 이를 참고하여 해석해야 한다. 예를 들어, V번 카드에서 비행기를 보았고 직접 카드를 회전시키는 행동은 없었으며 정방향에서 왼쪽으로 90°를 심적 회전한 뒤 반응했다면 'CT' 기호를 고려해야 한다. 이때 고개를 왼쪽으로 기울여 보려는 행동이 따랐다면 'CT'로 기호화하는 것이 더 적절할 수 있다. 왜냐하면 일상에서 비행기의 움직임은 아래에서 위가 아닌 좌우 방향으로 경험하는 것이 일반적이기 때문이다.

한편, 묘사된 반응 내용을 고려해 봤을 때 자연스러운 움직임 방향이라고 여길 수 있다면 'CT'로 기호화하지 말아야 한다. 예를 들어, V번 카드에서 **'땅으로 날아내려 오는 새에요'**라는 반응처럼 카드 회전 행동은 없이 심적 회전만으로 180° 아랫부분이 새의 머리 방향으로 묘사했다면 이는 고정된 카드 장면에서 충분히 자연스레 지각할 수 있는 것으로 보고 'CT'로 기호화하지 않아야 한다. 이러한 구분은 'CT'의 해석적 가설을 고려해 볼 때, 충분히 벌어질 수 있는 상태를 묘사한 것이기 때문에 'CT'로 기호화할 경우 과잉해석을 하게 된다. 그래서 자발성과 관계없이 **'주어진 환경을 주체적 또는 추동되어 변화시키려는 의도'**가 있었을 것이라고 가정할 수 있을 때만 'CT'로 기호화해야 한다.

카드 회전 행동에 대한 기호의 종류는 수검자가 카드를 부여받은 정방향, 좌우 각각 90° 회전, 180° 회전 네 가지이며 정방향의 위쪽을 꼭짓점으로 하여 각각 (∧), ∨, <, >로 기호화한다. 정방향일 경우에는 특별히 회전시키지 않은 것이라서 생략한다. 다만, 최종 반응은 정방향이지만 그 반응을 만들게 된 전체 과정에서 회전 행동이 있었다면, '@'으로 기호화한다. 모든 개별 반응마다 카드 회전 행동을 기호화할 수 있기에 RP에서 수검자의 행동을 세심히 관찰해야 하고, 고개의 움직임 등 잉크 반점을 지각하는 각도를 추론할 수 있는 행동에 주의를 기울여야 할 것이다.

이상에서 RP 동안 검사자가 주의해야 할 사항을 정리해 보면 다음과 같다.

①. "이것이 무엇으로 보이는가요?"라는 질문에 답을 해야 한다는 구체적 수행 방법 안내
② "2가지를 보시면 되고 원한다면 3개를 보셔도 괜찮습니다"의 '반응 수 제약 조건' 안내
③ 15개 이하로 반응할 경우 보충 RP 진행하기
④ 면밀한 수검자 관찰과 정확한 수검자 수행기록

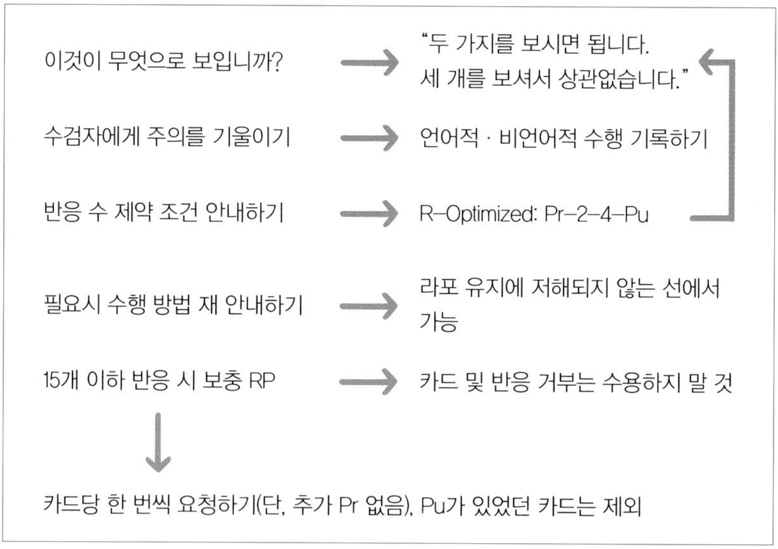

[그림 2-1] RP 수행 규칙 요약

RP에서 수검자의 반응이 몇 개인지 알기가 어려운 경우가 발생할 때는 특별히 주의할 필요하다. 구체적으로, 최종 결정될 수검자의 반응이 하나라면 Pr 개입을 하고 네 개가 보고될 경우 Pu 개입을 해야 한다. 그런데 수검자의 반응이 '한 개인지 두 개'인지 또는 '세 개인지 네 개'인지 구별이 어려울 수 있다. 이때 검사자는 실시 원칙 중 '검사과정은 수검자의 리드에 따라가야 한다'라는 규칙과 '검사자의 개입을 최소화해야 한다'라는 규칙을 따라야 한다. RP에서 수검자가 반응한 구체적 반응 개수를 구분하려면 수검자의 일반적 말하기 습관을 파악하는 것이 도움이 된다.

반응 간 시간 간격이 빠른지 느린지, 말 속도가 빠르지 않은지, 의사결정에 우유부단한 경향이 있지 않은지 등을 이해하면 독립된 반응으로 분명히 구분하여 말하지 못하는 이유를 찾을 수도 있다. **'아…… 이건 나비, 짐승, 산, 물 네. 이렇게 보여요**'라고 한다면 총 네 개의 반응을 한 건지 아니면 네 가지 대상이 한 장면에서 연관된 하나의 장면을 보고한 것인지 구별하기가 어려울 것이다. 이때 **'네 가지를 보셨나요?'라거나 '하나씩 보셨는가요?**'라는 추가 질문은 할 수가 없다. 대신에 반응 속도, 반응 간 시간 간격, 말 속도 등을 참고하여 추정해야 한다. 특별히 반응 간 간격이 다른 대상을 지각하는 데 소요될 만하다고 예상할 수 있는 수 초에서 십수 초의 충분한 시간이 소요되었다면 개별 반응일 가능성이 커진다. 하지만 보통 반응 속도가 빠르고 반응 간 시간 간격이 짧고 말 속도가 빠른 경향이 있는 수검자는 네 개의 개별 반응을 했을 수도 있다. 안타깝게도 이렇게 추정한 반응 개수가 확실한지는 CP에서 밝혀지게 되기에 이러한 추정은 대략 검토에 불과하다.

이후 CP에서도 직접적인 질문은 할 수 없기에 여전히 반응 개수를 확신하기란 쉽지 않다. 어떤 경우에는 RP에서 분명히 두 개로 반응한 것이었지만 두 반응을 하나의 관련된 상황으로 정교하게 이야기를 만들어 내기도 한다. 만약 이렇다면 두 개가 아닌 한 개의 반응으로 기호화해야 하고, 결국 하나만 반응이 이면서 Pr 없는 카드가 되는 것이다. 이런 일이 발생하면 어쩔 수 없이 하나의 반응으로 기호화하고 해당 '반응과정'을 고려하여 개별특수적 해석 가설을 만들어야 한다. 보통 이러한 CP에서 '개별 반응–통합' 반응은 분명하고 분별력 있는 사고작동의 문제를 지적하는 단서가 될 수 있다.

검사자는 반응 수 결정과 관련된 문제를 응당 미리 숙지하고 있어야만 하지만, 다행히도 보통 CP에서 '어떻게 ○○을 볼 수 있었나요?'라는 검사자의 명료화 질문에 답하면서 반응 개수는 분명히 구분된다. 이상의 반응 개수 구별의 어려움이 있는 경우에 CP에서 명료화 요령은(RP에서도 적용할 수 있다) RP에서 수검자가 표현한 언어화 방식을 그대로 재현하는 것이다.

말투, 속도, 사용 단어, 목소리 크기, 어조, 억양, 강조, 띄어 말하는 지점, 개인적 추임새 등등을 그대로 따라 하는 것이다. 장난스럽거나 과한 성대모사를 하는 것으로 비치지 않게 자연스러워야 한다(이때 검사자는 수검자의 목소리 크기보다 조금 낮게 해 주는 것이 좀 더 자연스럽다). 이러한 반응 반복 후 수검자가 RP에서 지각한 대상을 어떻게 보았는지 설명하면서 자연스럽게 개별 반응인지 연결된 반응인지가 구별될 것이다.

강조하지만, 검사가 실시되는 전체 과정은 수검자 스스로가 이끌어 가게끔 한다. 그래서 검사자는 CP에서 수검자가 '자발적으로' 묘사하고 설명하는 방식에 주의하여 적합한 추론을 만들어 가야 한다. RP에서 '나비? 나방? 머 그래요'(반응 간 시간 간격이 즉각적임)라고 반응했다면 **'이것 또는 저것 반응(이것/저것 반응)'** 경향일 수도 있기에 CP에서 하나의 반응에 그칠 수도 있다는 점을 인식하고 있어야 한다. 이 경우 검사자가 직접 질문을 하지 않고서 해결하기란 어려운 일인데, '네? 나비…… 또 뭐라고 하셨지요?'라고 검사자가 정확히 듣지 못해서 한 번 더 말해달라는 태도로 질문해 보는 것이 도움이 될 때가 있다. 만약, 나비나 나방 중 더 접합한 게 무엇인지 분명하지 않아 모호하게 인식하고 있었던 것이었다면 둘 중 하나를 선택하게 될 수도 있고, 어떤 경우에는 나비와 나방을 개별적으로 구분하여 두 개의 반응으로 결정할 수도 있다. 또는, 우유부단한 양상으로 결국 두 반응을 분명히 구분하지 못할 수도 있는데 이는 CP에서 추가 검토를 해야 한다. 이러한 **'이것/저것 반응'** 외에도 **'이것과 저것 반응(이것-저것)'**이 있다. '이것-저것 반응'은 두 가지의 개별 대상을 지각한 것인 반면, '이것/저것 반응'은 두 대상 중 한 가지를 결정하지 못한 모호한 반응으로 보는 것이 적절하며 최종 하나의 반응으로 기호화한다.

한편, 자극 제시 순간부터 수검자가 반응을 시작하기 전까지의 시간이 수초 이상 소요되면서 '나비'와 '나방' 두 개의 반응이 다소 긴 시간이 소요되고 안정된 말하기 양상을 보였다면, RP에서 '나비'와 '나방'을 개별적인 대상으로 지각했다고 볼 수 있다. 하지만 '나비'와 '꽃'을 긴 시간을 소요하며 반을 한 경우에는 실제 반응과정에서 두 대상을 통합하여 정보처리를 하는 과정을 거쳤지만(소요시간에서 벌어졌을 가능성이 있음) '무엇으로 보이는가?'라는 지시에 간편하게 지각 대상의 이름만 표현한 것일 수도 있다(예: 인지적 처리의 귀찮음). 만약 이러한 반응이 통합적 정보처리를 거친 경우라면 CP에서 두 지각 대상을 관련지어 더욱 정교한 하나의 반응으로 통합할 가능성이 있기에 예상해야 한다. 이렇듯 수검자가 보고한 두 개 이상의 지각대상이 개념적으로나 관습적으로나 관련될 가능성이 있다면 하나의 통합된 반응일 가능성은 커지기에 실시 과정에 특별히 더 주의해야 한다.

반응 개수를 파악하는 데에 도움이 되는 단서 중 하나는 보고된 두 가지 이상의 대상이 같은 잉크 반점영역을 점하고 있는지를 살펴보는 것이다. 이는 보고 '내용의 일치성'과 CARD PULL을 고려해야 하는데 이상의 예에서 '나비'와 '나방'은 실제 대상이 가진 형태적 유사성이 높다고 할 수 있고 V번 카드에서 나타난 반응이라면 CARD PULL 또한 강한 영향을 미쳤음을 예상해 볼 수 있을 것이다. 이러한 반응이 빠른 반응 속도와 짧은 반응 간 시간 간격과 함께 나타났다면 자동적인 '**이것/저것 반응**'이 아닌지 신중히 검토해야 한다. 드물긴 하지만 빠른 반응 양상과 함께 두 개의 반응을 하면서 빠르게 카드를 회전하여 최종 지각 방향이 서로 다르게 나타났다면 두 개의 반응일 가능성이 더 크다.

이상에서 설명한 모든 방식을 다 적용한 뒤에라도 반응 개수 구별이 어려운 경우라면 마지막으로 CP에서 좀 더 직접 반응 개수를 확인해 볼 수 있다. 예: '**한 가지를 본 건가요? 두 가지를 본 건가요?**', '**한 장면에 있는 두 가지를 본 것인가요?**', '**나비와 나방을 같은 장면에서 본 건가요? 따로따로 본 건가요? 아니면 나비, 나방을 각각 따로 본 건가요?**'. 강조했듯이 이러한 직접적인 질문은 '수검자의 자발적인 묘사'와 '반응과정에서 드러난 다양한 단서'로도 반응 개수를 확정하기 어려울 때 한정적으로 해야만 한다. 사실, 이렇게 질문해야 할 상황까지 맞이하게 되었다면 수검자는 주위 자극을 명확하게 인식하고 처리하고 표현할 수 있는 능력의 부족함이나 능력 발휘의 어려움이 있을 가능성이 크다. 그렇기에 이들에게 직접적인 질문을 통해 의사결정을 하게 만드는 것 자체가 이들에게는 엄청난 불안과 답답

함 또는 위협으로 느낄 수 있다는 것을 잘 알고 있어야 하고 이러한 상황을 예상하여 적절히 대처할 수 있어야 한다. 이러한 위험을 감수하고 질문을 했음에도 적절한 답을 들을 수 없다면 하나의 반응으로 결정한 뒤 이러한 반응 '반응과정'에서 추정해 볼 수 있는 수검자의 심리적 특징을 검토해 보는 것이 필요하다(예: 과제에 대한 회피적 태도, 평가맥락에서 비협조적 태도 등). 만약 같은 잉크 반점영역이면서 두 가지 대상이 개별 반응으로 구분이 어려운 경우라면 인지기호 'CON'에 해당하는 반응인지 신중한 검토가 되어야 한다.

3. 명료화 단계

CP의 목적은 RP에서 보고한 수검자의 반응을 해당 기호 항목에 분명히 배정할 수 있도록 하는 데에 있다. 핵심 기호영역은 '무엇을' 보았는지, 잉크 반점의 '어느 영역'을 보았는지, 그것을 '어떻게' 볼 수 있었는지와 관련되어 있다. 검사자는 수검자가 반응한 모든 반응에 대해 어디서, 무엇을, 어떻게 보았는지 검사자가 이해할 수 있도록(사실 검사자가 이해하지 못해도 된다. 오로지 정확한 기호화를 위한 작업임을 명심할 것) 수검자에게 설명해 주기를 요구해야 한다. CP에서 검사자의 일반적인 지시 사항은 다음과 같다.

> '이제 마지막 순서가 남았습니다. 당신이 카드를 보면서 이야기한 것을 이제 저와 같이 살펴보려고 합니다. 당신이 본 것이 정확하게 무엇이고, 그것을 또 어떻게 보게 되었는지 자세히 살펴볼 겁니다. 지금부터 카드를 하나씩 다시 보여 줄 것인데 아까 당신 무엇을 봤다고 했는지 제가

다시 읽어 드릴 겁니다. 다시 잘 살펴보시고 잉크 반점의 어디에서 그것을 봤고 또 어떻게 그것을 그렇게 볼 수 있었는지를 말씀해 주시면 됩니다. 이해하셨나요?'

이러한 명료화 요구에 대해 수검자는 자신이 무엇을 해야 하는지 정확히 이해하지 못할 수도 있다. 이때 수검자가 할 수 있는 질문과 그에 대한 검사자의 예상 답변을 미리 숙지하고 있어야 한다. CP의 목적은 RP에서 수검자의 반응을 기호화할 수 있도록 명료화하는 것이며 충분히 명료화하지 않고서 넘어가 버린다거나 기호화하기에 충분한 설명인데도 부가적으로 질문하게 되었을 때는 부정확한 기호화가 될 것이다. 그리고 이는 수검자에 대한 최종 해석적 가설을 만드는 데에 중대한 문제를 발생시킬 수도 있다. 그렇기에 CP에서 검사자의 정확한 수행이 강조되어야 하며 충분한 훈련이 되어야만 한다. 적절한 CP 수행을 위한 기본 요령은 '**핵심 단어**'를 미리 숙지하는 것과 CARD PULL과 함께 관련지어 이해하는 것이다. 그리고 앞서 RP에서 반응 수를 구별하기 곤란한 경우가 종종 나타난다고 했는데, CP에서도 보고된 반응이 하나의 반응인지 두 개 이상의 반응이 조합된 표현이었는지를 검토하는 데 주의를 기울여야 한다. 보통 RP에서 두 개의 반응인 것 같지만 CP에서 두 반응이 통합되면서 하나의 반응으로 보고될 때를 주의해야 한다.

먼저, CP에서 반응과정상의 특징은 RP에서보다 CP에서 더 많은 말을 하게 되므로 검사자의 기록 속도가 수검자의 말 속도를 따라가지 못할 때가 있다. 이때는 당황해하지 말고 "**제가 말씀하는 것을 기록(입력)하는 데에 따라가는 게 쉽지 않네요. 조금만 천천히 말해 주시면 감사하겠습니다.**"라고 상냥한 어조로 말해 줄 수 있다. 하지만 이렇게 말로 요청하기 전에 앞서 '**수검자의 말을 그대로 천천히 늘이며 반복**'하면서 속도를 자연스럽게 조절해 보는 것을 권장한다. 예를 들어, 수검자가 "**여기가 사람이고 여기 또 있어요. 여기 머리, 손 그리고 나무가 옆에 있는 거예요. 여기. 이게 잎이겠지요?**"라고 빠르게 말한다면 검사자는 수검자의 말을 천천히 늘이며 "**여기가…… 사……람……이고, 또…… 여기가 손. 그리고…… 나무……가…… 옆에 있고…… 여기가…… 잎. 네 좋습니다.**"라고 천천히 따라 말할 수 있을 것이다. 이러한 개입은 검사 진행에 어색한 지연이 생기지 않은 정도여야 하며 수검자의 말하기 보폭에 지장이 갈 정도는 아니어야 한다.

또한, 이러한 개입이 라포를 깨트릴 정도의 제약이 되지 않도록 세심히 주의해야 한다. 이렇게 수검자에게 말을 천천히 해달라고 요청하거나 '**지연된 따라 하기**'를 하기 전에 충분히 빠른 기록이 가능하도

표 2-2 활용 가능한 축약어

일반적 언어화 내용 및 양상	축약어	개념
검사자가 수검자의 반응을 반복	(ERR)	Examiner Response Repeat
"여기는–"	(여–)	
"어떤 점으로 그렇게 볼 수 있었습니까?" "무엇 때문에 그렇게 볼 수 있었나요?"	(QD)	Question–Determinant
"어디에서 본 것이죠?" "○○이 어디에 있는 거예요."	(QL)	Question–Location
기본 지시 반복	(IR)	Instructions Repeat
핵심 단어 반복	(KR–)	Keyword Repeat – 핵심 단어
말끝 올리기	(↗)	
말끝 줄이기	(...)	
반응지연	(RD)	Response Delay
영역 가리킴	(PL)	Pointing Location

록 숙련하는 것이 우선이다. 자연스러운 기록을 위해 검사자의 선호와 친숙함에 따라 축약어를 사용할 수 있고 이후 원자료에 대한 지도감독을 받을 때는 자신이 사용한 축약어를 풀어 기록하고 분명히 설명할 수 있으면 된다. 기록을 복구하는 과정에서 수검자가 언급한 것과 다르게 풀어내거나 검사자가 임의로 단어를 다듬고 추가하는 일은 없어야 할 것이다. 〈표 2-2〉에 추천할 만한 축약어를 정리해 두었다.

한편, 학습자들이 종종 CP에서 수검자의 반응을 기록하는 것을 부담스러워하여 녹음이나 녹화를 고려하는 이들도 있는데 그다지 추천할 방법은 아니다. 이유인즉, 녹음과 녹화에는 수검 당시 수검자의 세심한 행동과 표정을 모두 담을 수 없고, 당시 수검자의 경험이 가진 뉘앙스를 충분히 담을 수 없으며, 검사자는 상황이 기록되고 있다는 것에 안심하며 검사 순간에 충분히 주의하지 않을 수도 있고, 수검자가 가공된 기록물에 대한 실제 불편감을 느끼면서도 숨기고 있을 수도 있을 것이다(사전 기록에 대한 동의를 받았을지라도). 이뿐만 아니라 현실적으로 이후 텍스트로 복구하는 작업에 많은 에너지와 시간이 소모되기도 하기 때문이다.

CP에서는 수검자의 언어적 · 비언어적 반응을 관찰하고 기록하는 작업뿐만 아니라 수검자가 최종 지각에 사용한 잉크 반점의 영역을 확인하여 '영역 기록지'에 표시해 두는 작업도 함께 진행된다. 초심자들은 수검자의 언어적 반응과 행동 그리고 반응영역을 동시에 확인하는 것을 부담스러워하는데 이는 운동기능의 향상처럼 반복된 훈련을 통해 충분히 숙달될 수 있다. 한편, 반응영역을 표시하는 과정에서 수검자에게 '반응영역 기록지'를 보여 주면서 자신이 보았던 영역을 확인해 달라고 요청해서는 안 된다. 이는 실제 경험 환경에서의 경험(잉크 반점 카드 실물)이 아닌 편집된 새로운 경험 환경에서의 경험(반응영역 기록지)이기에 왜곡하여 보고할 가능성이 있기에 반드시 실제 카드를 보여 주면서 반응영역을 확인해야 한다.

그리고 수검자는 실제 카드를 보며 반응에 사용한 반점영역을 자신의 손가락을 사용해 윤곽을 그려 주는 경우가 많다. 이때 반드시 수검자가 손가락을 사용하여 가리키는 선을 잘 확인해야 하는데 보통 '그 정도면 충분히 사용영역을 식별할 수 있는 대략적인 영역'을 가리키곤 한다. 예를 들어, '**전체가 그래요**', '**사람은 여기에 있고 나무는 중간에 있는 거예요**.' 등으로 설명하면서 동시에 그곳이 어디인지 손가락으로 크게 윤곽을 가리키는 행동을 할 것이다. 만약 말로만 '**여기가 머리고, 중간에 나무가 있고 옆에 이것은 먼가가 떨어지는 거예요**.'라고 한다면 "○○**이/가 어디에 있는지 손가락으로 가리켜 주실 수 있을까요?**"라고 지시할 수 있다. 이 과정에서 아주아주 가끔 수검자가 섬세하고 세밀하고 자세히 자신이 본 영역의 윤곽을 꼼꼼하게 가리키려고 한다면 즉시, "**그렇게 자세히 알려 주지 않으셔도 됩니다. 어느 곳(부분)인지 알 수 있기만 하면 됩니다**."라고 추가로 지시하는 것이 필요하다. 왜냐하면, 현실의 경험 장면에서도 보통 그 정도로 정확하고 세밀하게 해당 영역 식별하여 지각하지 않는다. 그리고 '어느 곳에서 보았냐'는 질문에 반응하여 부가적으로 다듬는 반사적 행동이 나타난 것이라 할 수 있다. 또한, 이렇게 세밀하게 보고된 영역을 기호화한다면 대부분 Dd로 결정될 것이고 이를 참조한 해석은 수검자의 실제 경험과 더 동떨어지게 된다. 예외로, 어떠한 추가적 지시가 없었는데도 수검자가 자발적으로 '특정 영역을 제외해서 본 것'이라고 상세하게 똑 부러지는 묘사를 해 줄 때는 수검자의 지각 특성을 반영하는 것으로서 그 영역이 Dd라면 그대로 Dd로 기호화해야 한다. 검사자의 '불필요하고 정도를 넘어선 개입'으로 인해 수검자가 Dd 영역을 보고하게끔 유도하지 않는 것이 중요하다.

그리고 RP에서 수검자로부터 관찰되는 '현상'과 CP에서 관찰되는 '현상'을 비교해 보면, 상대적으로 CP에서 더 많고 다양한 수검자의 언어적 · 비언어적 반응이 나타난다. 그렇기에 CP에서 수검자의 반응을 기록하는 것이 훨씬 더 큰 부담을 느낄 수 있다. 수검자로부터 드러나는 그 많고 다양한 언어적 · 비언어적 '현상' 중에서도 현저한 '현상'에 주의를 기울여야 하며 그렇게 식별된 행동들은 빠짐없이 기록되어야 한다. 현저한 '현상'은 수검자가 독특한 단어를 사용할 수도 있고 모든 반응 마무리할 때마다 한 가지 음을 유지하며 기계적인 말투로 '**여기까지입니다**'라고 반복할 수도 있을 것이다. 이뿐만 아니라 수검자가 습관적으로 보이는 말하기 습관이나 몸짓도 중요한 정보가 될 수 있다. 수검자가 보이는 다양한 언어적 · 비언어적 반응이 예상 가능한 전형적인 반응인지 일상적이지 않은 반응인지를 검사 상황에서 구별하기 어렵다면 일단 모두 기록해 두는 것이 좋다. 효율적인 식별을 위해서는 로르샤흐 과제에서 전형적으로 나타나는 수검자들의 언어적 · 비언어적 행동이 무엇인지 사전에 숙지해 두는 것이 유용할 것이다.

엑스너는 CP(CS에서 Inquiry)가 가진 위험성을 알고 있었다. Inquiry 단계는 로르샤흐 검사의 타당성 및 신뢰성이 저하될 수 있는 위험이 있는데, '검사자의 질문'이 지각 주체(수검자)와 지각 대상(잉크 반점) 사이에 간섭하는 '외부 환경'이며 이러한 간섭은 RP에서와 다른 새로운 정보처리와 의사결정 과정을 거치게 만든다는 것이다. 외부로부터 자극으로 인해 작동된 부가적인 정신과정은 개인적 투사 내용이 추가되는 것을 넘어서서 다양한 변수를 만들어 낸다. 그러한 변수는 수검자 자발적으로 드러나는 개인성을 뛰어넘는 예상치 못한 방향으로 정신과정을 이끌어 갈 수 있기에 결과의 타당성과 신뢰성에 큰 문제를 발생시킬 수 있는 것이다. 그래서 R-PAS에서는 CP에서 검사자의 작업에 대한 좀 더 섬세하고 표준화되고 구조화된 실시 지침을 제시하고 있다.

우선, 각 지침의 기본은 검사자의 태도와 마음 자세로부터 드러난다. 수검자와 라포를 형성하고 유지하는 것은 아주 중요한데 대부분 사람이 세상을 살아가면서 자신이 경험한 것에 대해 '어떻게' 그리고 '왜' 그러한 경험을 하게 되었는지 설명을 요구받는 일은 낯선 경험이 될 것이다. 이런 점 때문에 검사자는 명료화를 할 때 더 자연스럽고 안정감을 줄 수 있는 태도를 갖추어야 하고 세심히 질문해야 한다. 구체적으로 검사자 자신의 말하는 습관이나 말투 그리고 선호하는 사용단어 유형, 추임새 등을 최소화하려 해야 하고 일상적인 대화 과정에 간명한 말하기 습관을 들이는 것을 권장한다.

그리고 로르샤흐 과제는 수검자의 시각적 정보처리에 초점을 두고 있는 과제로서 이에 적합한 방식의 단어를 사용한 질문을 해야 한다. 예를 들어, '**어떤 게 떠오르는가요?**', '**저는 잘 이해가 안 되는데 좀 더 설명해 주시겠어요?**' 등의 질문은 수검자에게 자신의 경험을 분석하게 하거나 감상을 표현하도록 유도할 위험이 있다. 웬만해서는 이러한 질문은 하지 않아야 하고 '무엇으로 보이나요?' 등의 질문으로 로르샤흐 과제가 '시각을 사용한 지각검사'라는 점이 명확히 전달될 수 있도록 해야 할 것이다.

종종 로르샤흐 과제가 요구하는 것이 무엇인지 충분히 정확하게 파악하고 있는 수검자라면 자신의 설명이 잘 '이해가 되지 않는다'는 말을 검사자에게 듣게 된다고 하더라도 오해 없이 자신이 '본 것'을 여전히 검사자가 잘 '볼 수 없다'는 의미로 받아들일 수 있을 것이다.

하지만 특별한 경우가 아닌 이상 로르샤흐 작업이 '시각적 정보처리 과제'임을 명확히 인식할 수 있도록 지시하는 것이 좋다.

CP 진행에 필수 고려 사항은 다음과 같다.

첫째, '**RP에서 보고한 원래 반응**'에 대해서 분명하게 기호화해야 하는 것이 목적이다. 이러한 규칙은 CP에서 모든 기호 항목(영역, 공간, 내용, 대상질, 형태질, 평범 반응, 결정인, 인지기호, 주제기호)을 한번에 고려해야만 한다는 것은 아니다. 실제 CP를 진행할 때는 보통 사용한 '반응영역을 확인할 때'와 '결정인을 명료화할 때' 등 한두 번 정도의 중립적 개입만으로 충분히 기호 결정이 가능하다. 특히, 반응영역은 수검자가 손으로 가리키는 행동을 관찰하는 것만으로 충분히 '**합리적 확신**'이 가능하며 비교적 쉽게 결정인 기호를 분류할 수 있을 것이다.

둘째, 명료화를 위한 질문은 특정 기호를 예상할 수 있는 '**직접적인 질문이 아니어야 하며**', 기호화가 불분명한 '**특정된 점**'에 대해서만 질문한다. R-PAS의 실시 전체 과정은 전적으로 수검자가 이끌어 가야만 하고 검사자의 개입은 최소화해야 한다. 이를 준수하기 위해 기본적으로 수검자가 말한 단어에 초점을 두고 질문하는 것이다. 기본적으로 CP에서 개입은 수검자가 RP에서 언급했던 말을 그대로 반복하는 것으로 시작된다. 이러한 제한된 개입 방식에 검사자가 답답해할 수가 있는데 그렇다고 해서 수검자의 일상적이고 개인적인 '단어'를 검사자의 고상하거나 정돈된 단어로 바꿔 말하게 된다면 수검자가 의식적·비의식적으로 의도한 '있는 그대로의 고유성'을 덮어버리는 일이 벌어질 것이다. CP에서는 항상 가치 중립적인 언어적 표현과 말하기 방식을 유지해야 함을 명심해야만 한다.

셋째, 명료화하는 과정에서 수검자의 반응을 특정 기호로 분류하는 데에 명확한 '**근거가 드러나면 즉시 명료화는 중단**'해야 한다. CP에서 작업은 간명할수록 좋다. 그렇기에 검사자나 수검자 모두 RP에서 표현된 내용을 벗어난 CP에서 새로운 언어화는 검토하지 않는 것이 필요하다. 여러 번 강조하지만 가장 훌륭한 CP 수행은 기호 결정이 불확실한 경우 명확하게 하기 위한 최소한의 개입만 할 때다. CP에서는 RP를 벗어난 작업이 되지 않도록 특별히 신경 써야 하기에 검사자의 밝고 단호한 진행기술이 필요하다. 그렇다 하더라도 주의해야 하는 점은 RP에서 반응을 CP에서 자발적으로 정교화하려는 언급은 정확한 기호 결정에 참고해야 하며 특정 기호로 의심이 되는 '언어화'에 대해 CP 시작 초반에 바로 검토하는 것이 중요다.

넷째, 명료화해야 할 '**필수 기호 항목은 반응영역, 반응 내용, 결정인**'이다. 초심자는 전체 기호영역을 검사가 진행되는 동안 한번에 파악해야 할 것 같은 막연한 부담을 가질 수 있다. 실제 검사 상황에서는 명료화해야 할 반응이 생각보다 많지 않고 다소 신경 써야 할 경우라 하더라도 보통 결정인 기호를 명확히 하는 데에 그친다. 검사 실시 순간에는 필수 기호 항목의 기호에 집중하도록 충분한 연습이 필요하다.

다섯째, 수검자의 언어화 보고 중에서 '**핵심 단어 및 문장에 초점**'을 두고 기호를 검토해야 한다. 수검자는 CP에 들어가기 전에 일반적 수행 방법을 안내하기 때문에 RP에서 언급한 수검자의 반응을 그대로 반복해 주는 것만으로도 어떻게 그것을 보게 되었는지 적절하게 설명을 해 줄 수 있다. 하지만 삶의 적응에서 어려움이 있는 수검자는 CP의 일반적 지시만으로 적절한 수행을 하지 못할 수도 있다. 이 경우 수검자의 수행에 최소한의 개입을 해야 한다는 규칙에 따라 수검자의 의사결정에 영향을 주지 않는 수준에서 개입할 수 있어야 한다. 그렇기에 가장 먼저 RP에서 반응을 그대로 반복하는 것이며 이후에는 분명한 기호화 결정에 도움을 줄 수 있는 '핵심 단어와 문장'을 인용하여 질문할 수 있다. Ⅷ번 카드에서 '**네. 맞아요. 숲이에요. 여기가 초록숲인데…… 여기는 불이 나서 색깔이 변한 거예요**'라고 설명했다면 '불', '변한 거예요'에 해당하는 기호를 결정하기에 모호함이 남아 있다. 불이 난 이후의 모습이라면 Fi로 기호화할 수 없고 불이 나고 있는 상황을 지각했을 때만 Fi 기호화가 가능하다. 이뿐만 아니라 '**변한 거예요**'는 Y로 기호화할 수 있을지 분명하지 않다. 이때 검사자는 '**불이라고요?**' 그리고 '**색깔이 변했다고요?**' 등 핵심 단어를 인용하여 질문해 볼 수 있을 것이다. 명료화를 위해 핵심 단어와 문장이 아닌 전체 반응에 대한 일반적인 질문을 하면 수검자가 어디에 초점을 두고 설명을 해야 할지 혼란스러울 수도 있고 검사자의 질문을 어떻게 이해하느냐에 따라 다양한 답변이 가능하기에 통문장을 반복하는 것을 지양해야 한다. 예를 들어, 수검자가 '**여기가 날개, 여기 몸통, 다리, 몸을 보니 말랐어요. 바싹 말라 있는 새이고 힘들어하고 있네요**'라고 했을 때 '바싹 마른 배고픈 새가 힘들어하고 있다고요?'라는 질문은 수검자가 어느 부분에 초점을 두냐에 따라 답변이 달라진다. 그래서 '**말라 있다고요?**' 또는 '**힘들어하고 있다고요?**'라는 간명한 질문을 하나씩 하는 것이 적절하다.

여섯째, 검사 상황에서 나타난 '**의사소통 양상(communication), 반응에 사용한 잉크 반점에서 지각한 특정 대상의 속성과 그에 상응하는 현실의 실재 대상의 속성 간의 원형적 이미지(prototypical imagery)와의 부합도 그리고 반응에 사용한 잉크 반점영역(location selection)을 함께 고려**'하여 명료화에 적절한 질문을 한 후 최종 기호화 결정을 해야 한다. 이상의 세 가지 조건은 '합리적 확신'을 위한 점검 요소이며 세 가지 모두에 해당할 때 가장 강한 확신을 할 수 있다.

먼저, **'의사소통의 양상'**은 기호를 결정하는 데에 관련 있는 수검자가 보였던 모든 언어나 몸짓 특징을 말한다. 예를 들어, '모양이 그래요'라는 진술은 결정인 기호 F와 관련되며, '(양손을 퍼덕거리는 시늉) 날개를 펴고 있는 거예요'라는 진술은 언어화 내용만으로는 결정인 기호를 확신하기 어려운데('펴진' 상태의 묘사인지 움직임인지) '퍼덕거리는' 행동을 근거로 FM으로 기호화하는 것이 적절하다. 수검자의 언어화 내용은 핵심 단어 및 문장을 통해 명료화할 수 있기에 비교적 수월하게 검토해 볼 수 있다. 수검자가 기호화에 적절한 언어화를 할 있도록 최적의 질문을 선택해야 하고 불필요한 설명을 할 위험이 있는 질문은 하지 않아야 한다. 이상의 예에서처럼 반응과정에서 보인 수검자의 행동은 기호화에 중요한 단서가 될 수도 있기에 검사 과정에서 수검자의 행동은 '(　　)' 안에 기록해 두는 습관을 갖는 것이 좋다. 많은 사람이 자신의 경험을 그에 적합한 언어로 표현하는 것을 어려워하며, 특히 복잡하고 낯선 경험에 대해 정확한 개념을 사용하여 언어화하는 것은 더욱더 어려운 일이다. 이때 많은 사람이 몸짓을 포함한 다양한 행동과 함께 표현할 때가 많고 언어적 방식으로 알려 주길 요청한다고 하더라도 분명한 진술을 하기 어려울 수도 있다. 그래서 **'합리적 확신'**이 가능한 몸짓은 추가 질문이 없이 바로 기호화할 수 있다.

다음으로, **'잉크 반점이 가진 원형적 이미지'**는 현실에서의 실제 대상과 연결될 수 있는 특정한 결정인 속성을 담고 있다. 여기에는 '잉크 반점에서 지각한 반응 내용'과 상응하는 '실제 현실의 대상'이 가진 관습적이고 원형적인 속성을 비교해 봐야 한다. 예를 들어, '웨딩드레스'와 '박쥐'는 보편적으로 각각 '하얀색'과 '까만색' 속성을 가진 현실 대상을 상기시키기 때문에 C'과 관련되며, '번지점프'는 M을 쉽게 상기시키는 속성을 갖는다. 그리고 '숲'과 '바다', '하늘' 등은 '푸른 색' 계열의 색상을 상기시킨다. 이러한 추론은 반드시 실제 대상과의 '비교 추론'이어야 하며, 수검자가 '사용한 잉크영역'이 지닌 속성이 현실에서 '실재하는 대상이 지닌 속성'과 보편적으로 일치해야만 한다. 이렇게 일치하는 진술이 있다면 이와 관련된 유력한 결정인 기호를 확인할 수 있는 질문부터 해 볼 수 있을 것이다. 만약 일치하지 않을 경우라면 단순한 형태를 지각한 반응일 가능성이 크다. 이러한 이미지는 물리적 대상뿐만 아닌 감정이나 분위기에도 똑같이 적용되기 때문에 특별히 유채색으로 비유되는 보편적인 현상을 잘 알고 있는 것이 도움이 된다. 아주 흔히 우울은 검정이나 회색을 떠올릴 수 있고, 축제는 다양한 색깔의 조합을 떠올릴 수 있는데 구체적인 색깔들과 기분 및 분위기는 소속문화의 관습성에 따르기 때문에 문화적 맥락에 맞게 적용해야 할 것이다.

끝으로, 반응에 '**사용한 잉크 반점영역**'이 특정한 결정인 속성을 자극할 수 있기에 명료화에 단서로 삼을 수 있다. 예를 들어, 특별히

[그림 2-2] 합리적 확신을 위한 세 가지 점검 요소

II번, III번 카드는 움직임 속성을 지각하도록 이끄는 CARD PULL을 가진다. 두 카드에서는 양쪽으로 가장 큰 잉크 반점영역이 동물과 인간으로 지각되기 쉽고 특정 동작을 상기시키는 형태적 윤곽이 있다. 이뿐만 아니라 10개의 카드는 특정 잉크 반점영역에서 특정된 결정인 속성을 자극하기에 해당 카드의 잉크 반점이 가진 CARD PULL에 익숙해지는 것이 필요하다.

일곱째, 결정인 수렴 원칙은 결정인 기호화 과정에서 '**합리적인 확신**'에 따라 적용될 수 있다. 합리적 확신은 보편적인 합리성을 보장할 수 있어야 하며, 이러한 보편성은 수검자의 소속문화에 따라 비교기준을 적용해야 한다. 이는 앞서 설명한 '의사소통 양상과 지각대상과 실재 대상 간의 원형적 이미지의 부합도, 사용 잉크 반점영역' 등을 함께 검토하면서 '합리적 확신'을 할 수 있을 것이다. 수렴 원칙을 적용할 때 수렴 가능한 반응과 그렇지 못한 반응의 구별이 다소 어렵게 느껴질 수 있으나 수검자가 지각한 반응과정에서 '**합리적 확신**'을 가질 수 있는 경우에 수렴 원칙에 따라 기호화하면 된다. 구체적으로 '**결정인 수렴**'은, ① 주로 유채색, 무채색 결정인을 결정할 때(**유채색 결정인 수렴, 무채색 결정인 수렴**) 적용되는데 '합리적 확신의 세 가지 조건'에 모두 부합할 경우 언어화 기록에서 분명한 언급이 없다 하더라도 유채색이나 무채색 결정인으로 기호화할 수 있다. 만약 두 가지나 한 가지에만 부합할 경우 이를 분명히 하기 위한 핵심단어나 문장에 대해 명료화 질문을 할 수 있을 것이다. ② '**음영-재질 결정인 수렴**'은 언어화 기록에서 촉감 관련 단어를 사용하고(찐득하다, 부드럽다, 보송하다, 거칠다 등) 비언어적 행동에서 카드를 만지는 행동을 보이며, 일상에서 촉감이 주요 속성이 되는 대상을 지각하는 경향이 있다. 특정 기호에 적합한 분명한 언어화가 없다 하더라도 특정 카드에서 특정 영역은 촉감 속성을 지각하게 만드는 속성을 가지고 있다. 예를 들어, VI번 카드는 동물 가죽 카펫이나 양탄자는 촉감을 이끄는 속성을 담고 있다. 하지만 재질에 이끌려 지각한 반응은 일반적인 형태나 무채색 속성에 이끌린 반응과 구별이 어렵기에 합리적 확신의 세 가지 조건에 모두 부합할 때만 기호화할 수 있도록 주의해야 한다. ③ '**형태 차원 결정인 수렴**'이 가능한 반응은 자연스러운 언어화 과정에서 비교적 분명히 드러난다. 대표적으로 IV번 카드에서 '**거인이에요. 밑에서 위로 본 건데 발이 크게 보이고 머리가 작아 보여요**'라는 반응에는 부가적인 명료화 질문은 하지 않아도 된다.

여덟째, 명료화를 위한 질문 중에서 '**최상의 질문**'을 통해 기호 분류가 되지 않을 경우, '**차선의 질문**'으로 명료화를 할 수도 있다. 최상의 질문은 '반응 반복'과 '핵심 단어와 문장'을 통한 질문이며, 이러한 질문으로도 분명하지 않을 때 예를 들어, '이것 또는 저것' 반응을 하게 되면 좀 더 직접적인 질문으로 '**나비를 보신 거예요? 나방을 보신 거예요?**'라고 선택을 요구할 수도 있다. 하지만 이러한 기호화 결정이 프로토콜 산출이나 해석에 중요한 차이를 가져오는 상황이 아니라면 검토하지 않아도 된다.

아홉째, CP에서 수검자의 반응이 RP에서 언급했던 것과 '**모순된 내용이거나 불필요한 속성을 추가한 언급은 과감하게 기호화 대상에서 제외**'해야 한다. 이러한 수검자의 반응을 거부하거나 제외한다는 것을 검사자가 불편해하곤 하는데 검사자의 개입이 없는 상대적으로 자발적이고 순수한 수검자의 RP 반응에 초점을 두어야 한다는 점을 유념하면서 과감하게 기호화 대상에서 제외해야 한다. 불필요한 언어화 중에는 반응 전에 예열하기 위한 목적의 '말하기 습관'이 있을 수 있는데 예를 들어, '**어디 보자……**', '**참 희안하네……**', '**신기하네요……**' 등으로 시작하는 수검자도 있을 것이다. 이보다 좀 더 구체적으로 표현하기도 하는데, '**우와 이거 대박이네요**', '**쩌는데요**', '**아놔…… 난 왜 이게 이케 불편하지요?**', '**으이…… 징그러**', '**참 이상하게 생겼네……**', '**토 나올 것 같네. 웩**' 등의 감탄사나 단순한 자극에 대한 인상적 표현으로 시작하기도 한다. 이러한 표현은 굳이 명료화하지 않는다. 이 중 특히 불편한 표현에 대해 좀 더 명료화하려고 하면 로르샤흐 과제를 회피하려는 태도를 갖추게 할 수도 있으며, 어떤 경우에는 명료화 요청을 심리적 압박으로 여겨 두통, 메스꺼움, 어질함 등의 신체적 · 감각적 불편감을 호소할 수도 있다. 그렇기에 웬만하면 이러한 예열을 위한 습관적 반응은 무시하면 된다. 하지만 아주 가끔 무언가를 보는 과정에서 분명한 지각상 의미를 함축하는 반응이라면 이후 인지기호나 주제기호에 해당하는 숨겨진 이야기가 있을 수도 있다. 이때는 CP에서 수검자가 시각적으로 '본 것'이 무엇이고 어떻게 보았는지에 초점을 둔 질문을 통해 명료화해야 할 것이다.

이상의 아홉 가지 사항은 명료한 기호화 결정을 위해 반드시 숙지해야 하며, 명료화 과정에서 발생하는 기호화 갈등의 해결 근거로 참조할 수 있을 것이다. 모든 명료화 과정은 수검자가 보인 다양한 정보를 고려하여 기호화해야 한다는 점을 잊어서는 안 된다.

4. RP와 CP 간의 비일관적인 반응

종종 수검자는 CP에서 새로운 속성을 추가하거나 기존 반응에서 특정 속성을 누락시키거나 정교화하면서 반응을 수정하기도 한다. **'수검자가 카드 내에 실제로 본 것을 묘사한 것을 기호화한다'**(제3장 참고)라는 기본 기호화 규칙에 따라 RP 반응을 기본으로 CP에서 달라진 반응 양상을 보태어 검토하면서 기호화해야 한다. RP에서 반응이 CP에서 반응보다 우선시되기에 RP에서 보고된 속성이 무엇이냐가 기호화 결정에 좀 더 중요한 재료가 된다. 그리고 RP에서 단순한 보고 이후 CP에서 구체적으로 설명을 해 줄 경우, 먼저 표현한 속성을 고려해야 한다. 그리고 반응결정에 좀 더 중요했던 속성을 특히 '더 많이' 그리고 '더 자세히' 묘사하는 것은 최종 기호화 결정에 참고해 볼 수 있을 것이다.

CP에서 반응을 바꾸려는 시도는 수검자의 여러 동기가 담겨 있을 수 있다. 로르샤흐 작업 수행 양이 누적되면서 기억에 '간섭'을 받았을 수도 있고 주의력의 문제로 애초에 기억 표본으로 부호화되지 않았을 수도 있다. 또한, 초기 지각과정 동안 검열되어 보고하지 않았던 대상이 CP에서 다시 노출되면서 새롭게 전경에 등장했을 수도 있고 CP까지 오는 과정에서 '몸풀기'가 되어 새로운 것이 보였거나 작업 흥미가 높아졌을 수도 있다. 낯선 로르샤흐 작업에 당황하여 RP에서 정제되지 못한 채로 뱉어 버린 반응이 CP에서 억제되고 부정되었을 수도 있다. 반응의 변화는 보통 비의식적 동기에 의한 경우가 많기도 하고 개인적인 다양한 이유로 나타날 수 있다는 점에 주의해야 한다.

구체적인 반응의 변화 양상을 살펴보면, 첫째, **'반응을 누락'**시키는 것이다. CP를 진행하기에 앞서 검사자가 수검자에게 자신이 RP에서 보았던 반응을 그대로 불러 줄 것이라고 안내하기 때문에 수검자는 회상해야 하는 부담 없이 재인만 하면 된다. 이렇게 재인이 되지 않은 경우는 먼저 기억의 초기 단계에서 문제를 의심해 볼 수 있다(예: '**내가 그랬어요? 그걸 봤다고 했나요?**'). 구체적으로, '주의-감각-부호화' 과정에서 정보가 입력되지 않았을 수도 있다. 이 정도의 주의력의 문제라면 병리적 수준의 주의력 저하일 수도 있으며, 만약 그렇다면 RP에서부터 행동 전반에 주의력 저하와 관련된 다양한 행동이 관찰될 가능성이 크다. 주의력 문제를 배제할 수 있다면 다양한 수준에서 수검자의 '의도된 망각'의 결과일 수도 있다. 이러한 의도된 망각은 기본적으로 비의식적인 과정으로 자신은 원래 그러한 경험과 기억이 있었다는 것을 인정할 수도 없다. RP에서 자신의 반응을 CP에서 검사자에게 이해시켜 줘야 한다는 것에 자신의 사적인 면(주관적 경험)을 드러내야 한다는 부담으로 느꼈을 수도 있다. 이러한 비의식적 불편감 외에도, RP에서 '**무엇이**' 보이냐는 간단한 질문을 받고 가벼운 마음으로 '깊이 처리'하지 않고(낮은 관여) 간편하게 반응했는데 이후 CP에서 예상치 못한 '**어떻게**' 보았냐는 질문을 받고서 부담을 느껴 의도적으로 설명을 '반려/취소'했을 수도 있다. 또는 RP에서 두 개를 봐야 하는 것에 추궁받는 듯 강한 부담을 느끼고 보았다면 CP에서 설명을 요구할 때 불안이 점화되어 이전 봤던 대상을 재인하지 못할 수도 있다.

둘째, '**새로운 세부적 반응 속성이 추가**'된 경우이다. RP에서 지각한 대상을 CP 과정을 거치면서 추가된 사항이 있다면, 상황에 따라 기호화 여부가 결정된다. 일반적 예로는 RP에서 단순히 '나비'를 반응한 뒤 CP에서 '**여기 날개 여기 몸통 여기 더듬이이고 자유롭게 날아가고 있는 모습이에요**'라고 했다면 '나비' 형태에서 움직임이 더해져 FM으로 기호화하게 된다. 다른 예로는 RP에서 '**꽃이 피어 있는 거예요**', CP에서 '**여기도 꽃잎이고 여기 줄기 그리고 여기. 화려하게 여러**

색깔 꽃이에요'라고 했다면 CP에서 FC가 기호화될 수 있다. 이렇듯 RP에서 보고된 지각대상에서 크게 벗어나지 않은 정도의 부수적인 세부 속성이 추가되었다면 CP에서 언급된 내용도 기호화 대상이 될 수 있다. 이는 CP에서 묘사한 세부 사항을 RP에서도 충분히 인식하고 지각하였으나 '무엇을 보았는가?'라는 단순한 질문에 단순히 대상명을 언급한 것이라 볼 수 있다. 이때 수검자가 언어화하는 동안 확신에 차 있고, 자발적으로 술술 이야기가 나오고, 이미 계획된 이야기인 듯 묘사하면서 반응 간 생각하는 일시 정지 시간이 필요하지 않은 모습을 보일 수 있다.

셋째, CP에서 '**새로운 대상을 지각했다면 기호화하지 않는데**', 완전히 새로운 대상을 지각한 것이라면 '○○○ **씨가 앞서 봤던 것만 말씀해 주시면 됩니다**'라고 하고 이 반응은 기호화하지 않는다. 완전히 새로운 대상뿐만 아니라 새로운 주제나 움직임 등등의 다양한 속성을 연상하여 설명할 때는 기호화하지 않는 것이 원칙이다. 이를 파악하는 것은 다소 어렵게 느껴질 수 있으나 RP에서 본 대상을 자연스럽게 설명해 주는 것인지 CP에서 '갑자기' 내용이나 속성을 꾸며 넣고 있는지를 탐지하기 위한 섬세한 주의가 필요하다. 예를 들어, X번 카드에서 RP: '**바다 동물들이 모여 축제 상황이에요**', CP: '**여기 해마, 여기 물고기, 여기도 여기도, 게도 있고요. 다 모여 있네요……. 음……**(생각 중) **아! 해마는 늦어서 초스피드로 날아간다? 아니 헤엄쳐 가고 있고 게는 선물까지 가져왔어요. 다 모이는 중인 거 같아요**'라고 언급한 경우, '(생각 중)' 시간 동안 새로운 이야기를 구성하고 있음을 짐작해 볼 수 있고 그 이후에 묘사된 내용은 RP에서 작동한 수검자의 '반응과정'과 거리가 먼 CP에서 새롭게 만들어진 이야기다. 이렇게 추가된 이야기에 해당하는 기호화는 모두 무시해야 한다.

5. 행동관찰

로르샤흐 절차에서 나타나는 수검자의 행동은 정확한 기호화의 근거가 되며 '반응과정'의 특징을 추론할 수 있는 주요 자료가 된다. 수검자의 행동은 다양한 환경적 자극과의 상호작용에서 최종적으로 결정된 행동이기에 최종 드러난 행동에 영향을 미친 환경적 자극이 무엇이었는지 검토해 보는 것은 수검자의 성격을 이해하는 데에 도움이 될 수 있다. 당면 상황에서 최종 드러난 행동의 출처는 '로르샤흐 과제가 아니어도 수검자가 가진 고유한 행동 양상과 로르샤흐 과제로 인해 반응한 행동 양상'으로 구분해 볼 수 있다. 특히, 로르샤흐 과제에서 상호작용은 로르샤흐 잉크 반점이 가진 CARD PULL에 의해 유발된 반응 양태와 반응 주제를 포함한다. 아래 항목에서 1번, 2번, 3번은 실제 수검자가 가진 성격적 특징으로 드러난 행동에 대한 것이고 4번은 로르샤흐가 가진 속성에 반응한 최종 반응의 양태를 설명하는 것이다.

① 수검자가 가진 일반적이고 습관적인 행동
② 일반적인 평가 상황에서 나타나는 고유한 행동
③ 검사자와의 관계에 대한 태도로 나타나는 행동
④ 로르샤흐가 가진 속성으로 인한 행동

첫째, 수검자가 가진 '**일반적이고 습관적인 행동**'은 실제 적응 장면에서 안정적으로 드러나는 행동이다. 현실적인 삶을 살아가는 것에 대한 냉소적인 태도, 인간에 대한 경계나 의심, 열심히 살아가려는 열정, '세상만사 별것 있냐'는 태도, 급하게 일을 처리하려는 경향, 매사 조심스럽게 행동하는 습관 등등 다양한 개인적 행동 양식이 로르샤흐 과제에 반영될 수 있다.

둘째, **'일반적인 평가 상황에서 나타나는 고유한 행동'**은 모든 사람은 평가를 받는 상황에서 기본적으로 불안해하며 이 불안을 어떻게 관리하는가가 개인의 수행능력에 영향을 미친다. 인간 삶에서 평가받는 상황에서는 의사결정권이 평가자에게 달려 있기에 평가 대상자는 필연적으로 낮은 위계에 위치한다. 이때 평가대상이 가질 수 있는 태도는 크게 두 양극단 사이의 특정 지점에 있게 된다. 좋은 평가 결과가 자신에게 이득이 된다면 평가자의 기준에 부합할 만한 행동 양식을 보일 것이며 반대로 나쁜 평가를 받아야 오히려 자신에게 이득이 되는 상황이라면 제시된 기준과 동떨어진 행동 양식을 보일 것이다. 일반적으로 좋은 평가를 기대하는 것이 일반적이지만 개인이 닥친 평가 맥락을 고려해서 수검자의 행동 양식을 이해해야만 한다.

셋째, **'검사자와의 관계에 대한 태도로 나타나는 행동'**은 수검자의 전이와 관련되는데 검사자의 역할, 성별, 나이, 말투 등 전체적으로 드러나는 외양적 분위기가 수검자에게 전이를 촉발할 수 있다. 이러한 전이는 기본적으로 불가피한 것이고 수검자의 성격특성을 이해하는 데에 참고할 단서가 된다. 하지만 검사자가 자신만의 독특한 특성에 대해 성찰하지 못하여 발생하는 검사상의 불필요한 전이는 사전에 관리할 수 있어야 한다. 예를 들어, 단정하지 못한 옷차림, 향수 향, 퉁명스럽고 단조로운 말투, 습관적인 독특한 개인적인 어휘 및 억양 사용, 자신은 자연스럽지만 보기에 어색한 표정 등은 검사자의 문제이므로 사전에 관리해야 한다.

넷째, **'로르샤흐가 가진 속성으로 인한 행동'**은 해석에 사용되는 핵심적인 정보이며, '처치(자극 제시)와 반응' 쌍으로 이루어진 실험에서 종속변수와 같은 것이다. 로르샤흐에서 수검자가 받게 될 처치는 '지시와 자극(카드, 잉크 반점)'이며 지시와 자극을 받아 나타나는 '수검자의 모든 반응(언어화/비언어화 행동)'은 종속변수가 된다. 먼저, 수검자는 제약된 상황에서 자신의 능력을 적절히 발휘해야 하는 상황에 당면한 것이다. 그래서 일단 수검자가 로르샤흐 절차에 들어가게 되면 '제약된 상황'을 어떻게 인식하고 행동하는지 직접 확인할 수 있다. R-PAS에서 특별한 지시는 '반응 수-최적화(R-Optimized)' 실시법으로 이루어지는데 이는 CS에서보다 더 제약된 방식이다. 기본적으로 '무엇을, 어디에서, 어떻게' 보았냐는 지시를 하고 이 지시에 따르는 행동, 즉 언어화/비언어화된 수검자의 행동을 측정한다. 처치 후에 보인 거의 모든 행동을 기억 및 기록해야 하고 전형적이지 않은 독특한 행동은 특별히 더 주의하여 기록해야 한다. 최적화된 반응 수를 만족하지 못하면 추가 지시를 하게 되고 이러한 검사자의 개입에 대해 '독려(Pr)' 또는 '수거(Pu)'로 기록한다. 이뿐만 아니라 제약된 상황을 적극적으로 피하려고 하거나 과도하게 수행하려고 하지 않으면서 수동적인 회피 또는 과잉 수행의 태도를 보일 때 카드를 '회전(CT)'할 수도 있다. CT를 보인 의도는 회피뿐만 아니라 매우 다양할 수 있기에 CT 발생 전 수검자의 행동에 세심히 주의하고 있어야 한다. 이러한 Pr, Pu, CT는 R-PAS 절차에 대한 수검자의 태도를 추론하는 단서가 되는데 기호화되지 않는 수검자의 다양한 행동에도 특별한 주의가 필요하다.

그리고 R-PAS의 제약된 실시 절차로 인해 나타나는 수검자의 기본적 반응 행동뿐만 아니라 로르샤흐 카드가 지닌 '**구체적인 자극 특징**'을 살펴보아야 한다. 이를 로르샤흐 개념으로 '**CARD PULL**'이라고 하는데 '**로르샤흐 카드 자체와 잉크 반점이 가진 속성**'이다. 그리고 CARD PULL에 대한 반응 여부와 반응 강도에 개인차가 있으며 로르샤흐 잉크 반점이 가진 모든 CARD PULL을 전부 특정할 수는 없지만, 카드순서, 반점의 구성 형태, 채도와 명암, 모호성 압박 수준 등등을 포함하여 전형적으로 사람들에게 주관적 경험을 유발하는 CARD PULL을 중심으로 살펴볼 수 있다.

첫째, '**모호성 수준**'에 따라 다양한 행동을 보이게 된다. 먼저 R-PAS 절차는 기본적으로 '**모호한 지시와 잉크 반점 자극**'을 가지고 있다. 이러한 모호성은 투사작동의 전제이며 '**모호성에 개인의 내적 자료를 채워 분명하게 지각하는 개인차**'를 주요 측정치로 활용하는 것이다. R-PAS의 '**모호한 지시**'는 '무엇으로 보입니까?'라는 비교적 단순한 질문으로 시작하는데 이러한 기본 지시 외에 복잡하고 구체적인 추가 지시는 없다(단, 'R-Opt.' 실시방법에서는 두 가지를 보라는 개수의 제약이 있음). 모호한 지시를 받은 후 수검자가 스스로 반응과 행동을 결정하는 것이다. 그리고 '**모호한 로르샤흐 잉크 반점 자극**'은 현실에 실재하는 대상과 유사성이 어느 정도 있긴 하지만 정확하게 현실에 실재하는 대상을 보여 주지 않는다. 특히, 이러한 모호한 상황을 처음 만나는 순간, 즉 I번 카드를 처음 만나는 순간부터 '개인이 처음으로 당면한 실제 적응 상황'에서 겪게 되는 것과 유사한 심리적 경험을 할 것이라 가정하고 있다.

첫 만남의 상황에서는 자신이 어떠한 모습으로 상대에게 비치고자 하는지 비의식적인 태도로 드러나게 된다. 해당 상황에서 예상 가능한 사람들의 경험과 그에 따른 반응을, 예를 들면, 눈치를 보며 상황을 파악하는 시간을 충분히 가질 수도 있을 것이고, 상황 파악을 위한 눈치를 보고 있다는 것을 들키지 않기 위해 도도한 모습을 보일 수도 있고, 무언가 강한 책임이나 압박을 느껴 경직되게 주위 사람의 눈치만 살필 수도 있고, 적응 요구를 받은 상황에서 자신이 적절히 대처할 수 있는 사람이라 보이고자 신중하게 최선의 반응을 보일 수도 있으며, 요구한 반응의 부수적인 조건을 찾아내어 요구 조건을 재확인하려는 모습을 보일 수도 있고, 자신이 가진 대처 기능이나 능력을 서슴없이 자연스럽게 보일 수도 있을 것이다. 이뿐만 아니라 개인의 고유한 경험 방식이 드러나게 되는데 이를 반영하는 수검자의 실제 행동을 세심하게 관찰해야만 한다. 수검자는 최초의 모호한 상황을 벗어난 후에도 아홉 번의 모호한 상황을 겪게 될 것인데 경험이 누적되면서 모호함에 익숙해지는 모습을 보일 수도 있고 모호성에 대해 불편함이 상쇄되지 않거나 점점 더 증폭되는 모습을 볼 수도 있을 것이다.

둘째, '**카드순서**'는 '첫 번째' 카드뿐만 아니라 '두 번째' 순서도 중요한데, 첫 번째 카드를 만난 이후 앞으로 자신에게 닥칠 환경이 어떠할지 대략 감을 잡고 나서 당면하게 되는 상황이다. 이 상황에서 해볼 만하겠다는 마음가짐을 가질 수도 있으나 반대로 첫 번째 당혹스러운 경험으로 인해 피로감을 보일 수도 있다. 이미 불편한 마음이 한가득한데 이제서야 시작했다는 '지치고 불편한 마음가짐'은 적응 의무를 다하는 것을 힘겨워하는 사람들에게서 보이는 특징이며, 겨우 두 번째 카드를 받은 것조차도 매우 강한 심리적 버거움을 느끼기도 한다. 아직 검사 절차의 초반이기에 수검자는 자신에게 맞는 작업 속도를 유지할 수 있는 능력이 무엇보다 중요하다. 이러한 작업의 부담을 관리하는 태도와 마음가짐이 어떠한 행동으로 드러나는지를 눈여겨볼 필요가 있다. 이뿐만 아니라 몇 차례 새로운 자극을 경험해 나가면서 집중력과 적극성의 유지 및 변화의 특징을 살펴보는 것도 유용하다. 예를 들어, 전체 카드 중에서 모호성 수준이 가장 낮은 V번 카드는 이전까지의 작업으로 인한 부담을 잠시 내려둬도 되는 상황인데 이에 따른 태도나 행동의 변화가 있을 수도 있고, 전체 유채색 구성의 VIII번 카드부터 어떠한 정서적 환기가 일어나는지 그리고 IX번, X번을 거치며 가중된 정서적 경험을 다루는 행동, 피날레를 맞이하는 과정에서 개인의 독특한 태도와 행동의 변화가 나타날 수도 있을 것이다.

셋째, '**무채색-음영 속성**'은 유채색과 마찬가지로 로르샤흐 잉크 반점에 포함된 아주 흔한 속성이다. I번 카드부터 무채색으로만 칠해진 그림을 봤을 때, 누구든지 내적으로 꺼림칙하거나 내키지 않은 느낌을 다루는 방식을 드러낸다. 거의 모든 인간은 자신이 완전히 만족할 수 있는 환경에서 살기란 어렵다. 기본적으로 '인간 존재'는 실존적 불안정성을 갖고 있고, 타인과 함께 상호작용해야 하는 삶은 복잡한 의도와 뉘앙스를 담고 있는 상당히 모호한 현실이며, 세상에 대한 인식은 개인이 가진 인식범위에 따를 뿐 전체적이고 완전한 인식은 불가능하다. 이러한 불완전한 인간 삶의 경험은 이상하고 잘못된 것이 아니라 '일상적인 것'이며 매 순간 경험하는 속성이기도 하다. 하지만 기본적인 적응을 유지하며 사는 사람들은 이러한 불완전한 삶의 경험을 의식하지도 못한 채 자연스러운 삶의 본질이라 받아들이며 과하게 불안해하거나 회피하지 않는다. 이러한 심리적 작동은 보통 억압이나 부정, 분열 방어가 핵심인데 다행히도(?) 이러한 방어작동으로 실존적 불안을 의식하지 못한 채로 살아갈 수 있다. I번 카드가 가진 속성을 고려해 봤을 때 반점의 속성이 대부분 사람에게 압도적인 심리적 불편감을 불러일으킬 정도는 아니며 현실의 삶의 대상에 어느 정도 부합하는 형태 속성으로 주의초점을 둘 수 있기에 무채색 속성이 유발하는 불편감을 직면하지 않고서도 당면 상황을 인식할 수 있는 대안이 있다는 것이다. 그래서 대부분 사람이 처음 만나는 I번 카드에서 'W F', 'D F'의 기호에 해당하는 반응을 보이는 것은 자연스러운 행동이라 할 수 있다.

I번 카드뿐만 아니라 10개의 카드는 저마다 무채색의 음영과 농담의 차이를 가지고 있다. 이러한 무채색 속성을 경험할 때 이끌리는 수검자의 내적 경험은 보통 심리적 혼란감이나 불편감과 관련된다. 자신의 모습 중에서도 스스로 불편해지는 면면들(예: 얼굴의 주름과 좋지 못한 피부 상태, 체형, 학력이나 재력, 해당 분야의 능력 등등)과 대인관계상의 모호함(예: 상대의 의도 파악의 곤란함, 연애 대상과 복잡한 정서적 경험의 소통 등등) 그리고 세상에 대한 자신의 무지함을 대하는 태도는 사람들의 개인적 방어 유형에 따라 달라지기에 이와 관련된 수검 상황에서 정서적 변화를 추론할 수 있는 단서에 세심히 주의해야 할 것이다. 구체적으로 무채색 및 음영 속성 자체를 억제 또는 부정했거나 해당 속성을 지각한 후 검열과정에서 최종 반응에 근거로 삼지 않을 수도 있고(Y, T, V, C'의 부재), 해당 속성을 직격으로 수용하고 심리적 불쾌함을 떨쳐 버리지 못하는 모습을 보일 수도 있고, 해당 속성을 지각한 후 관념화 등의 다른 성격 기능으로 새롭게 의미 부여할 수도 있다. 또는 불편함을 해결하기 위해 과도하게 부산스러워지고 피상적인 행동으로 모면하려는 모습을 보일 수도 있다. 한편, 충분한 시간을 들여가며 불편한 경험을 진지하게 따져 보고 정교한 반응으로 만들어 갈 수도 있을 것이다. 이러한 과정에서 수검자는 표정이나 몸짓, 반응 속도, 반응 정교화 등을 포함한 다양한 반응 행동을 드러낼 것이다.

넷째, **유채색 속성**은 정서적 환기를 일으키는 속성이다. 정서적 경험은 자생적이며(spontaneous) 정서 경험을 통제하는 유일한 방법은 정서적 자극을 주는 환경과 접촉하지 않는 것밖에 없다. 그렇다고 이러한 정서 경험 자체가 문젯거리가 되는 것이 아니라 내부 세계와 외부 현실에서의 적응에 도움이 되도록 조절하는 것이 핵심이다. 정서 경험이 없는 삶은 인간으로서 활력을 잃어버린 삶이 된다. 실제 삶에서 '정서가(價)'를 가진 자극은 언제 어디서나 만날 수 있는데, 정서적 자극에 당면할 시 발생하는 유쾌한 에너지는 적응에 도움이 될 수 있는 재료로 사용될 수도 있지만 과도하게 강한 유쾌함에 압도당해 적응을 해칠 수도 있다. 적응에 도움이 되는 경우, 긍정적이고 유쾌한 정서 상태는 삶의 문제를 해결하는 데에 유용한 도움이 되고 자존감을 높여 주어 능력을 백분 발휘할 수 있게 하며 일상적이고 평범한 삶의 장면에서도 삶의 동기를 유지하는 데에 도움이 된다.

반면, 부정적이고 불쾌한 정서 상태는 당면 문제에 집중을 방해하고 자존감을 떨어트릴 수도 있고 세상과 소통을 멀리하도록 만들 수도 있다. 하지만 긍정적이고 유쾌한 정서와 부정적이고 불쾌한 정서는 그 자체로 적응적 가치가 결정되지 않는다. 주위 환경의 조건에 따라 긍정적 정서와 부정적 정서 중 어떠한 정서적 경험이 적응에 더 도움이 되는지 결정되는 것이다. 예를 들어, 특정한 부정적 정서는 삶의 실패 경험에서 자동 발생하여 자신의 성공적이지 못했던 대처와 행동 방식을 검토하게끔 하는 데에 필수 조건이 된다. 그리고 특정 상황에서 긍정적 정서는 현실 상황을 '있는 그대로' 보지 못하게 하여 불필요한 문제를 만들어 낼 수도 있을 것이다.

구체적으로 살펴보면, R-PAS 상황에서 수검자가 최초로 유채색을 만나는 순간은 II번 카드를 만났을 때이다. 흔히 II번 카드의 D1 좌우 영역을 두 대상이 상호작용하는 주제를 기본으로 빨간색 영역을 세부 사항으로 보태어 지각하는 경향이 있다. 두 대상이 '하이파이브'를 한다는 주제는 빨간 영역에 대한 집중하지 않아도 될 강력한 CARD PULL이며 정서적 경험을 유발하는 빨간색 영역으로부터 거리를 둘 수 있게 한다. 반면에 두 대상의 '다툼' 등의 주제는 빨간 영역을 피나 충돌의 상징을 비교적 쉽게 떠올리게 한다. 드물긴 하지만 D2나 D3(보통 D2)를 단일 대상으로 보고한 경우 D1에서 이끌린 경험에서 벗어나 유채색 속성에 손쉽게 이끌려 가버린 것일 수도 있다.

이때 관찰되는 행동으로는 목소리가 단단해지며 힘을 줄 수도 있고 자신의 반응에 강한 확신을 보일 수도 있으며 반대로 당혹해하며 말을 빨리 다음 카드로 넘어가려고 조급한 모습을 보일 수도 있다. 한편, II번 카드를 만났을 때 빨간 속성으로 인한 불편한 경험을 최대한 관리하려는 시도로 오랜 시간을 들여 카드를 주시하며 최종 반응을 망설일 수도 있다. III번 카드의 빨간색 영역은 II번 카드와 비교해 좀 더 분명히 독립된 영역으로 존재하며, D2와 D3의 빨간색 영역보다 D1이 현실의 대상과 형태적 적합도가 훨씬 더 높다(보통 인간 대상). 그렇기에 D2와 D3에 초점을 두지 않으면서 심리적 안정감을 크게 해치지 않을 수 있다. 비교적 분명한 D1의 형태 속성에 반응하지 않고 독립적인 단일 대상으로서 D2와 D3에 반응했다면 정서적 자극을 억제할 수 있는 능력의 역기능을 시사할 수도 있다. 단, D2와 D3에 해당하는 반응이 충분한 반응 간 시간을 두면서 두 번째나 세 번째 반응 순서로 나타났다면 정서적 자극 경험의 조율능력의 부족으로 해석할 수는 없다. 유채색 속성과 만나는 상황에서 수검자의 행동은 정서적 자극에 대한 반응 경향을 이해하는 데에 참고할 수 있는 행동 표본임을 잘 이해하고 반드시 여러 결과와 함께 통합하여 최종 가설을 만들어야 할 것이다.

한편, 로르샤흐 카드에서 전적으로 유채색 속성에 직면하는 순간은 Ⅷ번, Ⅸ번, Ⅹ번 카드를 제시받았을 때며 이 순간 수검자의 행동은 실제 장면에서 강한 정서적 상황에 직면했을 때 대처하는 모습과 유사할 것이라 가정한다. 정서적 상황을 부담스러워할 수도 있고 부담스러워하면서도 아무렇지 않은 척할 수도 있으며 반대로 생동감을 느끼며 활력을 보일 수도 있고 높은 흥미를 보이면서도 조심스러워할 수도 있다. 이뿐만 아니라 오랜 시간을 머물며 아무런 반응을 하지 않을 수도 있으며, 순간적으로 단순한 반응을 보이고 카드를 돌려주려고 할 수도 있다. 이러한 행동은 최초로 전적으로 유채색으로 구성된 카드, 즉 Ⅷ번 카드를 제시받은 순간에만 보이다가 이후에는 자연스럽게 전형적인 반응 태세를 갖출 수도 있고 이후 Ⅸ번과 Ⅹ번 카드를 다룰 때까지 변함없는 모습을 보일 수도 있다.

앞서 유채색 속성이 부분적으로 포함된 Ⅱ번과 Ⅲ번 카드를 만났을 때도 정서적으로 동요될 수도 있는데, Ⅷ번, Ⅸ번, Ⅹ번 카드와 다르게 잉크 반점의 영역 크기와 두드러지는 수준이 강하지 않기에 다른 형태 속성에 초점을 두거나 움직임을 부여하는 관념적 활동을 통해 정서적 동요와 충분한 경험 거리를 둘 수 있다. 하지만 정서적 속성에 쉽게 휩쓸기거나 예민/민감한 심리적 상태에 있는 사람이라면 작은 정서적 자극을 외면하는 것이 쉽지 않을 것이다. 이러한 정서적 자극에 대한 민감성이 실제 삶에서 적응에 도움이 되는지 안 되는지는 실제 적응 장면에서의 성취 수준을 검토한 뒤 이해해야 할 것이다. 어떤 경우에는 정서적 상황에서 오히려 정교한 관념화가 일어나기도 하는데 그러한 관념화의 결과가 최종 반응의 질에 도움이 되었는지 추가로 검토해야 한다(FQ−, 주제기호, 인지기호 등 검토).

Ⅷ번 카드는 최초로 유채색 잉크 반점으로만 구성되어 있으며, 수검자는 이전 카드와의 경험에 익숙해져 있는 동안 예상하지 못한 정

서적 경험을 하게 되는 것이다. 전통적으로 '**유채색 충격**'이라 부르는데, 기존 Ⅶ번 카드까지의 과제해결 방식을 유채색이 유발하는 정서적 장면에서의 적응 요구에 적합한 또 다른 방식으로 전환하기 어렵거니와 특별한 방식의 수행 전략이 필요해진다. 이 경우 대부분 사람은 변화 환경으로 인한 정서적 경험을 잠시 보류하면서 동시에 새롭게 주어진 상황을 파악하고 어떻게 해결하는 것이 적응적일 것인지 고민을 하며 시간을 보내게 된다.

만약 정서적 경험과 함께 맞이한 새로운 변화에서 '무엇을 보았는가?'라는 적응 요구에 적절하게 응답하는 것이 어려울 때 불안정한 다양한 행동을 보이게 될 것이다. 예를 들면, 말하기 속도가 빨라질 수도 있고, Pu가 요구되는 많은 반응을 할 수도 있고, 앞선 카드와 비교될만한 정도의 반응 보류 시간을 가질 수도 있고, 물리적으로 카드를 돌려버릴 수도 있고, 잉크 반점에 움직임을 부여하는 작업에 더 많은 에너지를 쓸 수도 있고, 반응시간에 많은 시간을 사용하면서도 'D F'로 기호화될 만한 반응에 그칠 수도 있다. 특히, Ⅷ번 카드는 D1이 현실의 네 발 달린 동물과 형태적 유사성이 높아서 유채색 경험에 머물지 않으면서 형태 속성으로 쉽게 초점을 옮겨 갈 수 있다.

그리고 Ⅸ번 카드는 Ⅷ번 카드에서의 정서적 경험 후 연거푸 겪게 될 정서적 상황에서 주어진 적응 요구에 맞는 '어떻게 그리고 얼마나 잘 수행력을 유지할 수 있는지' 관찰하게 된다. Ⅷ번 카드에서 정서적 경험에 충분히 정서 조절이 되었다면 Ⅸ번 카드에서는 사전 경험을 바탕으로 안정적인 각성, 새로운 작업에 대한 흥미, 자발적 동기화 등을 고려해 볼 만한 행동이 나타날 것이다. 반대로 정서 조절에 어려움을 겪게 된다면 반응 보류나 카드 회전 등의 회피행동을 보일 수도 있고, Ⅷ번 카드에서 Pu 개입이 있었더라도 또다시 Pu 개입을 해야 할 수도 있을 것이다. X번 카드는 마지막 카드이며, D 영역에 초점을 두게 되면 형태 속성을 비교적 쉽게 참조할 수 있는 반응 선택의 기회가 많다. 이러한 속성은 '**깨진 카드**(broken card)'가 가진 특징이며 정서적 경험 환경 내에서 눈에 띄는 다양한 대상을 형태적 속성에 비추어 비교적 손쉽게 지각할 수 있는 조건이 된다.

만약 자발적인 수행을 위한 동기 수준이 높다면 반응과정에서 정서적 자극을 즐기는 듯한 모습이 관찰될 수도 있다. 마치 좋아하는 음식이 잔뜩 차려진 상을 공략하는 모습처럼 보일 수 있을 것이다. 반면, 손쉽게 지각되는 다양한 자극 중에 가장 분명한 대상을 신중히 선별하여 지각하는 모습을 보일 수도 있는데 이는 복잡한 정서적 상황에서 확실한 경험을 선호하는 경향을 말할 수도 있다. 이뿐만 아니라 빠른 속도로 'D F'에 해당하는 반응에 그치는 경우라면 이때 로르샤흐 절차를 꼼꼼하지 않게 대충 마무리 지으려는 태도를 반영하는 것은 아닌지 검토해 볼 수 있을 것이다.

다섯째, '**잉크 반점이 가진 구조적 속성에 의해 유발된 지각적 특징**'은 반응영역, 공간 반응, 대상질 등으로 살펴볼 수 있다. 수검자가 보인 모든 반응은 잉크 반점의 구조적 속성에 영향을 받는 것뿐만 아니라 잉크 반점이 가진 다양한 속성에 의해 영향을 받은 총체적인 반응이다. 총체적인 요인에 의해 결정된 반응이라는 측면을 전제하고서 특히 반응영역과 공간 반응 그리고 대상질의 선택과정에서 드러나는 수검자의 행동을 살펴보는 것은 개별특수적 해석 가설을 만드는 데 유용한 정보를 얻을 수 있다. ① 반응영역을 결정하는 과정에서 요구되는 인지적 노력은 힘들이지 않고 잉크 반점이 이끄는 영역에 초점을 두는가에 따라 달라진다. 각 카드는 전체 반점을 하나의 대상으로 보기 쉽게 덩어리진(closed) 잉크 반점 구조를 가지기도 하고 특정 부분 영역을 보기 쉽게 구별된 깨진(broken) 잉크 반점 구조를 가지고도 있다. 이는 질적으로 완벽히 구별되지 않고 완전한 덩어리 구조와 개별적으로 나누어진 구조 간의 연속적 특징이다. 예를 들어, V번 잉크 반점은 열 개의 카드 중 가장 덩어리인 구조를 가지며 다음으로 VI번, IV번-I번, VII번-II번, VIII번, IX번-X번으로 대략적인 응집 정도를 나열해 볼 수 있을 것이다. 보통 많은 사람이 덩어리에 가까운 잉크 반점을 지각할 때 W를 선택하는 경향이 있으며 개별적으로 나누어진 잉크 반점을 지각할 때 D를 선택할 가능성이 크다. 만약 해당 반점의 구조특성에 일치는 영역을 최종 반응으로 선택한다면 CARD PULL에 따라 손쉽게 상호작용을 한 것이다. 반대로 일치하지 않은 영역을 선택한다면 개인의 고유한 선택 기준에 따라 상호작용을 한 것이라 볼 수 있다. 예를 들어, W 반응을 강하게 이끄는 잉크 반점에서(즉, V번 카드 등) D나 Dd를 선택했을 때는 반응영역과 관련된 CARD PULL에 이끌리지 않고 개인적 기준에 따라 반응영역을 선택했다는 것이다. 단, 일반적으로 D의 경우에는 W를 강하게 이끄는 잉크 반점에서도 충분히 선택 지각을 할 수 있는데 잉크 반점의 구조화 수준에 따라 개별적으로 이해해야 한다.

W를 이끄는 CARD PULL 상황에서 D를 선택 지각한 경우 중에 W 영역을 사용하는 것이 너무 단조롭게 경험되어 직접 제단한 영역을 자율적으로 선택했을 수도 있고 W를 지각하는 것이 부담스러워 좀 더 가볍게 처리할 수 있는 단편적 영역에 주의를 둔 결과일 수도 있다. 어떤 경우든 간에 잉크 반점이 비교적 강하게 특정한 반응영역을 지각하도록 이끄는 CARD PULL이 있으며, 이에 대한 수검자의 실제 반응영역 선택의 적합성을 검토하는 것은 도움이 될 것이다. 이렇듯 수검자는 반응영역 선택과정에서 다양한 행동을 보일 수 있

는데 반응 속도, 반응하는 것에 대한 곤란함, 빈약하거나 과도한 표현의 양 등등에 주의 깊은 관찰이 필요하다.

둘째, 공간을 사용하여 반응할 때도 수검자의 특별한 행동이 드러날 수 있다. 카드 장면에서 잉크가 칠해지지 않은 공간은 보통 배경이나 자연스러운 여백으로 인식하는 것이 일반적이다. 하지만 이러한 영역에 관심을 보이는 사람들은 주어진 적응 요구, 즉 잉크로 칠해진 그림을 보라는 것과 그 잉크 반점에서 무언가를 보라는 지시 두 가지 요구를 받은 것에 반하거나 추가한 행동을 보인 것이라 할 수 있다. 이러한 행동에는 공간을 특정된 지각 대상으로 활용할 때에 수검자는 '제약된 조건을 따르는 것에 거북함'이나 좀 더 '적극적인 호기심 또는 흥미'를 반영하는 행동을 보일 수 있다. 전자의 경우, 순응하지 않으려는 반향(反響)적 태도로 인해 반응 속도가 느려지는 경향이 있으며 더불어 표정이나 몸짓도 불편한 모습을 쉽게 보일 수 있다. 그렇기에 SR로 기호화할 만한 반응일 가능성이 크다. 후자의 경우, 새롭게 발견한 영역을 참조하여 영역을 추가 선택하려는 시도로써 적극적이고 자율적인 수행이기 때문에 표정과 몸짓에도 불편함은 잘 관찰되지 않을 것이다. 다만, 귀찮지만 무언가 '열심히', '새롭게', '잘' 해야만 한다는 성격특성을 가진 사람들은 해결해야만 할 업무로 여겨 높은 에너지 수준을 보이기도 한다. 이때는 SI로 기호화할 수 있는 반응일 가능성이 크다. 공간 반응과 관련된 CARD PULL은 특히, I번(DdS 26 또는 DdS 29), II번(DS5), IX번(DS8) 카드에서 두드러지는데 해당 공간영역을 선택한 반응은 다른 카드에서보다 의미가 크지 않다. 반면, 이외의 영역이나 또 다른 카드에서 공간을 활용하여 반응했다면 특히 주의를 기울여야 한다. 종종 인간이나 동물의 얼굴을 지각하면서 잉크가 칠해진 면 안쪽의 상대적으로 흰 부분을 눈으로 특별히 지정할 수 있는데 이때는 세부적이고 세심한 지각을 추가하려는 의도일 수도 있고, 이러한 패턴이 여러 카드에서 반복적으로 나타날 시 대인관계상의 타인의 시선에 특별한 의미를 준 것은 아닌지를 검토해 볼 만하다. 만약 후자의 경우라면 개인력에서 대인관계상 이슈를 발견할 수 있어야 하고 면담 상황에서도 이를 뒷받침할 만한 사고방식이 확인될 수 있어야 할 것이다.

셋째, 대상질은 주어진 경험 환경 내의 자극에 대한 주체적인 적극성과 피동적 정신 활동의 극단에 있을 수 있다. Sy로 기호화되는 반응을 하기 위해서는 적어도 두 대상 이상을 지각하는 것부터가 비교적 높은 수준의 인지적 처리 과정을 요구하는데 수검자가 잉크 반점을 활용한 이유를 추적하여 '**주체적 적극성**'과 '**피동적 정신 활동**'을 검토해야 한다. 주체적 적극성이 반영된 반응이라면 잉크 반점을 대하는 태도에서 거침없고 편안하며 적극적으로 문제 상황에 기꺼이 관여하려는 모습을 보인다. 반면, 피동적 정신 활동의 반영이라면 꺼림칙하고 편안한 경험이 아닌 상황에서도 벗어나지 못하여 머물러 있게 되고 말하는 양상이 처지거나 어쩔 수 없이 떠밀려 반응하는 양상으로 나타날 수 있다. 간혹 CP에서 RP의 개별 두 반응을 하나로 묶는 경우가 발생하기도 하는데 최종 기호화는 두 반응을 통합하여 정교화한 하나의 반응으로 Sy와 함께 기호화한다. 이러한 방식의 CP에서 반응 통합은 RP에서 아무런 실제 인지적 통합시도가 없었다가 CP에서 갑작스럽게 두 반응을 연결 짓은 충동적 통합인지 아니면 RP에서 이미 인지적 대상통합 처리를 했지만 단순한 말하기 양상으로 인해 개별적인 반응처럼 표현했다가 자연스럽게 통합된 반응처럼 묘사한 것인지를 구별하는 것이 중요하다. 전자의 반응은 초기 자율적 상황에서는 인지적으로 단순한 처리 경향을 보이다가 자리를 깔아 준 상황, 즉 구체적인 명료화 개입에서 본 것처럼 말해 달라는 적응요구를 받은 후 본색(정보처리의 잠재능력)을 드러내는 모습일 수가 있다. 후자의 반응은 적응요구가 없는 상황에서는 자율적 동기화가 일어나지 않다가 스스로 모든 반응을 순서대로 하나씩 명료화 설명을 해 나가면서 적극적인 관여수준이 높아져서 점차로 반응이 정교해진 결과일 수도 있다. 어느 경우이든 수검자의 태도 변화는 나타날 것이고 이를 반영하는 구체적 행동에 주의를 가져야 한다.

여섯째, 카드가 유발하는 주제 내용은 매우 복잡한 조건을 따져봐야 한다. 자칫 직관적인 상징 해석에 의존하지 않으려면 수검자가 반응한 주제 내용에 대한 합리적인 추론을 거쳐 가장 그럴듯한 가설을 도출해야 할 것이다. 주제 해석에 대한 잘못된 대표적인 예로 Ⅳ번 카드를 '아버지 카드', Ⅶ번 카드를 '어머니 카드'라고 의심 없이 믿는 일도 있었지만 이를 직접 해석할 만한 근거는 없다. 혹여 아버지, 어머니 카드라고 여긴다고 하더라도 수검자의 구체적인 반응 내용과 관련지어 볼 만한 별다른 의미가 없는 경우가 많다. 모든 반응 주제는 반드시 각 카드가 이끄는 주제의 특징과 개별 사례 정보를 먼저 검토해야 한다. 예를 들어, 공격적인 주제가 나왔다고 해서 해당 반응을 개인의 공격적인 성향이라 개념화해서는 안 된다. 공격적 주제를 만들어 내는 데 사용한 재료가 무엇인지 샅샅이 살펴보는 작업을 거치면 불필요한 상징해석을 하지 않게 도와준다.

Frank(1939)의 '투사가설'에서의 설명을 고려해 봤을 때, 모든 주제에는 개인의 욕구, 소망, 바람 그리고 과거 경험, 생활사건, 상호작용하는 자극이 가진 실제 특징, 사고방식, 조건형성 행동 등등의 재료가 포함되는 것이다. 어떤 주제에는 특별히 더 가중치가 높은 수검자의 재료가 있을 수 있지만, 개인적 재료가 거의 반영되지 않은 주제 반응도 있다. 가장 먼저 실제 자극이 이끈 주제인지를 가려내고 그 과정에서 수검자가 이끌린 정도와 방식의 적절성을 검토할 수 있을 것이다. 이후 개인적 재료가 여전히 중요한 것이라 인정될 때 개인의 배경 정보와의 관련성을 살펴보게 된다.

모든 주제가 수검자의 내적 역동을 드러내는 것이라 과잉 추정하지 않기 위해서는 카드가 이끄는 반응내용 및 주제와 관련된 CARD PULL을 잘 알고 있는 것이 가장 중요하다. 여기에는, 첫째, 잉크 반점이 수검자에게 가장 쉽게 유발하는 영역인 W와 D에 해당하고 형태질이 'o'인 반응, 둘째, 특정 '이야기' 주제를 연상하게 만드는 반응내용 속성 반응, 셋째, 여러 개념을 특정 사고로 연결 짓기 쉽게 구성된 잉크 반점의 구조가 포함된다.

이상의 경우에 어떻게 이끌리고 거리를 두려고 했는가에 따라 수검자의 내적 역동이 반영될 수 있다.[1] 구체적으로 살펴보면, D의 고유번호가 뒷번호일수록, W와 D보다 Dd를 선택할수록 실제 현실이 주는 자극을 멀리하고 개인적 경험을 만들어 가고자 한 반응일 가능성이 크다. 잉크 반점의 고유영역과 형태질은 지정이 되어 있기에 매뉴얼에서 쉽게 확인할 수 있다.

반면, 카드가 비교적 쉽게 'Sy를 유발하는 반응의 예'와 비교적 쉽게 연상하게끔 하는 '특정 주제'는 특별히 잘 알고 있어야 한다. 카드가 특별히 전형적인 주제를 이끌었다고 보기 어려운 반응이 나왔을 때, 만약 쉽게 예상 가능한 주제가 아닐 경우라면 수검자의 내적 경험을 반영할 가능성이 크고 이러한 반응은 별도로 구별해 둘 필요가

---

1) Weiner는 수검자의 투사내용이 반영될 가능성이 큰 반응 특성 세 가지 제시했는데 형태질 '–'인 반응, 움직임 결정인 반응(M>FM>m), 윤색 반응을 포함한다.

있다. 보통 평범 반응은 많은 이들이 손쉽게 지각하고 보고하는 반응내용이기에 개인적 투사내용이 반영되었다고 보기 어려운 반응이다. 달리 말하면 평범 반응내용은 카드가 수검자의 내적 경험을 이끄는 대표적인 CARD PULL이라 할 수 있다. 모든 카드가 가진 평범 반응내용을 제외한 수검자가 고유하게 만들어 낸 내용은 수검자의 고유성과 독특성을 반영하는 것일 수 있으므로 점검해 보는 것이 필요하다. 구체적으로, 반응 주제에 담긴 수검자의 고유한 주관적 가치는 '이야기'를 만들어 가는 양식으로 추정할 수 있다. 특별히 중요한 개인적 고유성은 다양한 경험 상황에서 주된 관심으로 드러날 가능성이 크고 이러한 주된 관심은 비의식적으로 자연스럽게 일상적 경험으로 현상될 것이라 본다. 그래서 모호한 잉크 반점에 이야기 주제를 부여할 때, 개인적으로 강한 내적 경험은 반복적으로 등장하는 경향, 상대적으로 일상적인 여타 이슈들보다 더 개인적 주제로 이야기하는 경향, 좀 더 세부 사항을 추가하여 섬세하고 극적으로 이야기하는 경향을 띨 가능성이 크다. 이러한 반응 주제의 고유한 가치는 CP에서 주제를 만들어 가는 개인적 특징을 검토하면서 드러나게 될 것이다.

이와 관련한 일반적인 행동부터 살펴보면 우선, I번 카드가 강하게 이끄는 주제는 없으며 드물지 않게 두 대상이 특정 행동을 한다는 주제가 나타날 수 있다. 하지만 보통 한 대상을 지각한 반응이 훨씬 흔히 나타난다. II번 카드는 III번과 VII번과 함께 두 대상이 무언가를 함께 하는 상호작용 주제를 이끄는 속성이 있다. 이와 함께 추가로 VIII번과 X번 카드에서도 두 대상 이상이 상호작용하는 주제를 보고했다면 수검자가 삶의 상호작용 주제에 특별한 관심을 가졌다거나 쉽게 휩쓸린다는 가설을 생각해 볼 수 있다. 이러한 가설을 세우기 위해서는 수검자의 '실제 삶의 관계상 갈등이나 문젯거리를 담고 있는 생활사적 정보'와 '평가 상황에서 보인 검사자에 대한 대인관계 상의 태도'에서 확인할 수 있어야 할 것이다. 만약 이상의 카드에서 상호작용 주제가 일관적으로 나타나고 IV번, V번, VI번, IX번 카드에서도 상호작용 주제가 보고될 경우, 즉 대부분 카드에서 반응 주제가 상호작용을 묘사하고 있다면 더욱더 해당 가설은 강해질 수 있을 것이다. 다만, 특정 주제에 대한 사고과정의 보속성으로 인한 반응이 아닌지 검사 상황에서 드러나는 구체적인 반응 양상을 함께 검토해야만 한다. 사고과정의 보속성은 상호작용 관련 주제에 이끌린 반응이라 보기 어렵고 특정된 주제에 대한 회피적 반복 양상을 반영할 수도 있다는 점을 염두에 둬야 한다. 상호작용 주제에 대한 반응 중에서도, 특히 III번 카드는 대인관계와 관련된 주제를 이끈다. 만약 이 카드에서 대인관계의 측면을 주제로 언급하지 않는다면 특별한 의미가 있을 수 있는데, 일상에서의 인간 대상과의 상호작용 경험에 거리를 두려는 경향을 지적할 수도 있고 인간관계 경험의 관심이나 흥미를 갖지 않기 때문일 수도 있다. 이러한 개인적 역동은 의식적일 수도 있고 비의식적일 수도 있기에 스스로 인식하지 못할 수도 있고, 대인관계상의 경험에 거리를 두는 것이 수검자의 방어적 선택이었다면 의식적으로는 아무런 불편감을 느끼지 않을 수도 있을 것이다. 그래서 III번 카드를 받은 직후 표정부터 세심히 관찰해야 하고, 반응 과정에서 소요시간 및 말하기 방식 등을 잘 살펴보아야만 한다.

다음으로 특정 카드에서는 인간상을 지각하도록 유발하는데 III번, IV번, VII번 카드가 대표적 카드다. 해당 카드에서 인간상을 보고할 경우 개인의 고유한 심리적 관심이 반영되었다기보다 먼저, 카드가 유발한 자극에 편안하게 이끌려 갈 수 있다는 것을 말해 주는 것이다. 반대로 인간상을 보고하지 않는다면 수검자가 인간에 대한 심적

상을 떠올리는 것에 대한 불편감을 느껴서일 수가 있고 아니면 인간 발달 과정에 충분히 예상 가능한 인간상과의 양적·질적 관계 경험의 부족으로 인해 전형적 인간상을 갖지 못한 결과로 볼 수 있을 것이다. 전자의 경우 인간상을 쉽게 이끄는 카드에서 불편한 외현적 모습이 드러날 것이고 후자의 경우 두드러지는 모습이 없이 무덤덤한 모습이 드러날 가능성이 있다. 단, 인간상을 내적 심상으로 떠올리는 것이 불편한 사람이라 하더라도 비의식적인 '거리 두기' 및 '회피' 방어의 작동으로 인해 무덤덤한 모습으로 드러날 수 있기에 개인력에서 인간상의 발달적 형성과정을 검토해야만 한다. 한편, 개별적인 단일 인간상으로 지각한 것에 추가로 주제가 덧붙여질 때 개인적 관심이 반영되는데, 특히 자율성과 의존성 그리고 공격성과 협동성의 주제가 두드러질 수 있다. 보고된 반응이 특정한 '관계의 질적 특징'을 반영할 경우 반응이 나타나는 당시의 편안함과 불편함의 예시적 표정이나 말하기 양식 등에 주의해야 한다.

이상 R-PAS 과정에서 나타날 수 있는 수검자의 의미 있는 행동을 살펴보았다. 여기서 제시한 항목과 내용은 수검자에게 관찰할 수 있는 참고 항목을 소개한 것이며 이에 포함되지 않았을지라도 수검자에게서 관찰할 수 있는 독특하고 고유한 구체적인 행동에 매 순간 관심을 유지하는 것이 중요하다. 그리고 최종적으로 드러난 수검자의 특정 행동에 영향을 미친 CARD PULL을 분석해 보면 한 가지 CARD PULL이 특별히 강하게 영향을 미친 경우가 있을 수도 있고 다양한 CARD PULL 복합적으로 영향을 미친 경우가 있을 것이다. 최종 행동에 영향을 미친 CARD PULL의 출처를 단정적으로 확신할 수 없다 하더라도 CARD PULL의 출처를 분석하는 작업은 개별특수적인 해석적 가설을 만들어 가는 데 충분한 가치가 있을 것이다.

표 2-3 CARD PULL과 관련된 수검 행동

항목		수검 행동
검사 전반		현저한 개인적 행동 유무 및 패턴 확인 반복되는 행동 패턴 확인
제약된 상황		독려, 수거 작업이 필요했던 수검자의 잠재적 의도 추론 카드 회전 행동의 의도 추론
모호성 수준		눈치 보기 또는 검사자의 요구에 순응하려는 행동 아무렇지 않은 듯 '보여 주기'식의 도도한 행동 자연스럽게 과제에 집중하는 문제 해결 시도 과도한 열정
카드순서		Ⅰ번 카드에서 당혹스러움을 해결하는 행동 Ⅴ번 카드와 Ⅹ번 카드에서 정신적 환기 및 완결에 대한 태도 전체 검사 과정 동안 안정적인 에너지 관리 행동; 집중력, 피로감 등
무채색-음영 속성		내적 혼란감과 불편함을 다루는 방식; 표정과 몸짓, 반응 속도 및 윤색 심리적 문젯거리에 대해 진지하게 검토하려는 태도
	최초 무채색	일상적이고 관습적 상황에서 자연스러운 억제나 부정 : 카드 회전 양상, 반응 속도 문제 상황에 당면할 시 양해 가능한 당혹스러움을 다루는 방식 : 최종 반응 기호 조건을 참고해야 함
유채색 속성		수행능력의 변화 : 집중력 저하, 터널 시야, 반응 속도 변화 : 빨리 해치우려는 조급함 : '반동형성'을 암시하는 방어적 당당함 : 호기심과 관련된 '자극 경험으로 인한 활력 증가'
	최초 유채색	Ⅱ번 카드 : 주요 반응 주제와 연관성 검토 : 유채색 속성 참조 양상 검토 - '즉흥적인' : '정교한' Ⅷ번 카드, 정서적 충격을 조절하는 행동 : 반응을 시작하기까지 소요시간 동안 태도-'불편함' : '흥미' : 합목적적 수행에서 자연스러운 정서 경험과 표현 행동 : 단순함과 정교함 반응 양상 검토

'잉크 반점' 구조	'CARD PULL과 반응의 적합성'과 반응과정에서의 행동
반응영역	간편하게 반응하려는 행동이나 장난스럽게 반응하려는 행동 영역 선택을 위한 신중함 과제에 대한 흥미 수준
공간 반응	제약된 조건을 따르는 것에 대한 거북함'을 반영하는 행동 적극적인 호기심 또는 흥미를 반영하는 행동 : I 번(DdS26/DdS29), II 번(DS5), IX 번(DS8)에서 공간 사용 방식 더 정교한 반응을 위한 세부 사항으로 사용한 반응 양상
대상질	주체적인 적극성을 반영하는 행동 : 거침없고 편안하며 적극적으로 문제 상황에 기꺼이 관여하는 행동 반사적인 피동적 정신 활동을 반영하는 행동 : 꺼림칙하고 편안한 경험이 아닌 상황에서도 머물러 있는 행동 : 처지는 '말하기' 양상, 또는 어쩔 수 없이 떠밀려 반응하는 양상 RP에서 개별 반응을 CP에서 통합할 때 행동 : 계획되었지만 RP에서 단순한 표현에 그치고 CP에서 통합한 양상 : RP에서 계획은 없었으나 CP에서 갑작스럽게 통합한 양상
유발 주제	CARD PULL에 이끌린 반응과 이탈된 반응에서 구체적 행동의 차이 개별적 반응 조건에 따른 행동 : 형태질의 왜곡 수준 : Sy로 기호화되는 반응 : 특정 주제를 유발하는 카드에서의 행동 이야기를 만들어 가는 방식에 따른 행동 : 반복적으로 등장하는 주제 : 상대적으로 더 개인적인 주제 : 세부 사항을 추가하여 섬세하고 극적으로 이야기하는 주제
일반적 상호작용 및 대인관계	상호작용 주제를 묘사한 반응의 일관성 : I 번, II 번, III 번, VII번에서 상호작용 주제 반응 : VIII번과 X 번에서 상호작용 주제 반응 추가 상호작용 관련 주제를 묘사하는 과정에서 편안한 '말하기' 양상과 태도 자율성과 의존/공격성과 협동성

6. '실시앱'을 사용한 실시

R-PAS는 2023년부터 실시 전 과정을 온라인 상태에서 진행할 수 있도록 도와주는 '실시앱(administration app)' 서비스를 제공하고 있다. 이 실시앱은 구매할당을 받은 후 사용할 수 있으며 실무가 계정을 가진 사람은 $16.95로 구매할 수 있다(2024년 3월 기준). 실시앱을 이용하여 실시를 할 때 가장 큰 유용성은 실시 과정에서 검사자가 수행해야 할 내용과 지시내용 그리고 실시간 지침 사항을 화면에 표시해 준다는 것이다. 기호화 후 점수 산출을 위해 컴퓨터에 입력하는 과정을 손쉽게 자동 연결할 수도 있다. 이뿐만 아니라 '음성-문자 변환' 소프트웨어가 장착되어 있어서 반응기록에 보조수단으로 활용할 수도 있다(영어 기준). 하지만 검사자의 앱 사용 친숙도에 따라 새로운 작업에 대한 어색함이 있을 수 있고 자유자재로 활용하기 위한 충분한 연습이 필요하다. 앞으로 기술의 발달로 검사 전 과정이 자연스럽게 자동화될 수 있을 것으로 예상하며 새로운 변화에 친숙해지려는 태도와 노력은 쉬지 말아야 할 것이다. r-pas.org의 개인계정에서 구매한 프로토콜 이용권을 사용할 때 수검자의 개인정보를 입력하는 초기 화면에서 '실시앱을 연동하기'를 지정하여 실시앱 사용을 선택할 수 있다. 옵션 아래에 '실시앱을 사용한 검사 실시' 링크에서 실제 실시앱을 사용한 시연을 담은 마이어 교수의 가이드 영상을 참고할 수 있다.

실시앱을 이용하지 않고도 검사 실시 규정에 따라 충분히 검사 진행이 가능하다. 현재 적지 않은 검사자들이 검사과정 및 반응을 기록하기 위해 필기도구와 인쇄된 검사지를 활용하고 있는데 모든 검사기록은 전산화하는 것을 권장하며 전산화된 자료는 이후 '자료입력'과 '채점' 과정에서 쉽게 작업할 수 있다.

검사 실시에 사용해 볼 수 있는 반응 기록지 양식은 '권장 항목들'을 고려하여 검사자의 편의와 선호에 따라 편집하여 사용할 수 있다. 기록지에 포함할 항목은 카드번호(Cd; Card), 반응번호(#), 반응방향(Or; Orientation), 카드 제시 후 반응 간격(Rt), 실시 단계(RP, CP), 반응(response) 등이다. 실시 과정에서 검사자가 기록하려는 정보가 있다면 자유롭게 항목을 추가해도 되는데 많은 검사 진행에 가장 효율적인 범위를 갖추기를 권장한다. 아래 제시한 기록지 양식 예시는 R-PAS가 제공하는 결과 표시 양식과 유사하게 편집한 것이며 검사 전 과정의 반응기록 및 기호계열 그리고 행동관찰 내용 등을 한번에 쉽게 살펴볼 수 있을 것이다.

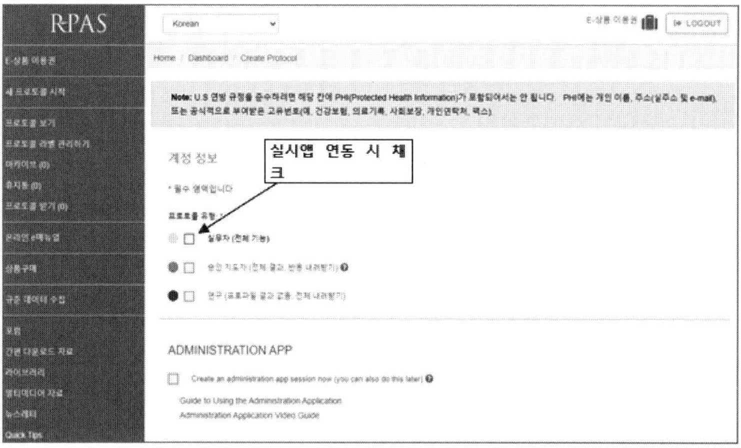

[그림 2-3] 실시앱(ADMINISTRATION APP) 선택 옵션과 사용 가이드

Response record sheet*

이름: ____________ 젠더: ____________ 나이: ________ 교육년수: __________ 검사일: __________ 소요 시간: __________

Cd	RT	Or	#	Ph	Response
I	3		1	R	미간을 찌푸림) 나방하고……
				C	ERR) 어…… 몸통. 날개 이렇게 보였습니다. 그리고 무늬가 있어서 나방 같다고 생각했어요. QD 세모난 것들이 무늬처럼 생겼다고 생각했습니다.
				code;	
			2	R	벌레
				C	ERR) 벌레는 가운데…… 모습이…… 벌레 같다고 생각했어요.
			3	R	음…… 귀신?
				C	ERR) 귀신은…… 눈과 입으로 해서…… 얼굴이라 생각했어요. QL 이렇게요.
II	6		4	R	곰? 핏자국? 네. (빠르게 두 개 반응)
				C	ERR) 네. 이렇게 곰의 머리, 앞발, 뒷발.
			5	R	핏자국
				C	ERR) 이 빨간색 자국이 처음 봤을 때 핏자국으로 봤습니다.

* 반응기록지에는 기호계열을 함께 확인할 수 있도록 매 반응 맨 아래에 기호화 칸이 있다. 온라인 기호화 프로그램에서 표시되는 양식과 일관성을 강조한 양식이다.

제3장

기호화

Rorschach

1. 기호화의 기본 규칙

R-PAS 기호 항목은 해석영역에 따라 구분하고 있다. CS 기호에 친숙한 학습자는 R-PAS 기호 항목과 순서를 어색해할 수 있는데 몇몇 사례를 진행해 보는 것만으로 R-PAS 기호 항목을 자연스럽게 다룰 수 있게 되고 편의성이 향상되었음을 쉽게 알아차릴 수 있을 것이다. 먼저 각 기호화 조건을 정확하게 숙지하고 있는 것만으로도 실시의 정확성을 충분히 보장할 수 있다. 기호화는 기본적으로 수검자의 언어적 반응에 기초하며 수검자가 속한 언어문화권의 언어사용 특징을 고려하여 최종 기호화 결정을 하게 된다. 다만, 해당 언어문화에서 미묘한 언어 사용의 뉘앙스는 수검자의 '실제 삶'의 모습과 검사 간 드러난 행동 단서와 함께 검토해야 한다. 구체적으로 기호화의 기본 규칙을 다음 여섯 가지로 정리해 볼 수 있다.

첫째, **수검자가 카드 내에 실제로 '본 것을 묘사한 것'을 기호화할 것** 이는 무엇인가를 보았다고 묘사한 언어적 표현을 기초로 기호화해야 하며, 잉크 반점으로부터 연상된 묘사는 기호화하지 않는다는 것이다. 일단 무엇인가를 봤다면 수검자가 직접 설명한 내용을 기호화한다. 이 과정에서 검사자는 수검자가 표현한 단어로부터 연상된 속성을 기호화하지 않도록 주의해야 한다.

둘째, **'RP에서 반응에 초점'을 두고 기호화할 것** RP에서 드러난 수검자의 반응은 수검자가 잉크 반점을 본 후 자생적으로 지각한 고유한 반응이며 주위 상황, 즉 검사자가 개입하기 전의 순수한 자발적 반응이다. 그렇기에 검사자가 개입하기 전의 반응으로서 실제 삶에서 수검자의 모습과 더 가까운 반응이라 할 수 있다. 또한, 수감자가 CP에서 앞서 RP에서 반응을 번복하고 새로운 반응으로 대체하려고 할 때가 종종 있는데 이는 단호하게 무시할 수 있어야 한다. 더해, RP에서 반응을 거추장스럽게 더 정교하게 만들려고 하거나 CP 진행과정 간에 불필요하게 정교히 추가하는 반응은 엄격히 무시해야 한다. CP의 목적은 반드시 RP의 반응을 정확하게 기호화할 수 있도록 명료화하는 작업이다. 그렇기에 검사자는 기호화 조건을 확실히 숙지하고 있어야 명료화 작업을 효율적이고 정확하게 해 나갈 수 있을 것이다. CP 과정에서 벌어지는 수검자의 반응은 수검자의 아주 독특한 적응 방식을 지적할 수 있는데, 그렇다 하더라도 검사자가 일부러 반응을 자극해서는 안 된다. 부적절한 개입이 있었다면 해석과정에서 불필요한 작업을 해야만 하기에 실시 규칙에 따라 정확하게 시행해야 한다.

셋째, **수검자가 사용한 '단어와 신체 표현'을 고려하여 기호화할 것**
R-PAS 절차에서는 수검자가 자신의 지각 경험을 언어로 표현하는 능력을 아주 중요하게 여긴다. 만약, 세상을 알아가는 과정에서 언어를 사용하여 자신의 경험을 사고하고 표현하지 못한다면 원활한 소통이 어려울 것이고 적응상 문제를 겪을 가능성이 커질 것이다. 검사자는 이러한 언어의 기능을 잘 이해하고 있어야 하고 동시에 수검자의 언어적 반응과 함께 나타난 표정 및 몸짓 등의 신체 언어에도 민감해야 한다. 예를 들어, IV번 카드 뒷면에 손잡이가 있는 것처럼 카드 뒷면을 쥐는 시늉을 하면서 '공격을 막고 있는 방패의 앞면'이라 보고했다면 이러한 행동은 FD로 기호화하는 데에 핵심적인 단서가 될

수 있다. 이외에도 카드를 문지르는 등의 행동은 T로 기호화할 수 있는 대표적인 예라고 할 수 있다.

넷째, **카드 안에 '실제 존재하는 무언가를 본 것'을 기호화할 것** 잉크 반점의 특정된 영역에서 실제 수검자가 본 대상이 존재해야 한다는 것인데, 예를 들어 수검자가 RP에서 "**한 사람이 서 있는데...... 사람들이 이 사람 욕을 하고 있어서 기분이 안 좋은 것 같아요**"라고 반응했고 CP에서 "**여기가 사람이 있어요. 앞을 보고 있고.** (QL) **다른 사람은 그냥 옆에 있을 것 같은 생각이 들어서 말한 거고요**"라고 반응한 경우, '다른 사람'은 논리적 확장에 의한 윤색에 불과하다. 이때 '다른 사람'에 대해서는 기호화하지 않는다. 부가적 설명을 하는 과정에서 다양한 대상을 언급하기도 하는데, 이때 역시 기호화 대상이 되지 않음을 주의해야 한다.

다섯째, **개별적 기호 항목을 각각 구별하여 기호화할 것** 로르샤흐 반응을 기호화하는 방법은 기호영역을 기준으로 모든 반응을 한번에 기호화하는 방법과 하나의 반응을 순서대로 기호화하는 방법이다. 기호영역을 기준 기호화의 의미는 모든 반응에 대해 가장 먼저 반응영역에 대해 전체 반응을 순서대로 완료한 후, 반응내용에 대해 전체 반응을 기호화하고, 다음 결정인 순서대로 기호화하는 것이다. 이러한 방식을 '**수직적 기호화**' 방식이라고 한다. 이러한 방식은 상대적으로 시간이 많이 들어도 로르샤흐 자료를 기호화하는 작업이 낯설거나 충분하게 익숙하지 않은 학습자들에게 권장할 수 있다. 그리고 해당 기호화 영역의 기호특징을 연습하는 데에 도움이 될 수 있다. 이러한 방식이 익숙해진 후에는 한 반응에 대한 기호화를 완료한 뒤 다음 반응 순으로 기호화하는 '**수평적 기호화**' 방식을 시도해 볼 수 있을 것이다. 수평적 기호화는 전체 반응 계열이 가진 순차적 관련성을 파악하는 데에 좀 더 유용한 방식이다. 수평적 기호화를 할 때는 하나의 항목을 기호화할 때 다른 항목의 기호를 염두에 두지 않고 독립적으로 기호화하는 습관을 갖는 것이 필요하다.

여섯째, **최종 결정된 기호가 어떻게 해석되는지를 염두에 두고 기호화할 것** 최종 결정된 기호들은 단순 빈도 점수부터 회귀방정식으로 산출된 복잡한 점수까지 계산되어 해석의 기본 자료로 사용된다. 기호화의 실수가 어떤 산출점수에 영향을 미치고 그로부터 만들어지는 해석 가설에 어떠한 영향을 미치는지를 잘 알고 있어야 한다. 결과 점수를 통해 수검자에 대한 해석적 가설을 만들어 갈 때 실제 반응과정에서 그러한 해석적 가설을 지지할 만한 단서가 있어야 할 것이다. 복잡한 공식을 모두 외우지 않아도 된다고 하더라도 특정 기호가 어떠한 결과 점수를 산출할 때 사용되는지는 잘 알고 있어야 한다. 만약 실시가 잘 이루어졌다면 실제 수검자의 적응 장면에서의 일반적 성격특성과 검사 상황에서 나타난 실제 수검자의 행동 간에 좀 더 강한 개념적 연결을 지어 볼 수가 있을 것이다. 예를 들어, 현실 장면에서 수검자가 '과도한 사고작동으로 정서적 경험을 있는 그대로 충분히 표현하지 못하는 성격특성이 있을 것'이라는 해석적 가설을 만들기 위해서는 검사 상황에서 M으로 기호화할 수 있는 반응이 나타날 때 잉크 반점에 특정한 이야기나 움직임을 부여하는 관념적 작업을 실제로 과도하게 했다는 것을 보증할 만한 반응과정의 단서가 있어야 한다. 이뿐만 아니라 Ⅷ번, Ⅸ번, Ⅹ번 카드에서 드러난 반응 행동도 정서적 자극을 받는 것을 과도하게 사고기능을 통해 관리하려는 행동을 관찰할 수 있어야 할 것이다.

이상 여섯 가지 기호화 기본 규칙에 맞추어 기호화한다고 하더라도 모든 수검자의 반응을 기호화할 수 있는 것은 아니다. 기호화되지 않는 중요한 언어적 · 비언어적 행동은 당연히 드러날 것이며 이러한 행동을 간과해서는 안 된다. 그리고 최종 결정된 기호는 그에 상응하는 실제 검사 상황에서 수검자의 행동을 통해 개별 특수적 의미를 찾을 수 있다는 것을 잊지 말아야 한다.

2. 구체적인 기호화 조건

수검자의 반응은 손쉽게 기호화할 수 있기도 하지만 명확하게 특정 기호로 변환하기 어려울 수도 있다. CP에서 최선의 명료화가 된다고 하더라도 여전히 분명한 기호화가 어려운 반응은 있기 마련이다. 이 책에서는 R-PAS 매뉴얼에서 소개하는 상세한 지침 중에서도 핵심적인 내용을 설명하고 있다. 지금부터 전체 기호화 영역으로 구분하여 기호화 조건을 살펴볼 것이다.

1) 반응 행동

카드 회전 카드 회전(Card Turn: CT)'은 네 가지 기호로 표기한다. ‘<’와 ‘>’는 수검자가 카드를 들고 보면서 지정된 정방향(카드 뒷면 상단에 로마 숫자 표기가 있는 상태가 정방향)을 왼쪽 또는 오른쪽으로 90° 회전한 실제 행동을 보일 때 기호화한다. 그리고 ‘∨’는 정방향이 180° 아래 방향으로 회전했을 때 기호화한다. 세 가지 경우 모두 수검자가 최종 반응한 상태의 카드 위치를 가리키는 것이며 최종 반응 전까지 과정에서 보인 카드 회전에 해당하는 기호는 없다. 다만, 어떤 식으로든 '회전 후 최종 반응을 정방향'으로 했을 때 별도로 '@'으로 기호화한다. 이 네 가지 기호는 모두 더하여 프로토콜 수준 기호 'CT' 점수를 만든다.

가끔 실제 카드 회전 행동은 하지 않으면서 언어적 보고로 '옆으로 보면'이라고 하는 경우가 있는데 이때는 실제 행동이 없었기에 원칙적으로 회전 행동 기호화는 하지 않는다. 이러한 행동은 기호화되지 않지만 별도로 기록하여 해석적 가설을 만들 때 참고해 볼 수 있다.

독려와 수거 독려와 수거는 수검자의 직접적인 행동에 대한 기호가 아닌 RP에서 '검사자가 개입한 행동'에 대한 기호이다. 먼저 수검자의 독려 개입은 '**Pr**'로 기호화하는데 서로 다른 두 가지의 대상을 보라는 지시에도 한 가지만 반응하거나 전혀 반응하지 않아서 최초의 지시를 반복하여 또 다른 무언가를 더 보라고 지시를 했다면 기호화할 수 있다. 그래서 Pr은 최대 각 카드당 한 번씩, 전체 반응에서 총 10점을 기록할 수 있다. 반면, '**Pu**'는 수검자가 서로 다른 두 가지를 봐야 하며 원한다면 세 가지를 봐도 된다는 지시가 있었음에도 네 번째 반응을 해버렸을 때 추가 반응을 못 하도록 한 개입에 대해 기호화한다. 이때 검사자가 직접 수검자의 손에서 카드를 뺏지 말고 "**충분히 보셨습니다. 이제 돌려주셔도 좋습니다**."라고 말로 지시하도록 한다. Pr과 마찬가지로 Pu도 최대 점수는 각 카드당 한 번씩, 전체 반응에서 최대 10점이 된다. Pr과 Pu는 함께 더하지 않고 각각 총

표 3-1 '반응 행동'에 포함하는 기호 항목과 기호화 조건

기호	개념	기호화 조건
<	왼쪽으로 회전	정방향을 왼쪽으로 90° 회전해서 최종 반응했을 때
V	아래로 회전	정방향을 아래로 180° 회전해서 최종 반응했을 때
>	오른쪽으로 회전	정방향을 오른쪽으로 90° 회전하여 최종 반응했을 때
@	회전 후 최종 정방향	최종 반응을 정방향으로 반응. 반응과정에서 90° 이상 회전했을 때
Pr	독려	검사자가 수검자에게 추가 반응을 지시한 개입이 있었을 때
Pu	수거	검사자가 수검자에게 반응 중단을 지시한 개입이 있었을 때

점을 산출한다.

2) 반응영역과 공간 반응

반응영역 반응영역 기호를 결정하기 위해서는 반드시 영역 기호표를 참고해야 하는데 r-pas.org에서 제공하는 온라인 프로그램에서 간편하게 확인할 수 있다. 특히, 온라인 프로그램을 활용하면 책을 참고할 필요 없이 해당 카드의 반응영역을 기호 입력 과정에서 실시간으로 화면에서 확인할 수 있는 등 편의성이 상당히 향상되었다.

반응영역은 수검자가 사용한 잉크 반점의 영역으로서 "**어디에서 그것을 봤습니까**?"에 대한 답이 된다. 주어진 카드의 잉크 반점 전체를 사용했다면 'W'로 기호화하고 그 외의 경우 'D'와 'Dd' 중 하나로 기호화해야 한다. 주의할 점은 반응영역을 확인하기 위해 수검자에게 상세한 윤곽을 알려 달라는 지시를 하지 말아야 한다는 것이다.

수검자가 잉크 반점을 직면한 순간 이끌렸던 영역이 어느 고유영역인지만 확인하면 된다. 수검자가 손끝으로 세심히 윤곽을 오리듯이 가리키려고 한다면 "**그렇게 상세히 손으로 그리지 않아도 됩니다. (손으로 동그라미를 그리는 동작과 함께) 이렇게 대략 어느 부분인지 알려 주시면 됩니다**"라고 지시한다.

'W'로 기호화할 수 있는 조건은 다양한데 가장 단순한 조건은 전체 잉크 반점에서 온전히 하나의 대상을 지각했을 때다. 이때, 수검자는 어디에서 그것을 보았냐는 질문에 보통 "**이거 전체가요**" 또는 "**여기 전부가 그래요**" 등으로 보고하는 경향이 있다. 하지만 두 대상 이상을 지각하는 경우는 영역 사용이 복잡해지는데 예를 들어, 만약 두 개의 대상을 보았다면 개별 대상의 영역이 각각 D+D, D+Dd, Dd+Dd가 될 수 있을 것이다. 만약, 세 개의 대상을 보았다면 개별 대상의 영역이 각각 D+D+D, D+D+Dd, D+Dd+Dd, Dd+Dd+Dd가 될 수 있을 것이다. 이렇게 여러 대상을 지각한 경우 다양한 D와 Dd의 조합이 가능하며, 어떤 경우라고 하더라도 최종 활용한 잉크 반점이 카드 내의 모든 영역을 담고 있다면 W로 기호화한다. 한 가지 예외 조건은 좌우 대칭으로 두 대상을 지각한 쌍 반응이 좌우 각각 영역 모두를 포함하는 D이면서 두 대상의 공간적 · 상황적 상호작용을 묘사하지 않았다면, 즉 단순한 두 대상이 양쪽에 있는 모습을 보고한 경우일 때는 W로 기호화하지 않는다. W로 기호화하려면 수검자에게 제공된 모든 정보를 한꺼번에 고려하였음을 반응과정에서 확인할 수 있어야 한다.

'D'는 보통 'Dd'보다 더 크고 시각적으로 더 두드러진다는 특징을 가지지만 반드시 그렇지는 않다. 'D'는 각 카드에서 고유번호가 할당되어 있고 수검자가 반응에 사용한 영역이 해당 고유영역과 1:1로 대응될 때 기호화할 수 있다. 반면, 'Dd'도 지정된 고유영역이 있지만, 수검자가 Dd로 할당된 영역이 아닌 임의로 윤곽을 만들어 새로운 영역을 지각할 때도 기호화할 수 있다. 이때는 일괄적으로 'Dd99'로 기호화한다. 온라인 프로그램을 사용할 때는 직접 고유영역 번호를 '지정 선택(point and click)'하여 반응영역 번호를 필수적으로 입력해야 한다. 기호화 프로그램을 사용할 때는 화면에 실시간으로 반응영역 번호를 표시해 주기 때문에 영역의 고유번호를 따로 외울 필요는 없으며, 반복되는 실시 경험이 쌓이면서 자연히 숙지하게 될 것이다.

D와 Dd 반응영역 기호화 시 주의할 점은 보고한 대상이 하나인지 두 개 이상인지에 따라 반응영역 결정이 달라진다는 것인데 여러 영역을 개별적으로 사용한 반응일 때가 가장 복잡한 의사결정이 필요하다. 구체적으로 살펴보면, 단순한 쌍 반응이 아니면서 서로 관련된 두 대상이 보고가 되었다면(예: D+Dd, D+D, Dd+Dd) 사용된 개별영역의 조합에 따라 최종 영역 결정이 이루어진다. 기본 원칙은 지각한 여러 대상 중 하나의 대상이라도 Dd가 포함되었다면 최종 Dd로 결정해야 한다. 일반적으로 아무리 평범하고 일상적이고 흔한 D를 활용했다고 하더라도 Dd가 동반되었다면 최종적 지각을 어지럽히는 요인이 될 수 있다.

하지만 보고된 반응에서 명확하게 주된 대상이면서 강조되는 주제가 D 영역에 해당하는 대상이면서 반응을 마무리할 때 슬쩍 가볍게 첨가한 사소한 대상이 Dd였다면 D로 기호화하는 것이 해석적으로 더 적합할 수도 있다. 그리고 독립된 하나의 D와 또 다른 D가 조합되어 임의의 새로운 영역을 만들어 '한 대상'을 지각한 경우는 Dd로 기호화한다. 그리고 D를 단일 대상으로 지각하면서 해당 대상의 세부 구성 성분을 Dd 영역에서 지각할 때도 D로 기호화한다. 예를 들어, Ⅲ번 카드의 D9에서 "**한 사람이 엉덩이를 빼고 있어요. 여기 하이힐을 신고 있는 거예요**(Dd33)"라고 묘사한 경우 D로 기호화한다. 독립된 두 개 이상의 대상이 함께 보고되고 그중 하나가 Dd일 때 최종 D로 기호화하려면 Dd 영역의 대상은 반드시 부수적인 속성이어야 하며, Dd 속성이 강조되거나 핵심적 요소가 되어서는 안 된다. 한편, D와 Dd의 구분이 애매한 경우 중 D의 경계에서 약간의 영역을 추가하거나 탈락이 있는 경우, 즉 D에 가깝지만 조금 다른 영역을 지각했을 때 보통 D로 기호화한다. 하지만 추가하거나 탈락한 부분이 해당 대상을 인식하는 데에 중요한 속성이 아니어야 하고 수검자도 그 속성에 개의치 않을 때만 D로 기호화할 수 있다.

공간 반응　공간 반응은 수검자가 카드의 흰색 바탕 영역을 사용하여 대상을 지각했을 때 기호화한다. 공간 반응에 대한 해석적 가설을 잘 이해하고 있다면 정확한 기호화에 큰 도움이 된다. 공간영역을 활용하는 방식에 따른 일반적인 해석적 가설은 주어진 조건에 따르기보다, 즉 검사 지시와 요구에 순응하여 수행하기보다 자신의 자율적인 기준을 적용하여 당면 상황을 다루려고 노력했다는 것이다. 이렇게 노력하려는 의도는 다양한데 대표적으로 '반향(反響)적인 태도의 표현' 또는 '정교한 인식의 표현'일 수 있다. 전자의 경우는 '**공간 역전**(Space reversal: SR)'과 더 관련이 있고 후자는 '**공간 통합**(Space integration: SI)'과 좀 더 관련 있다.

먼저 SR은 잉크 반점을 활용하여 무엇인가 보라는 지시를 의식적·비의식적으로 무시 또는 거부하고 자신이 설정한 새로운 기준에 따라 행동하려는 것이다. 반응과정에서는 잉크 반점과 공간을 구분 짓는 윤곽에서 지각적 전환이나 3차원적 지각의 인지 양상을 보인다. 이러한 반응은 개인에 따라 '**차원을 지각할 수 있는 시공간 지각의 능력**'일 수도 있으며, '**세상에 대한 자신만의 새로운 관점으로 인식하려는 지각 양상**'을 반영할 수도 있다. 어떤 경우이든 SR로 기호화할 때는 잉크가 칠해진 영역과는 독립된 흰 공간 자체를 특정 대상으로 지각해야만 한다. 이는 반응영역 도표에서 DS나 DdS로 표기된 영역만 식별하여 단일 대상을 지각하는 경향이 있고 종종 W에 여백을 첨가하여 반응하기도 한다(예: 잉크 반점 전체를 대륙 또는 땅으로 지각하고 나머지를 대양, 바다 등으로 지각).

SI는 잉크가 칠해진 영역에 공간영역을 추가하여 지각할 때 기호화하며 SR보다 비교적 더 흔하고 분명하게 기호화할 수 있다. 그리고 SI 기호에 해당하는 속성은 지각 대상에게 주요한 요소가 아닐 때가 많고 잉크 반점의 안쪽 면에 포함된 속성인 경우가 많다. 예를 들어, 얼굴을 지각한 후 얼굴 속의 구성 요소인 눈, 코, 입 등으로 공간을 사용하여 세부 묘사를 하고 있다면 SI로 기호화한다. SI는 주요대상을 설명하는 과정에서 공간영역을 세부 속성으로 사용하여 좀 더 정교한 묘사가 이루어진다. 그리고 SR과 SI는 독립적으로 기호화할 수 있는데 SR, SI 모두 동시에 기호화할 수 있다.

SR의 기호화 조건이 다소 까다로울 수 있는데, 반드시 의도적이고 적극적인 공간 활용 노력이 반영되어야 하며, 공간으로 지각한 대상이나 속성이 차원성을 갖는 특징이 있어야 한다는 것이다. 논리적으로 자연스러운 공간 설명은 주체적인 의미 부여가 아니므로 공간 반응으로 기호화해서는 안 된다. 구체적으로 살펴보면, 첫째, 지각한 공간영역이 '**독립적 차원성**'을 강조하여 묘사할 때 SR로 기호화할 수 있다. 지각한 대상의 앞쪽이나 뒤쪽에 있는 공간영역을 특정된 독립적 차원으로 지각했을 때이다. 둘째, SR에 해당하는 영역이 다차원 적 지각을 반영하고 있을 때 맨 앞의 시각적 차원에 두드러지지 않아도 기호화할 수 있다. 잉크 반점이 맨 뒤에 하나의 대상으로 지각하고 잉크 반점 안쪽 공간영역에서 그 위의 차원에서 또 다른 대상을 지각하고 또다시 그 위 차원에서 잉크 반점의 특정 영역이 맨 앞의 대상으로 지각했을 때 SR로 기호화할 수 있다. 즉, 여러 대상이 중첩되어 있으면서 공간이 사용된 경우다. 셋째, 잉크 반점이 차지하는 대상이나 속성보다 공간영역에 부여된 대상이나 속성이 확연히 강조되고 있다면 SR로 기호화할 수 있다. 적극적인 공간 활용이 되어야 한다는 규칙에 충분히 부합하지 못한 반응은 SR로 기호화할 수 없다. 예를 들어, "**이거는 인도예요. 지도를 보면 인도같이 생겼어요. 옆을 둘러싼 것이 대륙(잉크 반점영역)이고 나머지는…… 음 이거(공간영역)랑 이거(공간영역)는 바다겠네요**"라고 반응했을 때 공간을 바다로 보긴 했으나 이를 강조하려는 노력은 부족하다. 공간영역에 지정된 지각 대상이 전체 반응의 흐름에서 부수적인 것으로 물러나지 않고 온전한 속성으로 강조되어야 SR로 기호화할 수 있다.

특수한 상황 중 실제로는 흰 공간이 아닌데도 잉크가 칠해진 주변

[그림 3-1] 다차원 대상 지각에서 SR

표 3-2 '반응영역'과 '공간 반응' 기호 항목와 기호화 조건

기호	개념	기호화 조건
W	전체 영역 (Whole)	카드 내에 있는 전체 잉크 반점을 모두 사용했을 때 기호화 D와 Dd의 다양한 조합의 결과 전체 잉크 반점을 모두 사용
D	평범 영역 (Common Detail)	반응 영역표를 참조(매뉴얼 또는 온라인 프로그램 사용 가능) 추가 의사결정 과정을 거쳐 최종 선택 : 단일 대상을 보고했을 때와 두 가지 이상 대상을 보고했을 때 : D와 Dd를 함께 보고했을 때
Dd	비일상적 세부 영역 (Unusual Detail)	반응 영역표를 참조(매뉴얼 또는 온라인 프로그램 사용 가능) 반응 영역표에 없는 영역을 사용했을 때
SR	공간 역전 (White Space Reversal)	공간영역을 개별적 대상으로 식별하여 지각했을 때 자발적이고 의도적인 공간 활용 차원적으로 전경으로 두드러진 지각 공간영역을 특별히 강조하며 묘사한 경우 : 언어적 표현 또는 손가락으로 명백히 가리키는 행동 SI와 독립적으로 기호화
SI	공간 통합 (White Space Integration)	잉크 반점영역을 사용하면서 공간영역을 부수적으로 활용한 경우 SR과 독립적으로 기호화

영역보다 특히 밝고 투명해서 '하얀', '흰'이라고 말하는 경우가 있다. 이때는 보통 공간 반응(특히, SI)으로 기호화할 수 있는데 보통 배경으로 지각되는 '밝고 투명한 부분'에 한해서 기호화할 수 있다. 공간영역을 의도적으로 언급하지 않고 슬쩍 언급하게 되는 공간영역 묘사가 있을 수 있는데 이 경우 공간 반응으로 기호화하지 않는다.

3) 반응내용

반응내용은 '무엇으로 보이는가?'에 대한 기호화 영역이다. R-PAS에서 요구하는 가장 기본적 요구가 제시한 카드의 잉크 반점이 '무엇으로' 또는 '무엇처럼' 보이는지를 말해달라는 것이다. RP에서는 수검자가 그렇게 본 이유를 따져 묻지도 않으며 구체적으로 설명을 요구하지도 않기에 수검자로서는 작업 부담을 느끼지 않아도 된다. 만약 이러한 자율적 선택이 가능한 상황에서도 머뭇거리거나 망설이는 모습을 보인다면 우선 평가에 대한 태도를 점검해야 하고 소통을 막고 있는 '개인적 능력' 및 '평가 맥락'을 검토해야 할 것이다. 수검자는 한 번의 반응 내에서 지각해야만 할 내용의 개수, 즉 지각 대상의 수는 제한이 없다. 대부분 적어도 한두 개의 반응내용을 보고하나 가끔 많게는 다섯 개 이상의 내용을 보고하기도 한다. 몇 가지를 보고하더라도 보고 대상에 상응하는 기호로 변환한다. 반응내용 항목에는 총 17개의 기호가 있으며 각 기호는 단일 기호로서 경험적 근거를 가진 해석적 가설을 가지기도 하지만 대부분 기호는 '서로 관련된 의미로 묶어 통합된 정보'로 사용된다. 실제로 수검자가 잉크 반점 내에서 봤던 대상에만 기호화해야 하고, 상상이나 예상된 잠재적 대상을 보고한 경우 기호화하지 않는다. 반응내용 기호는 〈표 3-3〉에 정리하였다.

표 3-3 반응내용에 대한 기호 항목과 기호화 조건

기호	기호화 조건
H Whole Human	전체 형태를 갖춘 인간상을 보고했을 때 기호화 : 한 사람, 두 사람, 어린이, 아기, 태아, 부처 등 인간이 가지지 않은 속성을 가진, 인간으로 묘사한 대상 : 예: 날개 달린 사람 이상의 예 중에서 아기, 태아, 부처, 날개 달린 사람 등은 일반적인 '인간'상과 다른 특별한 의미를 담고 있을 수 있음. H로 기호화한다고 하더라도 검사 간 나타난 수검자의 행동(예: 꺼림칙한 모습, 불편한 표정 등)과 실제 삶에서 수검자의 대인관계상의 관계 방식 그리고 개인력 정보를 검토하여 개별특수적 반응의 가치를 이해하는 것이 필요함 : '태아'를 미숙함이나 취약함의 존재로 인식하여 반응 : '부처', '예수'를 현실을 초월한 신적 존재와 관계 경험을 반영하는 반응 이상의 예는 H가 가진 일반적 해석 가설의 신뢰도는 다소 약해지며 부처, 예수 등의 신적 대상의 경우 개인의 신앙생활을 참조하여 H 기호화 결정 과정 및 해석 가설의 가치 평가를 달리해야 함. 그리고 날개 달린 사람 등의 이질적 속성이 추가된 인간상을 본 경우, 보통 FQ-와 함께 인지 코드 INC이 기호화될 수 있기에 H의 긍정적 해석 가설은 수정될 수 있음
(H) Imaginary fictional whole human	상상, 공상, '유사(quasi-) 또는 초자연적' 인간의 전체 형상 : 영혼, 귀신, 거인, 인간 닮은 괴물, 악마, 신, 요정, 광대 등 현실에 살아 있는 대상이 아닌 상징적인 인간상이나 개인이 의미를 담아 만들어 놓은 인간상도 (H)에 적합한 내용 : 망상 여부와 관계없이 개인의 상상 속의 친구 : 배우, 광대, 간호사, 아이돌 등 역할을 강조하는 인간상은 (H)가 적합 이러한 기호화는 반응과정 기반 해석에 따라 좀 더 수검자의 현실에 가까운 기호화 의사결정이 필요함

Hd Human detail	불완전한 인간 형상이나 인간이 가진 부분 속성만 반응할 때 기호화 : 얼굴, 머리, 팔, 다리, 수염, 엄지, 머리카락, 상체, 눈 등 다양한 신체 부분 단, 해부학적 대상에 더 잘 부합한다면 An으로 기호화 H와 같은 조건을 광범위하게 적용하여 기호화할 수 있음
(Hd) Imaginary fictional human detail	상상, 공상, '유사(quasi-) 또는 초자연적' 인간 형상의 부분 속성 : 악마 얼굴, 귀신 머리, 하회탈, 요정 날개, 핼러윈 호박 얼굴, 잭오랜턴 등 (H)와 같은 조건을 광범위하게 적용하여 기호화할 수 있음

인간상과 상응하는 4가지 기호는 H와 Hd 대 (H)와 (Hd)로 나눌 수 있는데 수검자의 현실 일상에서 보고된 대상과 실제로 만나 소통할 수 있는 대상인가 여부에 따라 구분할 수 있다. 일반적 인간은 주위 인간 대상을 특정하지 않고 실제 인간을 모두 아우를 수 있다는 점에서 H나 Hd로 기호화할 수 있다. 반면, 게임 속의 캐릭터, 연예인, 영화 등의 작품 속의 배역 등등은 사적인 일방적인 관념으로 만들어진 인간상이라는 점에서 (H)나 (Hd)로 기호화하는 것이 적합하다.

A Whole animal	전체 형태를 갖춘 동물 : 나비, 코끼리, 곰, 곤충, 벌레, 공룡, 아메바, 손 달린 박쥐 등 손 달린 박쥐 등의 이질적 속성이 추가된 동물상을 본 경우, FQ-와 함께 인지 코드 INCOI 기호화될 수도 있고 DV과 함께 기호화될 수 있기에 기호화 주의 필요
(A) Imaginary fictional cartoon animal	상상, 공상 또는 만화에 등장하는 동물의 전체 형상 : 유니콘, 킹콩, 니모, 테디 베어, 용, 동물 형상의 괴물, 해태 : 영화에 등장하는 동물 형상의 캐릭터를 묘사할 경우
Ad Animal detail	불완전한 동물 형상이나 동물이 가진 부분 속성 : 동물털로 짠 천('동물의 털'이 강조되어야 함) : 동물 머리, 날개, 동물 뿔 등 단, 외부에서 눈에 보이지 않는 해부학적 대상에 더 잘 부합한다면 An이 적합 A와 같은 조건을 광범위하게 적용하여 기호화할 수 있음

(Ad) Imaginary fictional animal	상상, 공상적인 동물 형상의 부분 속성 : 용 날개, 동물 가면 등 (A)와 같은 조건을 광범위하게 적용하여 기호화할 수 있음

H,(H)/A,(A): Hd,(Hd)/Ad,(Ad). 전체 대상으로 기호화하기 위해서는 반드시 보고한 대상이 전체성을 전제하고 있어야 한다는 것이다(탈락한 부분이 있다고 하더라도). 전체 대상과 부분 대상의 구별이 다소 어려운 상황 조건은, 첫째, 전체 대상에서 미미하고 지엽적 부위를 제거했거나 결핍된 것으로 보고할 때이다. 예를 들어, "살점이 떨어진 곰이에요", "팔이 잘린 거인이에요" 등은 각각 A와 H로 기호화할 수 있는데 이러한 결정의 기준은 박탈된 부분이 '생명에 큰 지장이 없는 정도'이다. 둘째, 죽은 사람이나 동물을 보고할 때도 H와 A로 기호화할 수 있다.

H,Hd/A,Ad: (H),(Hd).(A),(Ad). 현실적 대상과 가상 및 상상의 대상을 구분하는 것은 특별히 가상적인 대상을 지적하는 묘사가 없다면 보통 현실적 대상으로 기호화한다. 예를 들어, "사람 같긴 한데…… 날개가 달려 있어요. 네 날개 달린 사람"이라면 H로 기호화할 수 있다. '( )'로 기호화하는 경우는 대부분 특정된 가상적 상을 가리키는 명사를 사용하는 경향이 있다. '요정, 악마, 천사, 괴물, 생명체, 신화에 나오는 동물, 엘프' 등.

H,(H),Hd,(Hd): A,(A),Ad,(Ad). 인간 대 동물 기호의 구별은 비교적 쉽겠으나 '반인반수'처럼 인간의 속성과 동물의 속성이 섞여 있는 대상일 경우 고민이 될 수 있다. 이 경우에는 기본적으로 인간상으로 기호화하는 것이 원칙이며 반응에 포함된 동물의 속성을 상대적으로 세세하게 강조하고 있을 때만 동물 대상으로 기호화할 수 있다.

An Anatomy	해부학적 대상, 외부에서는 관찰 불가능한 내부의 신체 부분이나 구조물 시각적으로 외부에서 관찰 가능한 구조는 기호화할 수 없음 : 척수, 뼈, 창자, 뇌 단면, 폐, 심장, 세포, 특정 유기체의 단면 등 : MRI, PET, X-ray, 초음파 사진 An으로 기호화한다면 Hd나 Ad는 기호화하지 않음

Art	예술 작품 및 예술 관련 대상, 회화 작품을 보고 실제 존재하는 작품이어도 되고 작품처럼 묘사한 것이어도 기호화할 수 있음 : 머리 장식품, 보석, 의식을 위한 깃털, 화려하고 우아하게 꾸민 테이블 등 직관적으로 예술적 작품이나 대상으로 여기는 대상이 아니어도 미적으로 섬세하고 화려하고 고상하게 묘사한 대상이 보고되었다면 Art로 기호화할 수 있음 반응과정 기반 해석에 따라 좀 더 수검자의 현실에 가까운 기호화 결정 방식
Ay Anthropology	인류학적으로 의미 있는 대상 : 역사적으로나 문화적으로나 그와 관련된 특별한 맥락을 참조해야만 함 : 보고한 대상의 역사적 · 문화적 의미가 강조되는 경향이 있음 : 인디언이 썼던 깃털 모자, 나폴레옹이 탔던 배, 옛날 동네 앞에 있는 장승 등 단, 역사적 대상을 미적으로 세심히 묘사했다면 Art로 기호화할 수 있음

Art와 Ay는 주요 해석적 가설을 만드는 데에 개별 기호를 직접 사용하지 않고 ABS와 함께 IntCont에 포함되는 구성 요소이다. 그래서 Art와 Ay의 기호화 경쟁이 있을 때 기본적으로 Ay를 기호화해도 된다.

Bl Blood	피와 관련된 모든 내용 : 인간, 동물, 곤충의 피나 진물, '트랜스포머' 로봇 캐릭터가 흘리는 연료 등
Cg Clothing	복식 관련 대상 : 나비넥타이, 옷, 하이힐, 부츠, 모자, 목도리, 코트, 후드 등 광범위한 내용 단, 관련 대상을 미적으로 세심히 묘사하려고 했다면 Art로 기호화할 수 있음
Ex Explosion	폭발 관련 반응 : 폭탄이 터지는 모습, 화산이 분출하는 모습, 불꽃놀이 등 : 폭발이 일어나는 다양한 상황 및 모습이 묘사할 때

Fi Fire	불과 화염 관련 반응 : 불꽃과 연기, 용암, 담배 연기 등
Sx Sexual organs/activity	성적 신체 부위나 성적 행위 또는 성적 속성을 담은 차림새 : 남녀 각각의 성기, 몸 안이 비치는 야한 옷과 속옷, 성적 은어 : 남근, 낭심, 고환, 귀두, 질, 클리토리스, G-Spot 등등
NC Not Classified	이상의 어느 항목에도 구분되지 않는 내용 : 구름, 지형, 전구, 우울함이나 감각 경험을 언급하는 추상적인 표현

4) 대상질

대상질은 수검자가 지각한 대상의 '**지각적 선명도**'와 '**지각적 정교성**'의 정도에 대해 기호화한 것이다. 우선, 대상질의 수준이 높다는 것은 경험 환경에서 다양한 자극들에 적절하게 자신만의 분명한 지각을 만들어 낼 수 있음을 의미하고 주위 환경과 상호작용에서도 분명한 의사를 떠올릴 수 있음을 반영한다. 이는 자신과 타인 그리고 현실 사상에서 경험하게 된 자신의 '생각과 느낌'에 대해 명확히 인식할 수 있게 하고, 나아가 다른 사람에게도 정확하고 분명히 자신의 경험을 전달할 수 있는 전제 조건이 된다. 자신과 타인 그리고 현실 사상에 대해 분명한 지각이 어렵다면 이후 인지적 과정은 더욱 불명확하고 불안정해질 가능성이 커진다.

'**지각적 선명도**'는 지각 대상에 '얼마나 실제적 대상의 형태적 구성을 부여했는가의 정도'를 말하는데 선명도가 높다면 수검자가 보고한 반응내용을 듣고 그 대상의 윤곽이나 형태를 쉽게 떠올릴 수 있을 것이다. 반대로 선명도가 낮은 반응은 수검자가 잉크 반점에서 지각한 '대상'을 두루뭉수리 묘사하거나 형태적 윤곽을 불명확하게 지각한 반응이기 때문에 검사자는 수검자가 지각한 대상을 쉽게 알아차리기 어려울 것이다. 선명도가 높은 반응은 로르샤흐 전통에서 '**형태요구**'라는 개념으로 설명하는데 모호한 잉크 반점의 속성을 활용해 무엇인가로 특정된 실제 대상의 가시적 형태 속성을 부여했다는 것을 말한다. 기호화를 위한 구체적인 기술로는 지각 대상이 가진 '**영구적 형태**' 유무에 따라 구별할 수 있다. 이는 불변의 상태가 아닌 대상이 가진 '형태적 영속성'을 뜻하는 것으로 인간이 만들어 낸 일반적인 물건이나 인간과 동물을 포함하는 '**특정될 수 있는 자연의 고유한 생명체**' 또는 '**특정 개념으로 영속성을 부여받은 대상**', '**구체적인 형태 묘사**'를 통해 지각 대상에 윤곽을 부여한 반응이 포함된다. 여기서 '**개념으로 영속성을 부여받은 대상**'은 현실에서 영속적 형태 속성을 지녔다고 보기에는 어렵겠지만 인간이 특정 개념으로 그 대상에 고유성을 부여하여 그 대상을 가리키는 '개념'만 듣게 되더라도 구체적으로 특정된 해당 대상이 바로 떠올릴 수 있게 된 대상이다. 예를 들어, 지형으로서의 불특정 산은 일반적으로 특정된 한 개체로서 영속적 형태 속성을 갖지 않지만, '백두산', '마이산'은 고유 형태 속성을 가진 특정 산을 바로 떠올릴 수 있기에 지각적 선명도가 높은 반응이라 할 수 있다. '**구체적인 형태 묘사**'로 윤곽을 부여한 예는, CP에서 "**저 깊은 바다 세상이에요. 심해 세계. 이 아랫부분과 중간 부분 윗부분에 층이 구분되어 있는데 1단, 2단, 3단의 세상으로 되어 있어요. 신곡에서 지옥 세상처럼요**"라는 반응은 '심해' 자체는 지각적 선명도가 아주 낮은 대상이라 할 수 있는데 형태 속성을 꾸며내어 묘사하면서 지각적 선명도가 높아진 것이다.

만약 두 대상이 이상이 보고된 반응이라면 다른 기준의 의사결정 기준이 필요하다. 예를 들어, 두 대상 이상이 보고되면서 단 하나의 대상이 충분한 형태 속성을 가진 지각적 선명도를 보인다면 전체 반응의 선명도 또한 충분하다고 할 수 있다. 예를 들어, RP에서 '노을'은 그 자체로는 지각적 선명도가 떨어지지만, CP에서 "**저 멀리 빛이 남아 있는 붉게 물든 곳이고 앞쪽은 점점 어두워지는 부분이에요. 해가 살짝 걸려 대머리처럼 남아 있어요**"라고 보고했다면 충분히 괜찮은 지각적 선명도를 가진 반응이라고 볼 수 있다.

수검자가 모호한 잉크 반점에 잘 알려진 분명한 형태적 속성을 부여했다면 대부분 사람은 자신이 이미 알고 있는 실제 대상의 이미지를 심상으로 재현해 낼 수가 있을 것이다. 이는 주위 환경과 분명하게 소통할 수 있는 기본이며 필수 조건이 된다. 주관적인 자신의 '생각과 느낌'을 상대가 이해할 수 있도록 전달할 수 있는 능력이기도 하다. R-PAS에서는 분명한 지각적 선명도를 가진 반응에 대해 별도의 기호를 두고 있지 않고 지각적 선명도가 낮은 경우에 Vg로 기호화한다. 즉, Vg는 지각한 대상 모두에 대해 구체적인 형태 요구를 부여하지 않았을 때 기호화하는 것이다.

한편, '**지각적 정교성**'은 다양한 시각적 · 언어적 개념을 얼마나 풍부하고 의미 있게 연결 지을 수 있는가에 대한 것이다. 지각 대상을 단일 대상으로 정확하고 분명하게 특정 심상을 만들어 내는 것을 넘어서 서로를 시각적으로나 개념적으로 엮어 좀 더 풍성한 자극 경험을 하고 있음을 시사한다. 이러한 개념에는 시각적 · 언어적 개념을 모두 포함하는데 먼저 시각적으로 특정된 두 개 이상의 대상을 분명히 심상화할 수 있어야 하고, 그 심상들을 독립적이지 않고 서로 관련을 지을 수 있는 '**시각적 연결 짓기 작업**'이 되어야만 한다. 이후 두 개 이상의 서로 다른 시각적 대상이 가진 언어적 개념에 대해 '**개념적 관련성**'을 연결할 수 있는 '**개념통합능력**'이 필요하다. 이상의 두 가지 조건을 모두 충족할 수도 있겠지만 시각적 연결 짓기 작업만으로도 충분히 풍부하고 복잡한 인지적 처리를 한 것이라 인정할 수 있을 것이다. 다만, 시각적 연결 짓기 작업의 수준에서 진행되는 인지적 작업은 '지각적 선명도'가 보장되어야 기능적 정보처리로 볼 수 있다. 어떤 경우이든 두 대상을 관련지어 표현했다면 Sy로 기호화할 수 있다. 즉, 서로 구별되고 떨어져 있는 대상을 하나의 틀로 묶어 관련성을 부여한 반응에 대해 기호화한다.

Sy를 기호화할 때 주의점은 수검자가 묘사하는 방식에서 한국어 표현의 뉘앙스를 잘 파악할 수 있어야 한다. 그렇기에 다소 기호화 결정이 어렵게 느껴질 수가 있을 텐데 일반적으로는 기호화의 '**하향 원리**'를 따르는 것을 권장한다. 애매한 의사결정 상황에서는 Sy로 기호화하는 것을 반려하고 해당 반응과 관련된 기타 정보들을 활용하여 최종결정을 하는 것이 안전하다. 구체적인 기호화 조건을 살펴보면, 단순한 상태 묘사는 Sy로 기호화할 수 없고 특정할 수 있을 정도의 '**의미 있는 관련 짓기**'가 묘사되었을 때만 기호화할 수 있다. 예를 들어, RP에서 "**두 사람이 마주 보고 있어요**" 이후 CP에서 "**여기 한 사람 그리고 여기 사람. 서로를 마주 보고 있는 모습이에요**"라고 한 반응은 단순한 상태묘사에 그친 반응이다. 하지만 "**여기 두 사람이 서로를 바라보고 있네요. 좋은 마음은 아닌 것 같아요(또는 호감이 있는 것 같아요)**"라고 했다면 특정 의미를 부여한 것으로 보고 Sy로 기호화하는 것이 적절할 것이다.

Sy 기호화에서 고려해야 할 사항은 우선, 두 개 이상의 대상이 존재해도 단순한 상태만 묘사했다면 Sy로 기호화할 수 없고 관계적 속성, 즉 가족, 모임, 집단 등에 수렴될 수 있는 구성 개체들로 묘사되었을 때 기호화할 수 있다. 예를 들어, '물고기 떼'는 여타 위계를 상정할 만한 묘사가 없이 집단을 한 덩어리로 보고한 것에 불과하지만, "**물고기들이 떼를 지어 움직여요**"라고 한 반응은 각 물고기가 함께 영향을 주어 하나의 군집으로서 '떼'라는 상위 위계로 묶일 수 있다. 또 다른 예로, '춤추는 사람들, 크루'라는 반응도 마찬가지로 전체 집단 덩어리 하나를 보고한 것일 뿐이며 "**사람들이 같이 모여 춤을 추고 있는 거예요**"라고 한다면 개별 구성원들이 서로 관련을 맺어 하나의 춤추는 집단을 구성하게 되는 것이다.

다음으로 특정 대상에 복식을 추가하여 반응했을 때인데 주 대상과 복식이 점한 반응영역이 시각적으로 분명히 분리되어 있어야 Sy 기호화가 가능하다. 시각적 분리의 의미는 주 대상의 온전한 형태가 복식을 통해 추가되거나 변형되어야 한다는 것이며 형태적으로 가려지는 것(중첩)까지 포함될 수 있다. 예를 들면, '드레스 위에 채워진 벨트'는 주 대상은 '드레스'이고 드레스의 형태가 벨트로 가려진 '형태적 변형'이라 할 수 있다. 그리고 대표적인 예로 '후드를 입은 사람', '귀고리를 한 여자', '힐을 신은 여자', '망토를 걸친 사람' 등이 있다.

가끔 해부학적 반응에서 다양한 신체 장기를 보고하기도 하는데 이때는 보통 Sy로 기호화하지 않는다. 단, 체액이나 혈액 등이 신체 외부로 흘러나오거나 묻어 있는 것으로 보고했다면 Sy 기호화가 가능하다. 더해, 그림 작품이나 조각상에 포함된 대상들이 관련지어 상호작용을 하는 상태가 묘사되었다면 Sy로 기호화할 수 있다.

R-PAS에서는 추가로 쌍 반응도 대상질 기호화 항목에서 함께 고려하고 있는데 '2'로 표기하며 잉크 반점의 좌우 대칭에 기초하여 동일 속성의 대상을 지각했을 때 기호화한다. '2'로 기호화할 때 주의할 점은 반드시 카드의 중심을 기준으로 좌우에서 각각 한 대상씩만 지각해야 한다는 것이다. 가끔 발생하는 '2' 기호화 실수는 수검자가

카드 중심을 기준으로 좌우 중 한쪽 장면에서 두 가지를 봤을 때가 있는데 이 반응은 '2'로 기호화할 수 없다. 그리고 보고된 대상의 대칭되는 구성성분을 보는 묘사할 때도 '2'로 기호화하지 않는다. 예를 들어, 한 '사람'을 보고 난 후 CP에서 "**팔 두 개. 여기 여기고요, 눈 두 개, 다리 여기에 이쪽 하나 이쪽 하나예요**"라고 했다면 이는 한 대상에 포함된 세부 구조를 설명한 것에 그친 반응이다. 또 한 가지 대표

표 3-4 대상질과 쌍 반응 기호 항목과 기호화 조건

항목 및 기호		기호화 조건
Sy	대상질-통합 Synthesis	지각적 정교성을 가진 반응 두 개 이상의 대상이 상태적으로 관련을 맺고 있는 것으로 보고 : "나무 위에 앉아 있는 새" 두 개 이상의 대상이 주제적으로 관련을 맺고 있는 것으로 보고 : "두 사람이 서로 손을 잡고 춤을 추고 있어요" 개별 대상이 포함된 특정 '무리'로 지각할 경우 Sy로 기호화하지 않음 복식 반응에서는 대상과 복식 각각의 형태적 속성이 구별되어야 함 여러 가지 해부학적 구조를 보고한 반응은 Sy로 기호화하지 않음
Vg	대상질-모호 Vagueness	지각한 모든 대상에 지각적 선명도를 갖추지 못한 반응 다음의 조건에 해당하지 않는 반응 : 특정될 수 있는 자연의 고유한 생명체 예: 인간, 동물, 물건, 벌레, 나비 등등 : 특정 개념으로 영속성을 부여받은 대상 예: 백두산 천지, 빗물 방울, 촛대바위, 주상절리 등등 : 구체적인 형태 묘사 예: 젓가락처럼 두 줄인 구름, 팔자 콧수염 같은 연기 등등
2	쌍 반응 Pair	잉크 반점의 좌우 대칭에 기초하여 동일 속성의 대상을 지각 한 대상의 좌우 구성 요소는 기호화하지 않음 '풍경/상황'의 세부적 속성을 묘사할 때는 기호화하지 않음

적인 예는 RP에서 "**산속에서 동물들이 파티를 하고 있어요**"라고 하고 CP에서 "**이쪽 이쪽이 새 두 마리 있고, 여기랑 여기는 사슴이고, 여기 여기는 사슴벌레 두 마리예요**"라는 반응에는 카드를 중심으로 좌우 각각 한 대상씩 쌍을 이루는 동물로 묘사하고 있는데 전체 파티 상황이 전경이 되며 각각의 대상은 전체를 구성하는 단일 요소로 보기 때문에 '2'로 기호화하지 않는다.

5) 형태질

형태질은 보고된 대상이 형태적 속성을 가지고 있다면 해당 대상의 형태와 현실에 실재하는 대상의 형태가 '**얼마나 잘 부합하는지**' 그리고 수검자가 사용한 반점영역에서 지각한 대상이 '**얼마나 빈번히 지각되는지**'에 대한 기호이다. 형태질은 형태 속성을 부여한 모든 반응에 기호화하게 되는데 한 반응 내에 지각한 대상이 두 개 이상일 때는 모든 대상 각각의 형태질을 고려하여 최종 한 가지 형태질로 결정하게 된다. 형태질을 구분하는 '**적합도**'과 '**빈도**'는 FQ에 해당하는 세 가지 기호로 구별하게 된다. 형태질 기호는 'o', 'u', '–' 세 가지가 있으며 형태 속성을 부여하지 않은 반응에는 'n(none)'으로 표시할 수 있다. 이상 네 가지 형태질은 연속적인 '왜곡된 지각 수준'을 갖는데, 가장 적합하고 평범한 수준의 'o'에서 상당히 왜곡된 수준인 '–' 그리고 중간 수준인 'u'로 구분한다. FQo는 수검자가 해당 잉크 반점영역에서 보고한 대상이 현실의 실제 대상의 형태적 윤곽과 상당히 적합하면서 동시에 수

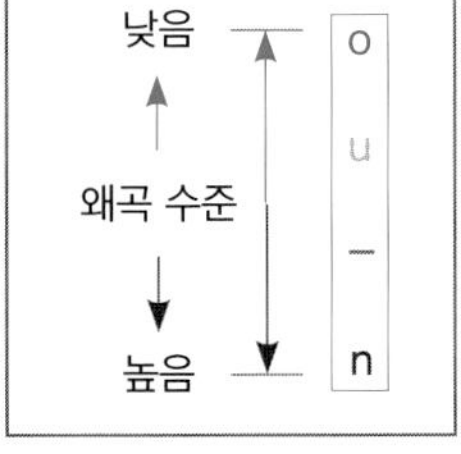

[그림 3-2] FQ 수준의 적합도와 빈도

검자가 사용한 잉크 반점으로 지각된 대상이 충분히 그것으로 볼 만한, 대부분 평범하게 지각할 만한, 대상을 지각했다는 것을 의미한다. FQu는 보고된 대상이 가진 형태적 속성 중 특정 부분 요소에 부합하긴 하지만 평이하고 일상적으로 빈번히 그것을 지각할 수 있는 정도는 아닌 수준이다. FQ-는 형태적으로 완전히 왜곡된 지각이고 보고된 대상 또한 사용한 잉크 반점영역으로는 웬만해서 보기 어려운 대상을 보고했을 때 기호화할 수 있다. 그리고 FQn은 형태적 속성을 참조하지 않은 반응에 대한 기호이기에 C, C', Y, T, V 다섯 가지 결정인에 해당하는 반응과 함께 기호화된다. 이러한 반응은 온전히 인상적이고 직감에 따라 잉크 반점을 인식하고 있음을 의미하는 것이다. 그래서 수검자의 반응은 형태적 적합성을 고려할 만한 근거가 없고 평범하기보다 상당히 개인적이고 현실적이지 않은 내용을 보고하는 경향이 있다.

형태질의 구분은 검사자의 재량에 따르지 않고 다분히 '**통계적 정규성**'에 따라 구분된다. 전체 카드에 대한 FQ 항목은 온라인 프로그램 내에서 쉽게 확인 가능하며, R-PAS 기호화에 숙련자일지라도 완벽히 암기하지 않는 이상 모든 반응에 대해 꼼꼼히 FQ 항목을 확인하기를 권고한다. 수검자가 보고한 대상은 대부분 FQ 항목에 포함되어 있긴 하지만, 수많은 수검자의 모든 반응을 다 담아낼 수는 없다. 이렇게 FQ 항목에 없는 대상을 보고했을 때는 예외 조건에 해당하지 않는 이상 기본적으로 '−'으로 기호화하게 된다. 우선, 보고된 대상이 문화적으로 좀 더 친숙하고 흔한 대상이 있을 수 있는데 이 경우 같은 '대상 이름'이 아니어도 형태적 유사성이 강하게 일치한다면 해당 형태질로 기호화할 수 있다. 같은 대상이지만 문화적으로 다른 이름으로 불리는 경우뿐만 아니라 다른 실제 대상이지만 형태적 속성이 아주 유사하다고 인정되는 대상을 지각한 것일 때도 해당 형태질 항목에 비추어 기호화를 할 수 있다. 이러한 방식을 **'확장추정법'**[1]이라 하는데, 예를 들어, 수검자가 과일 '배'를 보고했을 때 FQ 항목에는 배에 해당하는 항목은 없지만 '사과'가 있다면 '사과'에 해당하는 FQ로 기호화하는 것은 합리적이다. 단, 반드시 형태적 속성이 유사하다고 인정될 수 있어야만 하고 확장추정법으로 FQ를 결정할 때는 보수적인 기준을 적용해야 한다. 만약 수검자가 보고한 대상이 어떤 FQ 항목의 대상과도 연결 짓기 어려울 때 좀 더 신중하고 복잡한 의사결정 단계를 거쳐야 한다. 이때 고려할 수 있는 결정기준은 CS에서 **'쉽고 빠른 지각'**의 가능 여부에 따르는 것이다. 다소 주관적인 과정이라 생각될 수 있겠으나 수검자가 보고한 대상을 그렇게 보려고 하는 '진심 어린(?) 검사자의 의도'를 최대한 배제한 후 잉크 반점의 해당 형태에 주의를 기울이는 순간 수검자가 보고한 대상이 즉각, 즉 '쉽고 빠르게' 떠오르는 대상이라면 FQu로 기호화할 수 있다. 간혹, 검사자 중 자신이 가진 지각 수준이 다소 왜곡되어 있을 수 있는데, 이들은 '쉽고 빠르게'의 기준으로 수검자의 반응에 대한 FQ 수준을 구분해야 할 때 FQ- 반응을 FQu로 잘못 기호화할 수 있음을 경계해야 한다.

반면, R-PAS에서는 단일 대상을 보고했을 때 복잡한 FQ 결정에 참고할 수 있는 **'확장추정'**의 단계를 제시하고 있다. 이 절차는 세 단계를 설정하고 있는데 선행하는 단계에서 기호가 결정되면 이후 단계에서 추가 검토는 하지 않는다. 실제 기호화 결정 단계에 들어가

---

1) 확장추정법. Extrapolation은 '보외법'으로 번역되기도 했으나 직관적 이해의 어려움이 있기에 기술적 용어로 바꾸어 기술했다.

기에 앞서 '**예비 단계**'가 있는데, 수검자가 사용한 잉크 반점에 해당하는 반응내용이 FQ 항목표에 있는지를 검토하는 것이다. 만약 수검자의 반응내용에 대한 FQ 항목이 없다면 본격적으로 첫 번째 단계인 '**유사형태 검토하기**' 단계에서 작업이 필요하다. 이는 단순히 형태적 유사성에 따라 비교하여 형태질을 결정하게 되는데 이 단계에서 유사한 형태를 가진 대상이 있다면 FQo로 최종 결정할 수 있다.

손쉽게 FQo로 결정하기 어려울 시 두 번째 단계인 '**유사영역 검토하기**'에서 결정 단계를 거치게 된다. 수검자의 반응 중 다양한 이유로 FQ가 부여된 정확한 영역을 사용하지 않은 반응을 하는 경우가 있다. 예를 들어, 좀 더 정교하고 정확한 지각을 위해 잉크 반점의 끄트머리나 돌출된 부분을 '빼고' 묘사하는 경우다(예: VI번) 카드에서 "**요기 튀어나온 건 빼고(Dd99 영역, 해당 부분을 손으로 가리는 행동을 보임) '홍어'예요. 딱 홍어 같잖아요. 가오리든 홍어든 그런 종류 물고기예요**" 이때는 거의 전체 영역을 사용한 것이라 봐도 되지만 최종 영역은 Dd로 결정해야 하며, 이에 해당하는 FQ는 W 항목에서 형태 속성이 가장 유사한 대상을 찾아야 한다.

두 단계를 거친 후에도 명확한 의사결정이 어렵다면, 마지막 세 번째 단계인 반응 대상에 포함된 '**하위 구성 요소 검토하기**'를 진행한다. 수검자가 보고한 대상이 FQ 항목에 없을 때 보고 대상의 특정 부분에 해당하는 영역에서 유사한 FQ 항목을 찾는 것이다. 예를 들어, VII번 카드에서 RP: "**포크레인…… 그 있잖아요…… 그. 뭐라 하지…… 그 땅 파는 부분…… 그…… 흙 뜨는 삽처럼 보여요. 이렇게 파는 거지요(팔을 구부려 흉내를 냄)**" CP: "**이쪽이 접히는 부분이고 연결되어 있는 포크레인 팔이요. 이렇게 관절 접히는 부분 네네**"라고 보고했다면, 우선 수검자가 포크레인을 보는 데에 사용한 영역에서 포

표 3-5 FQ 기호 결정을 위한 '확장추정 절차'

확장추정 절차	검토 조건
예비 단계	수검자의 반응에 해당하는 고유영역 번호의 FQ 항목을 검토하기 → 해당 FQ 항목이 없을 때 1단계로 진행
1단계 유사형태 검토하기	수검자의 반응에 해당하는 고유영역 번호가 있음 수검자가 보고한 반응 대상과 유사한 FQ 항목을 검토하기 형태적 속성이 유사한 FQ로 기호화 → 반응 대상에 해당하는 고유영역 번호가 없을 때 2단계로 진행
2단계 유사영역 검토하기	고유영역 번호에 불일치해도 반응 대상과 일치하는 부분영역이 있음 반응 대상의 특정 부분과 일치하는 영역의 유사한 FQ 항목을 검토하기 → 1단계와 2단계 모두에 해당하지 않을 때 3단계로 진행
3단계 하위 구성 요소 검토하기	수검자가 보고한 반응 대상의 구성 요소 중 주요 특정 부분을 선별 주요 특정 부분과 유사한 FQ 항목을 검토하기 → 모든 단계에 해당하지 않을 때 FQ-로 기호화

크레인과 '유사한 형태적 속성'을 가진 FQ 항목은 없으면서 그리고 포크레인을 본 영역과 비교해 볼 만한 '유사한 영역'도 없을 때 '하위 구성 요소'를 따져 볼 수 있다는 것이다. 이상 예에서 수검자는 포크레인의 삽 부분이 더 중요한 부분으로 묘사하고 있기에 '삽 부분'에만 해당하는 고유영역을 찾은 후 포크레인의 삽 부분의 형태와 유사한 항목이 있는지를 비교해 볼 수 있다.

한편, 형태질을 기호화할 때 곤란한 경우는 한 반응 내에서 여러 대상을 함께 보고할 때인데 여러 대상이 보고되었다고 하더라도 최종 형태질은 최종 한 가지로 결정해야 한다. 이러한 기호화 결정에서 가장 먼저 고려해야 할 것은 개별 대상에 상응하는 각 잉크 반점 영역의 형태질을 모두 살펴보는 것이다. 개별 대상들이 모두 같은 형태질을 가졌다면 비교적 손쉽게 결정할 수 있다. 하지만 개별 대상의 형태질이 서로 다를 경우 다소 복잡해지는데 우선 반응에서 가장 중요한 대상이 무엇인지를 찾아본 후 그 주요 대상 외의 대상의 존재감이 지엽적이고 부수적이라 여겨도 무방하다면 주요 대상에 해당하는 형태질로 최종결정할 수 있을 것이다. 주요 대상인지를 검토할 때 참고할 수 있는 조건은 RP에서 먼저 보고된 대상일 수도 있고, 해당 반응에서 주제적으로 중요한 대상일 수도 있고, 종종 해당 대상이 점하고 있는 잉크 반점의 크기가 클 수도 있을 것이다. 이에 반해 부수적인 대상은 주제를 묘사할 때 특정 대상을 꾸며 주는 속성을 띠게 된다.

꾸밈의 양상은 논리적 사고로 내용을 추가하고 영역을 확장한 꾸밈일 수도 있다. 이에 해당하는 예로 "**이건…… 산이에요. 여기가 산능선이고 이곳이 정상이겠네요. 그리고 아래는 산자락이고 여기가 마을이겠죠……**"라는 반응을 살펴보면, '산의 형태'가 주요 대상이 될 것이며 '마을'은 부수적 대상이 될 수 있다. 그렇기에 아무리 부수적 대상에 해당하는 형태질이 o일지라도 주요대상에 해당하는 형태질이 '−'라면 최종 형태질을 '−'로 기호화해야 한다. 여러 대상이 보고된 경우 형태질 결정에서 '**하향 기호화**'가 기본 원칙이며, 이다음으로 고려할 수 있는 결정 조건은 '**확연히(!) 드러나는 주요 대상**'의 보고가 기준이 되어야 할 것이다. 강조하지만 개별 대상이 서로 비등한 수준의 존재감이 있는 것으로 묘사하거나 중요성의 차이가 쉽게 드러나지 않을 때는 반드시 '하향 기호화' 원칙에 따라 결정해야 한다는 것을 유념해야만 한다.

끝으로 합리적인 FQ 결정을 위한 세 가지 기본 원칙은 다음과 같다. 첫째, 검사자 개인의 주관적 판단을 지양하고 지금까지 누적된 경험적 · 이론적 결과에 근거하여 구성한 R-PAS FQ 항목에 따라 기호를 결정해야 한다. 둘째, 형태질은 반응 대상의 지각 방향(회전 행동이 아닌 최종 지각한 방향)을 고려하여 결정해야 한다. 같은 I번 카드에서 전체 영역을 사용하여 나비를 봤을지라도 카드의 정방향에서 나비의 더듬이 부분이 정확하게 위쪽이고 꼬리 부분이 정확히 아랫부분일 경우 이에 상응하는 형태질을 결정할 수 있을 것이다. 만약 머리와 꼬리 부분이 반대인 나비를 봤다면 FQ 항목에서 해당 반응의 형태질을 선택할 수 없을 것이다. 셋째, 수검자 반응의 전체 구조를 우선시 검토해야 한다. 예를 들어, III번 카드에서 **RP: "체육대회예요!"** CP: "**체육대회 중인데 분위기가 느껴져요. 이건 열정을 표현한 것이고 경쟁하는 건데 서로 다른 편이에요. 청팀 백팀으로 나눠서 하는 거예요. 이것도 이것도 다 같이 하는 사람들요**"라고 묘사했다면 W 영역에 해당하는 형태질 항목을 우선시 검토해야 하고 W 항목에서 '체육대회'가 FQu라면 반응에 묘사한 사람 등의 여러 개별 대상을 굳이 찾아볼 필요가 없다는 것이다. 이와 마찬가지로 X번 카드에서 '축제'나 '불꽃놀이' 등이 종종 보고되는데 W에 해당하는 형태질 항목을 먼저 검토한 후 이에 상응하는 형태질이 있다면 개별 대상에 해당하는 형태질을 추가 검토하지 않고 바로 최종결정을 하면 되는 것이다.

6) 평범 반응

'평범 반응' P는 대부분 사람이 높은 빈도로 보고하는 내용을 말하는 것으로 전체 카드에서 총 13개의 항목이 있다. P는 10명 중 3명이 보고하는 정도를 기준으로 삼고 있고 보통 사람이나 동물 또는 이들의 유사 형상이 포함된다. 사실 평범 반응을 식별하는 기준이 좀 더 정교해져야 하는데, 현재 관련 연구가 이루어지는 중이다. 평범 반응에 포함된 일반적 인간 또는 동물 항목에서 특별히 드물게 보고되는 동물이 제외되거나 추가될 수도 있으며, 애초에 평범 반응의 기준 비율(33%)에 달하지 못하는 항목이 발견되고 있다. 앞으로 국제 규준에 따른 좀 더 정교해진 P 항목이 구성될 것으로 보인다.

평범 반응은 여러 대상을 보고한 반응에서 하나의 대상이 평범 반응에 해당하기만 한다면 P로 기호화할 수 있다. 일단 평범 반응에 해당하는 대상을 지각하고 나서 별도로 다른 잉크 반점영역들을 추가하는 것은 P 기호화에 영향을 주지 않는다. 단, 평범 반응에 해당하는 대상의 일부분이 확장되고 변형된 것이라면 P로 기호화할 수 없다. 그리고 P 기호화에서 주의해야 할 점은 검사자가 수검자에게 평범 반응을 명확하게 설명해 주기를 요구해서는 안 된다는 것이다. 만약 수검자가 자발적으로 P에 해당하는 잉크 반점을 미세하게 재단하여 묘사한다면 별도의 개입 없이 P로 기호화하지 않는다. P 기호화에 해당하도록 반응하면서 부가적인 속성을 추가할 때는 P로 기호화할 수 있다. 왜냐하면 평범 반응은 잉크 반점의 형태에 적합한 대상을 평범하게 지각할 수 있는가가 핵심 사항이기 때문이다.

P로 기호화하기 위해서는 우선, 지각한 대상이 P 기호에 상응하는 '대상'과 반드시 일치해야 하며, 이와 함께 지각한 대상의 상하좌우 '방향'이 일치해야 한다. P 기호화에서 초심자들이 종종 실수하는 것이 바로 반응 방향을 고려하지 않고 해당 영역에서 P 항목에 일치하는 대상만 보고한다면 거침없이 P로 기호화하는 것이다. 이러한 조건만 숙지하고 있다면 P 기호화에는 별다른 어려움은 없을 것이다. 〈표 3-6〉에서 각 카드에 포함된 P 조건을 정리하였다.

표 3-6 평범 반응의 기호화 조건

카드	영역		기호화 조건
I	W		전체 영역을 사용하여 '나비' 또는 '박쥐'를 지각 '나방'은 제외 정방향을 기준으로 D1이나 Dd22 영역을 머리로 지각 구멍이 나 있는 날개를 포함해도 됨 박쥐의 손이나 발을 포함해도 됨
II	D1	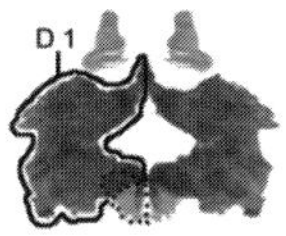	'곰, 개, 코끼리, 양' 등의 전체 동물로 지각 동물 '머리와 상체'를 지각하거나 동물 '전신'으로 지각
III	D9	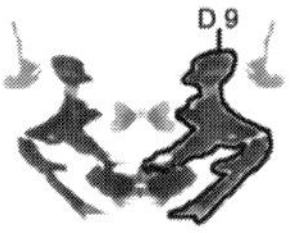	'인간의 형상'이나 '인간의 표상'을 가진 대상으로 지각 인형, 캐릭터, 캐리커처 등 포함됨 '유사-인간 형상'은 포함되지 않음(예: 괴물, 외계인 등) 동물 형상은 포함되지 않음 D9 영역 외의 부분이 인간상의 부분이 될 수 없음
IV	W/ D7	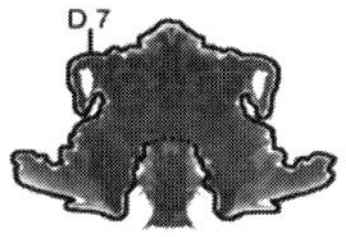	전체 인간 또는 유사-인간 형상으로 지각 동물 상은 포함되지 않음 거인, 괴물, 캐리커처, 빅풋 등 포함됨 D1영역은 별도로 추가될 수도 있음
V	W		'박쥐'나 '나비'를 지각 정방향을 기준으로 반드시 윗부분이 머리여야 함 '나방'은 제외
VI	W/ D1	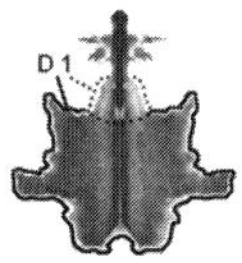	동물의 '피부나 가죽, 깔개, 껍데기'를 지각 동물로 본 경우라면 동물 가죽이나 피부가 명확이 기술 가죽 상태가 가공된 것이어도 포함됨 지각한 카드 방향은 정방향/역방향 모두 가능함
VII	D9	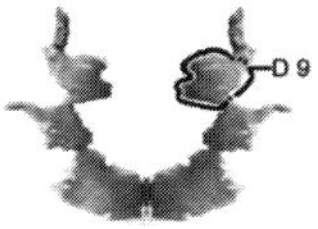	인간의 '머리'나 얼굴을 지각 성별, 인종, 연령 속성을 기술할 수도 있음

Ⅷ	D1	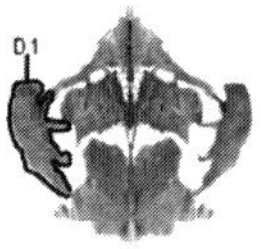	네 발 달린 척추 포유류에 해당하는 전체 동물을 지각 주로 개과, 고양이과 동물 다양한 동물이 포함될 수 있음 포유류일지라도 형태적으로 적합한 동물이어야 함 카드를 회전해도 정방향의 위쪽이 머리 방향이어야 함
Ⅸ	D3	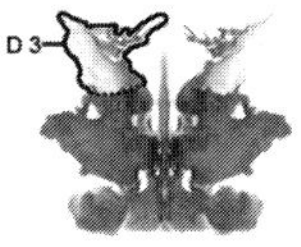	인간이나 유사-인간 형상을 지각, 주로 전신을 보고함 하체는 대충 설명하더라도 기호화할 수 있음 마녀, 외계인, 마법사, 괴물, 악마, 미생명체 등 포함 모자나 옷을 걸치고 있을 수도 있음 Dd34를 손가락이나 부가적 대상으로 지각할 수 있음
Ⅹ	D1	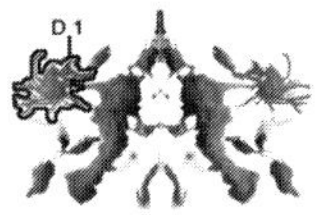	'게'나 '거미'를 지각 D12는 별도의 대상으로 지각, 예) 나뭇잎 등 지각한 카드 방향과 상관없이 기호화할 수 있음

7) 결정인

결정인은 수검자가 '어떻게 그 대상으로 지각하게 되었는가'에 대한 기호이다. 다시 말해, 수검자가 지각한 해당 '그것'을 보게 된 이유를 말하는 것이다. 결정인은 보통 CP에서 분명히 밝혀지는데 "**어떻게 ○○으로 볼 수 있었습니까?**", "**어떤 점이 그렇게 보였습니까?**" 등의 질문으로 명료화해 나갈 수 있다. 검사자가 정확한 결정인 기호 결정을 위해 이상의 질문보다 더 직접적이고 구체적인 질문은 절대 하지 않아야 한다. 예를 들어, 수검자가 언급하지 않았는데도 "**동물이 걷고 있나요?**", "**빨간색 때문에 그렇게 보신 건가요?**", "**이쪽이 더 어두워서 그렇게 보신 건가요?**" 등의 질문을 해서는 안 된다.

R-PAS에서 결정인 기호화 항목은 여섯 가지가 있으며 움직임, 유채색, 음영, 차원성, 반사 그리고 기본적인 형태 등을 포함한다.

CS에서 결정인 항목에 포함되었던 (2)는 R-PAS에서 대상질 기호화 항목에 포함되어 있다. 이상 여섯 가지 결정인 항목에 몇몇 기호가 포함되는데 나열한 순서대로 살펴볼 것이다.

움직임 2차원의 잉크 반점에서 '움직임'을 지각하기 위해서는 수검자의 의식적 · 비의식적 노력이 많이 요구된다. 잉크 반점에 존재하는 다른 결정인들과는 달리 '움직임'은 2차원 그림에서 오롯이 수검자의 노력으로 동적 속성을 만들어 넣은 것이다. 동적 속성에는 실제 반응 대상의 행동, 힘 쓰이는 노력 또는 긴장, 신체적 활동이나 실제 감각 및 경험을 포함하고 있다. 움직임에 대한 기호는 세 가지가 있으며 인간 대상이 할 수 있을 것이라 여기는 모든 움직임은 'M'으로, 인간적 은유나 비유가 아닌 해당 동물 종의 고유한 움직임에 대해서는 'FM'으로, 유기체가 아닌 모든 존재의 움직임은 'm'으로 기호화하게 된다. 그리고 움직임이 보고되었다면 반드시 움직임에 대한 에너지 방향 및 양태를 구분해야 한다.

구체적으로 살펴보면, 'M'으로 기호화하기 위해서는 묘사한 대상이 '**인간이 그러할 것이라 충분히 양해 가능한 행동**'을 보여야 한다. 예를 들어, 지각된 대상이 '쉬고 있다', '서 있다', '꿈을 꾼다', '생각 한다', '날고 있다', '짐을 들고 있다', '말을 타고 있다' 등등 폭넓게 기호화할 수 있다. 움직임의 주체가 가상적 인간이라도 심지어 인간이 아니어도 충분히 M 기호화 조건에 해당할 수 있으며 인간이 아닌 '물건'이나 '야생동물'이라 할지라도 일반적으로 인간이 할 것이라 여기는 행동을 하고 있다면 M으로 기호화할 수 있다는 것이다. 그리고 감정과 감각 또는 내적 경험도 인간의 고유한 움직임에 포함된다. 예를 들어, 나비가 슬퍼하고 있다(감정)거나 동물들이 축제를 즐기고 있는 상황을 묘사한 반응(FAB와 함께 기호화)은 M으로 기호화할 수 있다. '슬픈 강아지', '사랑스러운 토끼' 등 동물 대상에 수검자가 감정을 느낀 경우 수검자의 관점에서 동물 대상에게 느끼는 수검자의 감정이기에 FM이 적합한 반면, '우울해하는 곰', '힘겨워하는 치타'는 동물이 인간의 감정을 경험하고 드러내고 있음을 묘사한 것이기에 M이 적합하다.

한편, 기호화 과정에서 한국어 표현의 특징이 어떠한 영향을 미치는지 잘 알고 있어야 한다. 한국어 표현에서 '사람이 [서 있다]'는 것은 단순히 '서 있는 상태'를 묘사하기도 하지만 어떤 경우에는 실제 '서 있는 동적 행동'을 묘사할 수도 있다. 이 경우 "**서 있는 상태를 본 건가요**? **서 있는 행동을 하는 건가요**?"라고 구체적인 질문은 결정인 결정에 직접적인 유도가 되어 버리기 때문에 질문해서는 안 된다. 이때는 수검자의 언어화 양상을 잘 살펴야 하고 힘을 주어 서 있는 동적 기술로 인정할 만한 묘사가 없다면 F로 '하향 기호화'를 하는 것이 적합할 것이다. 언어화하는 반응과정에서 몇몇 단서를 참고할 수 있는데, 현재형의 표현으로 '서 있는 중'이라는 것이 강조되거나 무엇인가를 '기다리며' 서 있다거나 '딱', '떡하니', '거만하게', '멋있게' 등의 수식어를 사용한다면 M으로 기호화하는 것이 적합할 수 있다. 반응과정에 기반한 해석의 원칙에 따르면 M은 자발적이고 주체적으로 주위 환경에 자신의 관념 불어넣는 관념적 활동을 시사하는 것이다. 그렇기에 특정 상황에 충분한 관념적 에너지가 투여했다고 보기 어려운 수준의 묘사, 즉 M으로 기호화를 확신할 수 없는 묘사는 과감하게 F로 기호화해야 한다.

'FM'은 수검자가 보고한 동물 종이 충분히 할 것이라 여겨지는 보편적 행동에 대해 기호화한다. 예를 들어, '새가 난다', '동물이 걸어

가고 있다', '곰이 싸우고 있다' 등의 반응에 FM으로 기호화할 수 있다. 단, 동물이 싸우는 행동을 보고할 경우 해당 동물이 전형적으로 싸우는 방식의 싸움 행동으로 묘사되어야 하며, 인간이 싸우는 방식으로 주먹다짐하는 것으로 묘사했다면 M으로 기호화해야 한다.

지구에 실존하는 동물이 아니어도 동물과 흡사한 형상(유사 동물상)을 가진 존재가 고유한 움직임을 보일 경우에도 FM으로 기호화할 수 있다. 예를 들어, '비둘기가 인도에 떨어진 빵 부스러기를 쪼고 있다'는 비둘기 종이 충분히 그러할 수 있다고 여겨지는 행동이기에 FM으로 기호화할 수 있다. 이뿐만 아니라 '비둘기가 지나가는 사람을 보고 짖고 있다'는 비둘기가 보편적으로 그러한 행동을 할 일은 없고 불가능할 것이다. 하지만 '짖는다'는 행동은 인간 행동을 기술하는 표현이기보다 특히, 동물 '개'의 행동을 묘사하는 행동이기에 비둘기가 '짖는다'고 했을지라도 동물의 행동을 부여한 것으로 인정하여 FM으로 기호화한다. 이 경우 동물이 '구걸하기 위해서', '시비를 걸려고' 등의 인간이 가질 만한 의도를 가진 것으로 표현하게 되면 M으로 기호화하는 것이 적합하다.

한편, 외부 대상으로부터 훈련을 받아 학습된 동물의 행동 중에서도 보편적인 현실 상황에서 예상 가능한 행동이라면 FM으로 기호화할 수 있다. 대표적인 예로, "**서커스에서 두 발로 점프하는 코끼리**"는 FM으로 기호화한다. 하지만 "**오늘 하루 잘 살았다고 코로 파이팅하는 거예요. 하이파이브를 하는 코끼리 두 마리**" 등 동물이 자연상태에서 예상하기 어려운 방식의 부자연스러운 행동을 한 경우라면 M으로 기호화한다. 이상 반응은 인간의 경험이라 여길 수 있는 '의도'가 포함되었기에 M 기호가 더 확실하다.

표 3-7 움직임 반응 기호 항목과 기호화 조건

항목 및 기호	기호화 조건
움직임	현재 보고되는 시점에서 움직임을 묘사 과거 움직임에 의해 결정된 상태는 움직임 기호화 안 됨 의도적이고 주체적인 의지가 포함된 움직임에 기호화 움직임이 나타나기 직전의 긴장을 묘사 ※ 주의: '서 있다', '마주 보고 있다' 등은 한국어 표현의 특징을 고려하여 움직임 부여 여부를 검토해야 함
M 인간 움직임 Human Movement	살아 있는 인간 대상의 움직임을 묘사 인간 외 대상(동물, 무생물 모든 대상)이 인간 고유의 움직임을 묘사 감각 경험이나 내적 경험(의지, 동기, 생각, 감정 등)을 묘사 ※ 주의: '하회탈이에요. 웃고 있는 하회탈이에요' M으로 기호화할 수 있음
FM 동물 움직임 Animal Movement	살아 있는 동물 대상의 움직임을 묘사 동물의 종에서 보편적인 움직임을 묘사 한국어 표현의 추가 검토 : '날개를 펴고 있는 나비'는 '단순 묘사'와 '움직임 노력'을 구분해야 함
m 무생물 움직임 Inanimate Movement	비일상적 긴장 상태를 묘사 자동적 움직임 과정을 묘사 자연환경의 자연스러운 상태 변화
움직임 양태 활동성 대 수동성	M, FM, m에 붙여 기호화 움직임 묘사에 불어 넣은 힘이나 노력의 연속선에서 위치로 구분 정교화 작업의 정도에 따라 구분 명료화 과정에서 언어화하는 양상에 따라 구분, 한국어 사용의 어감 고려

a	Active	움직임에 구체성과 정교성을 담은 묘사, 보통 수식어로 꾸미는 경향 '영향력 있는 힘'이나 '활력'을 담은 움직임 '떨어지는' 묘사에 의도를 부여하거나 정교한 상황 설명을 할 때 자연환경의 과격한 변화; 태풍, 번개 등 보고 대상의 자발적 형태 움직임['날개를 펴고 있다(몸짓과 함께)'] '빠른' 속성을 부여한 움직임
p	Passive	움직임의 고정된 단순한 상태; 구부리고 있다, 날개가 펴져 있다 단순한 표정(정교화 묘사가 있다면 a로 기호화) 대부분의 '떨어지는 묘사' 자연환경의 자연스러운 움직임; 중력에 의한 떨어짐, 구름, 불, 빛 등 : 인위적이거나 강한 에너지를 부여한 자연환경의 변화는 a로 기호화 움직임이 있는 대상을 묘사한 그림, 조각 등 '느린' 속성을 부여한 움직임
a-p	Active-Passive	두 대상 이상이 보고된 반응에서 서로 다른 움직임 양태를 가질 때 한 대상에게 두 개의 속성을 모두 부여한 경우 a로 기호화

a와 p의 구분 예) 일반적이고 자연스러운 움직임인 'p'에서 주도적이고 인위적이며 의도적인 활력과 에너지를 부여한 경우 'a'로 기호화함

p		a
날리는 것		빠른 속도, 강하게 던져짐
폭포, 물 떨어짐	+	과격한 떨어짐 묘사, 물보라를 만듦, '콸콸콸', '철철철' 등 강한 의성어
액체가 흐름(침, 피)		쭉 터져 나옴, 뿜어져 나옴, 피가 튐, '좌-악' 나옴
펼쳐 놓음(가죽 등)		빳빳하게 다려져 있음, '짝짝' 펴 놓음

m은 가지각색의 무생물 대상의 움직임에 대해 기호화할 수 있다. 여기에는 기계의 움직임, 흐르는 구름이나 떨어지는 나뭇잎, 화산의 폭발 등의 대기나 중력으로 인한 자연적 움직임을 포함한다. 또한, 인간이나 동물이 생명력을 잃은 상태, 즉 시체 상태에서 팔이 꺾여 있거나 머리가 접혀 있는 등의 안정적이지 않은 긴장을 유발하는 상태도 m으로 기호화할 수 있다. 대표적 예로, '절벽에 걸려 있는 바위', '부러져 처져 있는 나뭇가지' 등은 안정적이지 않은 상태를 묘사하는 것이기에 m으로 기호화한다. 수염이나 머리카락, 피부 등 인간이나 동물의 신체에 포함되는 부위가 자율성 없이 자동으로 '소름 돋고', '털이 서는 것', '바람에 날리는 것'을 묘사했을 때도 m으로 기호화할 수 있다. 하지만 보고된 인간이나 동물 대상이 스스로 놀랐거나 흥분했거나 즐거워한 결과로 동공이 커지거나 소름이 돋거나 털이 선다면 내적 동기로 인한 결과이기 때문에 M이나 FM으로 기호화하는 것이 적합하다. 드문 예로, '콰과광 천둥소리가 나는 중이에요', '펑펑 폭죽 소리가 나는 상황이에요' 등의 반응도 m으로 기호화할 수 있으며 이러한 소리를 내거나 듣고 있는 주체가 보고되면 M으로 기호화하는 것이 적합하다.

유채색 '유채색 결정인'에 대한 기호화는 다른 결정인보다 비교적 기호화 조건이 분명하다. 10개의 로르샤흐 카드 중 II과 III번 그리고 VIII번, IX번, X번 다섯 개 카드에만 유채색의 잉크 반점영역이 포함되어 있다. 해당 카드에서 무엇인가를 본 이유가 잉크 반점이 가진 유채색 속성으로 인한 것이라면 유채색 결정인으로 기호화할 수 있다. CS에서는 단순한 '유채색'의 색깔 이름을 보고할 경우 CN(유채색 명명)으로 기호화했지만, R-PAS에서는 CN를 제외하고

C, CF, FC 세 가지 기호로 구분한다. 우선, 무엇인가를 보게 된 이유가 유채색 속성이 맞냐 아니냐를 구분하는 데에는 기본적으로 '색깔에 대한 언어화' 여부가 핵심이다. 색깔에 대한 언급이 있었다면 이상의 세 가지 조건을 검토하여 구분하게 된다. 유채색 사용 여부를 결정할 때 유채색으로 되어 있는 영역을 단순히 가리키며 색깔을 보고했다면 유채색 결정인으로 기호화하지 않는다. 예를 들어, Ⅲ번 카드의 빨간 영역을 가리키며 "**여기. 빨간색이 나비넥타이에요**"라는 반응은 빨간색이 나비넥타이를 보게 한 이유가 아니며 단순히 검사자에게 빨간색 부분(단순 영역 가리키기)에서 나비넥타이를 보았음을 알려 주는 것에 불과할 수 있다. 이때는 어떠한 유채색 결정인도 기호화할 수 없다.

각 유채색 결정인 기호들은 해당 반응을 만들어 내는 데에 형태 또는 유채색의 기여 정도에 따라 구분한다. 최종 반응에 형태 속성이 주된 영향을 미쳤다면 FC로 기호화하고 유채색이 더 많은 영향을 미쳤다면 CF로 기호화한다. 그리고 형태 속성이 반응 생성에 아무런 기여가 없었다면 C로 기호화할 수 있다. 즉, CF와 FC는 형태 속성과 유채색 속성을 모두 보고해야만 하며 C는 형태 속성을 전혀 고려하지 않은 경우에만 기호화한다. 이러한 반응 생성의 기여도는 언어화 양상에 따라 달라지기에 수검자가 어느 속성에 더 초점을 두고 강조하고 있는지에 주의를 두어야 할 것이다.

FC는 특별히 잉크 반점의 윤곽이나 모양을 강조하는 묘사가 있어야 하며 유채색은 해당 반응을 구성하는 데에 부가적인 속성으로 활용된다. 이때 수검자는 형태 속성을 자발적으로 먼저 언급하거나 지각 대상의 형태 속성을 강조하여 묘사할 것이다. 반면, CF는 보고된 대상의 색깔을 눈에 띄게 강조하여 묘사하거나 대상의 형태적 속성을 '대충' 묘사하는 것에 그칠 때 기호화할 수 있다. 그리고 두 대상 이상이 보고될 경우 주요한 지각 대상이 유채색 속성을 강조하는 지각 대상일 것이며 형태 속성이 있는 대상은 부수적이거나 지엽적인 대상으로 보고되어야 한다. C는 지각 대상에 형태 속성을 전혀 참조하지 않고 오직 유채색 속성만 묘사할 때 기호화한다. 만약 두 대상이 이상이 보고되면서 하나의 대상은 C로 기호화할 수 있는 묘사에 그치고 또 다른 대상 중 하나는 다른 결정인 속성을 참조하였다면 C와 함께 또 다른 대상에 해당하는 결정인을 함께 기호화한다.

세 가지 유채색 결정인의 구분은 RP와 CP 전체 프로토콜을 참조해야 하며 해당 반응마다 보고된 '**형태와 유채색의 상대적 기여도**'에 따라야 한다. 상대적 기여도를 추론할 수 있는 단서는 형태나 색상 속성을 부여하는 데에 '얼마나 많은 단어를 사용'하고, 유채색 속성을 참조하여 '적극적으로 묘사하려는 태도'를 보이고, 수검자의 명료화 질문이 있기 전 '자발적으로 묘사'하고, '감정을 담아 표현'하였는가 등이 포함된다.

유채색 속성을 반응에 녹여 내기 위해 다양한 단어를 사용하여 묘사하거나, 반응에 사용한 유채색 영역이 가진 형태 속성에 부합하는 지각 대상이 현실에서 그 대상이 보편적으로 가진 색채의 속성과 일치한다면 유채색 속성이 반응에 영향을 미친 것이라 추론해 볼 수 있다. 즉, 수검자가 지각한 대상과 상응하는 '현실에 실재하는 대상의 색상'이 잉크 반점이 지닌 색상과 일치한다면 유채색 속성이 수검자의 반응에 충분히 영향을 미친 것이라 인정할 수 있다. 이러한 기호화를 '**유채색 수렴원칙**'에 따른 기호화라고 한다. 한편, 보고된 대상이 쉽게 떠올릴 만한 특정한 대표적 색채를 가지지 않는 대상이면서 유채색 속성을 부가한 반응은 임의로 유채색 속성을 추가한 것으로

표 3-8 카드별 유채색 수렴 반응의 대표적 예

카드번호	반응 예
II	피, 불꽃, 딸기
III	빨간색이 대표색인 광범위한 대상: 피, 횃불, 촛불, 전등, 태양
VIII	숲, (잎이 무성한) 나무, 용암, 나뭇잎
IX	당근, 노을, 익힌 새우, 용암, 태양
X	불꽃놀이, 병아리, 애벌레, 자벌레, 계란, 나뭇잎, 개불

보기 때문에 FC로 기호화하는 경향이 있다. 유채색 수렴 반응은 반드시 현실에 존재하는 해당 지각 대상의 전형적 색상을 쉽고 빠르게 해당 영역의 잉크 반점의 색상으로 떠올릴 수 있어야만 한다.

그리고 유채색 결정인을 탐지하는 데에 고려해 볼 만한 언어화 단서가 있다면 수검자가 사용한 단어를 '반복'하는 것으로 명료화를 시작해 볼 수 있다. 예를 들어, 수검자가 X번 카드에서 "**기분이 설레어하는 나비네요**"라고 반응한 경우 CP에서 '**어떤 점 때문에 설레어하는 것처럼 볼 수 있었던 거지요?**' 등의 반복 질문으로 자발적인 명료화 정도를 확인할 수 있을 것이다. 이후 "**여기가 나비인데 날개가 이렇게 있고 그래요**"라는 묘사만 하고 그쳤다면 검사자는 다시 수검자에게 "**설레어한다고요?**"라는 핵심 단어(표현)에 대한 질문을 더 해 볼 수 있다. 이후 수검자의 진술에 따라 유채색 속성이 해당 반응에 관여하였는지를 검토하면 된다. 만약 "**네. 곧 날라가기 전인데 날아가는 게 설레는 거죠**"라고 했다면 '설레는' 반응을 만드는 데에 유채색 속성이 영향을 줬다고 볼 수 없다. 하지만 "**네. 원래 설렐 때 그런 것처럼 설레서 발갛게 달아오른 거예요~**"라고 묘사했다면 FC로 기호화할 수 있을 것이다. 한편, "**설렌다는 건 기분이 좋다는 건데…… 이**

표 3-9 유채색 결정인 기호 항목과 기호화 조건

항목 및 기호		기호화 조건
유채색		Ⅱ과 Ⅲ번, Ⅷ번, Ⅸ번, Ⅹ번 카드에서 기호화 지각한 대상을 보게 된 이유가 유채색 속성이어야 함 반응영역을 알리고자 '색깔 이름'을 언급한 것은 기호화하지 않음 '유채색 수렴' 원칙 적용 단일 대상에 대한 애매한 기호 결정 상황에서는 '하향 기호화'에 따름 여러 대상이 서로 다른 유채색 기호를 가질 때 '상향 기호화'에 따름
C	유채색 Color	온전히 유채색 속성만 참조한 반응
CF	유채색 우세-형태 Color dominance-F	유채색 속성이 대상을 보게 된 주된 요인이면서 형태 속성을 첨가한 반응
FC	형태 우세-유채색 Form dominance-C	형태 속성이 대상을 보게 된 주된 요인이면서 유채색 속성을 첨가한 반응

나비는 짝을 찾으러 가는지 아주 빨갛게 달아올라서 엄청 설레고 있는 거예요! 나도 그랬으면 좋겠다……"라고 했다면 유채색 속성이 강조되고 주제를 만드는 과정에서도 유채색 속성이 중요한 역할을 하고 있기에 CF로 기호화할 수 있을 것이다.

무채색 무채색 결정인은 잉크 반점이 가진 무채색 속성 중 '흰색, 회색, 검정' 등 세 가지 색을 명확하게 언급할 때 C'으로 기호화한다. 이러한 무채색 속성을 표현하는 것은 음영 속성을 표현하기보다 상대적으로 쉽다. 무채색은 분명히 분류 가능한 극단의 채도를 말하는 것에 반해서 음영은 상대적 색채나 밝기의 차이로 인한 불명확한 속성이다. 그래서 무채색 속성에 의한 지각을 기호화하는 것은 상대적으로 쉽고 유채색 결정인 기호화 규칙을 그대로 적용해서 기호화하면 된다. 검사자에게 위치를 알려 주기 위한 목적으로 "**여기 이 검정색(검정색 부분)이 나비로 보여요**"는 검정색으로 인해 나비를 본 것이 아니라 검정색 잉크 반점영역에서 나비를 보았음을 알려 주는 표현에 불과한 것이다. 수검자가 무채색을 보고할 때는 반드시 보고된 대상(상응하는 현실의 대상)과 일치하는 무채색을 묘사하거나 수검자가 의도적으로 특정 대상에 무채색 속성을 직접 부여할 때 기호화할 수 있다는 것이다.

무채색 결정인 기호화 결정에서도 '**무채색 수렴 기호화**' 원칙에 따라 기호화할 수 있는데, 예를 들어 IV번 카드에서 "**검정색 석유가 흘러내리는 것 같아요**"라는 반응은 석유가 가진 대표적 속성이 검정이기 때문에 부가적으로 설명이 없었다 하더라도 C'으로 기호화할 수 있다. C' 기호화에서 공간을 활용한 반응과 헛갈리는 경우가 있는데 C'으로 기호화하기 위해서는 반드시 무채색 속성이 반응을 본 '이유'로 밝혀져야만 한다는 것에 주의해야 한다. 만약, 흰 공간을 활용하면서 흰색 속성이 특정 대상이 가진 주요 속성일 경우 SR/SI와 C'이 함께 기호화할 수 있다. 예를 들어, II번 카드 중심의 흰 공간영역을 "**아주 새하얀 웨딩드레스에요. 이런 옷이 원래 화려하잖아요**"라고 반응했다면, SR과 C'을 함께 기호화할 수 있다. 또 다른 예로, "**이건 하얀색 전투기에요. 하늘이 하야니까 잘 안 보이게 하려고 하얀색으로 페인트칠하거든요**"라는 반응도 C'과 SR이 함께 기호화할 수 있다.

음영 결정인 음영 결정인에는 음영-확산 Y, 음영-재질 T, 음영-차원 V 세 가지 기호가 포함된다. 모든 카드에는 음영 속성을 포함하고 있는데 이러한 음영을 참조하기 위해서는 잉크 반점의 불명확한 속성에 주의를 기울일 수 있어야 한다. 그렇기에 주도적이고 의도적으로 이러한 음영 속성을 사용하려고 한 수검자는 상대적으로 긴 반응 시간을 보이고 진지하고 탐색적인 모습을 보이는 경향이 있으며, 음영 속성에 원치 않게 휩쓸리고 자극 경험을 억제하지 못하여 이끌려 버린 수검자는 답답한 표정과 '**불확실한 상황에서의 불편감**'을 비치는 경향이 있다. 사실, 많은 이들이 음영 속성에 영향받았다고 하더라도 자신이 경험한 음영 속성을 설명하기 어려워한다. 마찬가지로 현실에서도 불확실하고 미묘한 주관적 경험을 분명하게 인식하는 것과 이를 주위 사람에게 오해 없이 전달하기란 쉽지 않은 일이다. 그래서 '선(line)'이나 '점 또는 얼룩'을 언급하기도 하며 "**그냥 그렇게 보여요**", "**그렇게 느껴져요**" 등으로 친절하고 상세한 표현을 포기해 버리기도 한다.

일단 음영 속성에 영향을 받았음을 언어화했다면, 세 가지 음영 결정인을 구별하는 방식은 그리 복잡하지 않은데 먼저 T와 V의 기호화 조건 중 어느 조건에 부합하는지를 검토한 후 결정을 하고 두 조건 어디에도 해당하지 않을 때 Y로 결정하는 것이 일반적 규칙이다. 반대로 기본적으로 Y로 기호화하고 추가로 재질이나 차원 속성을 첨가할 때 각각에 해당하는 기호로 분류하는 것이다.

T는 '음영 속성으로 인해' 질감, 촉감, 재질의 감각을 경험해야만 기호화할 수 있다. 사실, 한국어 표현으로 '음영'이라는 단어를 잘 사용하지 않기 때문에 기호화하는 것이 더 어렵게 느껴지는 경향이 있다. T로 기호화할 수 있는 반응은 형용사 사용이 단서가 될 수 있는데, '끈적한, 미끈한, 거칠한, 부드러운, 말랑한, 복슬복슬한, 따듯한, 차가운' 등이 있다. 이러한 형용사는 촉감을 표현하는 것이며 잉

크 반점의 음영 속성이 촉감을 유발했다면 T로 기호화한다. T 기호화에 대표적 실수는 잉크 반점의 불규칙하고 정돈되지 않은 윤곽이 까칠하거나 거칠고 따갑고 날카로운 것으로 인식하는 경우에는 T로 기호화해서는 안 된다. 또 한 가지 예는 잉크 반점이 가진 음영 속성 자체를 분석하고 기술하기 위해 촉감이나 재질을 표현하기도 하는데 이때 역시 T로 기호화하지 않는다. 예를 들어, VI번 카드에서 "**이런 그림들 모두가…… 어두운 질감인데…… 먼가 안 좋은 쪽으로 보이네요. 그래서 이것도 동물 가죽 같은 느낌이 드네요**"라고 반응했다면 '질감'을 언급하였지만, '가죽'을 보는 데에 질감 속성이 직접적인 영향을 미쳤다기보다 수검자가 가진 잉크 반점에 대한 감상에 가까운 표현이라 할 수 있다. T로 기호화하기 위해서는 반드시 음영 속성에 의해 촉감이나 느낌이 유발한 것이어야 하며 지각한 대상은 음영으로 인한 재질 속성에 직접적인 영향을 받아야만 한다.

V는 음영 속성으로 인해 '카드의 앞뒤 또는 정면 후면을 지각'하거나 '원근을 기반으로 한 3차원'으로 대상을 지각할 때 기호화할 수 있다. 3차원적 지각은 잉크 반점의 농담으로 깊이를 묘사하는 경우가 많고 '멀고 가까움' 거리를 묘사하기도 한다. 이때 형태의 크기 차이로 인해 차원을 묘사한다면 음영 속성이 차원을 보게 만든 핵심 요소가 아니기에 V로 기호화하지 않고 FD로 기호화해야 한다. 수검자가 차원을 묘사하면서 종종 특정한 손짓, 몸짓을 보일 때가 있는데 V로 기호화하는 데 유용한 단서가 될 수 있다. 예를 들어, 카드를 멀찌감치 띄어 보려고 하거나 멀고 깊은 차원에 해당하는 잉크 반점영역을 명확히 반복적으로 가리키고 문지르는 등의 행동을 보일 수도 있다. 가끔 어떤 수검자는 카드의 뒷면에 실제 차원의 영역이 있는 것처럼 카드 뒷면을 손으로 묘사하는 모습을 보이기도 한다.

Y는 앞의 V와 T처럼 음영 속성이 특별한 감각적·지각적 정교함을 만들어 내는 것과 달리 구체적이거나 부가적인 감각적·지각적 정교화 작업이 없이 음영 속성에 영향을 받은 반응일 때 기호화한다. 보통 Y에 해당하는 반응은 "여기보다 여기가 더 진하다(까맣다)", "점점 밝아진다(어두워진다)"과 같이 음영의 차이를 언급하는 경우가 많다. Y로 기호화하려면 이러한 음영의 차이를 보고하는 것에 그치며 이로 인한 차원이나 깊이 속성을 첨가하지 않아야 한다. 만약 음영의 차이를 묘사하면서 '앞에-뒤에', '안에-밖에', '멀리-가깝게' 등의 원근이나 깊이를 표현한다면 V로 기호화해야 한다.

앞서 설명했듯이 수검자가 음영 속성에 영향을 받았다고 하더라도 이에 적합한 어휘를 사용하여 표현하는 것은 쉬운 일이 아니다. 그래서 음영 속성을 말로 표현하지 않고 손짓으로 표현하는 경우가 흔히 있는데 여기서 두 가지 주의할 점이 있다. 첫째, 손으로 잉크 반점을 가리키는 동작을 카드를 문지르는 것처럼 오인하여 T로 기호화하지 않아야 한다. 둘째, 분명하지 않아도 음영 속성을 떠올릴 수 있는 어휘(예: 밝아요. 거뭇거뭇해요 등)를 사용하면서 손으로 가리키고 문지르는 동작을 할 때 손가락이 자신이 지정한 특정 형태의 윤곽을 그리고 있다면 음영 속성을 보고하는 것으로 인정할 수 있다. 다만, 우연히 음영의 차이가 있는 반점영역에서 형태를 묘사하는 경우에 주의하여야 한다. 예를 들어, IX번 카드 바닥 영역을 가리키며 "**태아. 갓난아기. 여기 보면(손으로 윤곽을 그림) 좀 더 붉은 부분이 몸통이고 여기 머리고 여기 두 명이네요**"라고 반응했다면 음영 속성을 지적하는 언어 '좀 더 붉은'을 언급했지만, 자신이 지각한 갓난아이의 형태를 정확하게 구분 지어 말해 주려는 과정에서 음영 차이의 경계를 지어 주는 것에 불과하다. 또는 '좀 더'라는 말을 자주 하

표 3-10 무채색 및 음영 결정인 기호 항목과 기호화 조건

항목 및 기호		기호화 조건
C'	무채색 Achromatic color	지각한 대상을 보게 된 이유가 무채색 속성이어야 함 반응영역을 알리고자 언급한 무채색은 기호화하지 않음 '무채색 수렴' 원칙 적용
	음영 결정인	밝고 어두움, 진하고 연함, 짙고 옅음의 속성이 최종 지각에 사용됐을 때
Y	음영-확산 Diffuse	음영 속성에 영향을 받았으나 지각적 정교화가 없는 반응 색과 빛의 차이에 제한해 음영 속성을 사용한 반응
T	음영-재질 Texture	음영 속성으로 인해 '재질 및 촉감'을 지각한 반응 잉크 반점 윤곽의 불특정하고 거친 속성으로 보고한 재질은 제외
V	음영-차원 Vista	음영 속성으로 인해 차원성을 지각한 반응 잉크 반점의 상대적 형태 크기 차이로 인해 차원을 보고한 경우 FD

는 언어 사용 습관일 뿐일 수도 있다. 이 반응은 단순히 F로 기호화해야 한다. 음영 결정인 기호화 과정에서 한 가지 더 고려해야 할 점은 C'과 Y의 구분인데 C'으로 결정하기 위해서는 해당 대상을 지각한 원인이 반드시 단일한 무채색 속성이어야 한다는 것인데 만약 흰색과 회색 그리고 검정의 영역이 서로 인접하여 명암의 차이를 만들어 낼 때는 Y로 기호화하는 것이 적절할 수도 있다. 음영 결정인은 RP에서 분명히 구분하기가 어렵기에 CP에서 세심한 명료화가 요구된다.

형태 차원 형태 속성에 의해 차원을 지각한 반응은 FD로 기호화된다. 형태 속성의 상대적 차이로 차원을 지각한 것은 잉크 반점

이 가진 형태적 윤곽의 경계에서 두 대상 간의 '상대적 깊이나 원근'을 지각했다는 것이다. 형태 차원 지각과 관련된 언어화는 잉크 반점 형태의 상대적인 거리, 깊이에 대한 묘사이며 형태가 가진 윤곽을 기준으로 크기 차이를 설명할 것이다. 형태 차원의 지각은 '상대적 크기', '중첩', '결의 밀도', '상대적 높이', '선형 조망' 등의 단안 단서를 활용한 지각이다. 이러한 수검자의 반응은 모두 FD로 기호화할 수 있다. 다만, 멀리 있는 것은 좀 더 흐리게 그리고 가까운 것은 좀 더 선명하게 지각되는 '상대적 선명도'에 의한 반응은 V로 기호화해야 한다. 그리고 음영 속성에 의해 원근을 지각할 경우 깊이가 중요한 속성이 되는 경향이 있는 반면에 형태에 의해 원근을 지각할 경우 거리가 중요한 속성으로 묘사되는 경향이 있다.

일반적으로 FD는 Ⅳ 카드에서 H, (H), A, (A)에 해당하는 대상을 지각할 때 '선형 조망'과 '상대적 크기'가 형태 차원을 지각하게 되는 주요 단서가 된다. 이외에는 '중첩'이 차원 지각의 중요한 단서가 되는데 '망토를 입은 사람', '땅에 꽂혀 있는 칼', '바위 뒤에서 머리만 드러난 사람' 등을 지각할 수 있다. 특히, 특정 대상을 바라보는 대상이 수검자 자신이 되어 위에서 본 '날아가는 새나 박쥐', '행글라이더를 타는 사람' 등으로 지각한 경우 반응 당시 수검자의 몸짓이나 카드를 대하는 자세를 참조하여 FD 기호화 여부를 결정해야 한다. 만약 보이지 않는 아랫부분을 별도로 언급을 하거나 카드의 뒷면의 모습을 가정하며 묘사한다면 FD의 단서가 될 수 있으며 단순한 위에서 찍은 사진처럼 단순 장면 묘사에 그친다면 F로 기호화하는 것이 적합하다.

FD 기호화에서 주의해야 할 점은 2차원 그림의 외곽에 형태적으로 튀어나온 부분을 지적하며 앞으로 나와 있다는 묘사는 당연히 입체적 상태 묘사가 아니기에 FD로 기호화하지 않는다. 예를 들어, Ⅶ번 카드에서 사람 얼굴을 설명할 때 잉크 반점 외곽의 튀어나온 부분을 가리키며 "**여기가 눈이고 들어가 있는 부분요. 여기가 코, 입 이렇게 쭈뼛 나와 있는 모습이에요. 여기가 머리카락 솟아 올라 있고**"라고 한 반응은 FD로 기호화할 수 없다.

반사 반응　r은 반사되는 실체가 존재한다는 것이 전제이기에 형태를 가진 대상이 묘사될 수밖에 없다. 반사 지각 대상은 반드시 카드의 정방향에서 수직분할로 인해 한쪽은 실제 대상으로 또 한쪽은 반사된 상으로 묘사되어야만 한다. 종종 Ⅲ번 카드에서 사람이 거울에 비친 모습으로 보고되기도 한다. 수직분할 외의 방식으로 반사된 상을 보고한다면 r로 기호화하지 않는다. 하지만 카드를 90° 회전하여 수평분할된 반사상을 보고할 때는 카드의 정방향을 기준으로 대칭 구조가 변하지 않기 때문에(실제 반응은 정방향에서 수직분할) r로 기호화할 수 있다. 90° 회전 후 반사 반응은 종종 Ⅵ번, Ⅷ번 카드에서 나타난다. r 기호화에 주의할 점은 수검자가 '반사된' '거울에 비친' 등의 단어를 사용하여 표현했다고 해도 실제 잉크 반점 내에 '실재하는 대상'과 '반사된 대상' 모두가 특정된 잉크 반점영역을 점하고 있어야 r로 기호화할 수 있다.

형태 반응　형태 반응 F는 결정인의 기본 기호다. 모든 반응에서 결정인은 F 외의 다른 속성이 포함될 때 F를 배제할 수 있다. 그렇기에 F는 항상 단독으로 기호화되며 F와 함께 다른 결정인을 조합하여 기호화하지 못한다. 이러한 조건으로 인해 F%(simplicity) 점수가 단순한 의사결정의 증거로 삼을 수 있는 것이다. 구체적으로 F 기호화는 대상을 지각한 출처를 오로지 형태 속성으로 묘사할 때 결정된다. 한국어로 형태 속성을 묘사하는 방식은 '형태'라는 단어를 사용하기보다 '모습'이나 '모양' 또는 "○○처럼 생겼다" 등으로 표현하는 경향이 있고 "여기가 ○○이다" 등과 같이 특정 부위를 직접 지적하는 방식으로 형태 속성을 언급하기도 한다. 단일 F 결정인으로 기호화되는 반응은 보통 반응기록이 짧고 반응 소요시간도 짧은 경향이 있다. 이와 다르게 F 속성만 참조하면서도 반응하는 데에 긴 시간이 소요되기도 하는데 복잡한 내적 경험을 다루고 처리하는 것에 부담을 단순화하려는 시도일 수도 있기에 해석 시 주의해야만 한다. CP에서 단순한 언급만 하면서도 오랜 시간 고민하는 모습을 보이거나 카드를 반납할 때 미련을 두며 검사자에게 서서히 전해 주는 행동도 해당 반응과정에 기반하여 개별특수적 해석 가설을 고려해야 한다.

조합 결정인[2] 많은 R-PAS 사례에서 두 개 이상의 결정인으로 이루어진 반응은 흔히 볼 수 있다. 논리적으로 조합될 수 있는 결정인의 수는 제한이 없지만 보통 두세 가지 결정인의 조합이 일반적으로 나타난다. 조합 결정인에는 F와 다른 결정인의 조합은 포함되지 않으며 F가 최종 결정인 기호로 선택되었다면 다른 어떠한 결정인도 조합되어서는 안 된다. 그리고 C, CF, FC는 조합이 될 수 없고 세

2) 두 개 이상의 결정인이 함께 기호화되는 경우 조합 결정인, 복합 결정인, 혼합 결정인 등으로 번역해 왔다. 조합(혼합) 결정인은 기호화 양태를 고려한 표현이며, 복합 결정인은 수검자의 반응에 초점을 둔 표현이다. 실제 로르샤흐 사용 장면에서는 해당 기호를 표기하고 읽을 때 원어 그대로 'blend(s)'를 사용하고 있으며 이 책에서는 기호화 영역의 특징을 고려하고 r-pas.org의 한국어 해석 가이드 사용 개념과의 일관성을 유지하기 위해 '조합 결정인'으로 사용한다.

가지 중 한 가지 기호만 최종 기호화될 수 있다. CS에서는 조합 결정인의 순서도 해당 결정인들 간의 상대적 중요성에 따라 일차, 이차 결정인으로 위계적 기호화를 하면서 해석상 중요도를 달리하는 접근도 있었지만, R-PAS에서는 해당 반응에서 결정인의 기여도에 따라 기호화 및 해석 가설에서 중요성에 차등을 두지 않는다. 그리고 조합 불가능한 기호의 또 다른 예는 "**두 사람이 싸우고 있어요. 이 사람이 주먹을 날리고 있는데 이 사람은 피하는 척하면서 공격하는 거예요**"라는 반응처럼 지각 대상이 두 개 이상이면서 각각 M과 M의 기호화 조건에 적합할 때라도 'M,M'으로 중복 기호화하지 않고 하나의 M만 기호화한다.

8) 인지기호

인지기호는 수검자가 잉크 반점에서 현실적인 방식으로 현실적 대상을 '지각'할 수 있는지 그리고 정확한 개념과 아이디어를 만들고 조리 있는 형태로 '사고'할 수 있는지에 대한 기호이다. 이러한 지각과 사고 형성과정에서 인지적 실수 및 심각한 지각 그리고 병리적 사고까지 폭넓게 아우르는 기호영역이다. 일상적이고 단순한 실수는 가벼운 웃음거리로 넘길 수 있으나 의도적이고 체계적인 실수는 실수가 아니라 구체적인 적응상 문젯거리가 될 수 있다. 단순 실수와 심각한 문젯거리를 구분하여 기호화할 수 있지만 두 극단의 연속선에서 특정 지점의 현상은 구분하기가 쉽지 않다. 정확한 기호화를 위해서 반응과정에서 드러나는 수검자의 구체적인 언어적·비언어적 수행 행동에 주의해야만 한다.

인지기호에는 DV(Deviant Verbalization), DR(Deviant Response),

PEC(Peculiar Logic), **INC**(Incongruous Combinations), **FAB**(Fabulized Combinations), **CON**(Contamination) 등 여섯 가지 기호가 있으며, 이 중에서 DV, DR, INC, FAB 네 가지 기호는 실수와 심각한 문젯거리의 연속선상의 극단에 따라 두 가지 수준으로 구분하여 총 10개의 기호로 나타낼 수 있다. 인지기호는 정보처리 과정의 양상에 따라 크게 두 가지 항목, '**언어 및 추론**'을 특징으로 한 인지기호 항목과 '**지각적 조합**'에 기반한 인지기호 항목으로 구분한다. 검사자가 인지기호로 기호화하는 것에 과도한 염려를 하게 되면 '문자 중심의 경직된 기호화'에 빠질 수도 있고, '기호화 결정 기준을 너무 엄격하게 설정'하여 기호화 누락이 발생할 수도 있다. 인지기호를 결정할 때는 반드시 '일반적인 의사소통 상황에서의 자연스러움 정도'를 고려해야 하며 실제 장면에서의 수검자의 실제 모습을 담아내는 것에 초점을 둬야 할 것이다.

인지기호 중 수준을 구분해야 하는 네 가지 기호는 DV, DR 그리고 INC, FAB이다. 각 기호에 수준을 표기할 때는 DV1, DV2와 같이 해당 기호 옆에 숫자를 붙여 표시하면 된다. 수준 1과 수준 2의 구분은 수검자가 사용하는 언어를 검사자가 '쉽고 자연스럽게 이해할 수 있고 어색하다 해도 그 정도의 이탈은 충분히 양해할 수 있는가,' 아니면 '이탈과 병리성 정도가 상당 수준 벗어나 해당 반응을 수용하는 것이 불편하고 어려운가'에 따른다.

수준의 결정은 기본적으로 경도, 중등도, 심도의 수준을 가정하고 중등도에서 심도에 해당하는 '병리성과 이탈'이라면 수준 2로 구분하고 경도 이하의 수준에 해당할 경우 수준 1로 구분한다. 수준을 구분하기 위한 안내 지침을 살펴보면 우선, 수준 1에 해당하는 반응의 특징은 다음과 같다.

① FQ가 o나 u에 해당하는 지각 수준을 가지면서 다소 불명확하고 쉽게 수긍하기 어려운 반응

② INC에 해당하는 부적절하고 이질적인 세부 속성의 첨가가 원래의 부위가 가진 기능에 부합하는 속성으로 지각(예: 동물 머리-얼굴, 동물 발이나 다리-손, 곤충 더듬이-수신기)

③ 단순하고 장난스러운 의인화

④ 특이하고 일반적이지 않지만, 충분히 이해할 수 있는 정도의 언어화(예: 고양이-냥냥이)

⑤ 관습적이고 전형적인 상징이나 상상을 묘사(**'주전자를 문지르는 거예요. 여기서 요정이 나온 거고…… 얘네들 소원을 들어줄 거예요'**)

⑥ 신화나 문화적으로 인정되는 이야기(**'얘네 둘이가 중간에 이거 박 같은 걸 썰었는데 가운데서 도깨비 나오는 거예요'**)

⑦ 강박적 정보처리의 결과(자신의 반응을 강박적으로 분명하게 만들어 가려는 과정에서 잉크 반점의 세부특징에 과도하게 맞추려다 이질적 속성이 추가되는 경우)

⑧ 정확한 인지가 안 되었거나 빈약한 표현력으로 인해 발생한 부정확한 조합(**'꼭 그런 것은 아닌데 굳이 그렇게 보자고 하면 머…… 이런 것 같기도 하고. 머라 해야 하지……'**)

⑨ Card Pull에 따른 반응[엑스너가 말한 '**결정적 조각(critical bits)**'은 부적합한 지각적 조합을 이끄는 경향이 있다]. R-PAS 비환자 참조 프로토콜에서는 약 2% 이상의 INC와 FAB 반응이 있는 것으로 나타나며 이는 '결정적 조각'에 의한 부적합한 지각을 반영하는 근거라 할 수 있음

표 3-11 '부적합한 지각적 조합' 수준 1 구분될 수 있는 일반적 인지기호의 예

카드	영역	내용	P 조합	기호화 조건
I	W	A	O	박쥐 또는 나비
			X	새, 나방, 기타 날개 달린 곤충이나 동물
INC1: D1을 더듬이, 귀, 뿔, 촉수, 손 등으로 부정확하게 지각				
II	D1 D6	A+M	△	두 마리 동물이 사람이 하는 방식으로 상호작용을 하고 있음
FAB1: 춤을 춘다, 서로의 손을 맞대고 있다, 하이파이브를 한다 등				
V	W	A	O	박쥐 또는 나비
			X	새, 나방, 기타 날개 달린 곤충이나 동물
INC1: Dd34를 더듬이, 귀, 뿔, 촉수, 손 등으로 부정확하게 지각				
VIII	D1	A	보통 P	빨갛거나 분홍색으로 특정된 동물
INC1: 지각한 동물이 전형적으로 가진 색깔 속성이 부적절해야 함 : 지역과 문화적으로 적절하고 실재하는 동물일 경우 기호화하지 않음 : 실제 개인적 지식 및 근거가 적합할 때는 기호화하지 않음				
X	D1	A	보통 P	파란색 특징을 부여한 동물
INC1: 지각한 동물이 전형적으로 가진 색깔 속성이 부적절해야 함 : 지역과 문화적으로 적절하고 실재하는 동물일 경우 기호화하지 않음 : 실제 개인적 지식 및 근거가 적합할 때는 기호화하지 않음				

다음으로 수준 2에 해당하는 반응의 특징은 다음과 같다.

① 터무니없고 말도 안 되는 불가능한 조합
② 모순되고 상호 배타적이고 반대되는 의미로 묘사
③ 지각 대상의 부위 개수가 맞지 않고 위치가 뒤죽박죽이고 일그러진 것으로 묘사
④ 지각 대상이 터무니없이 또 다른 대상으로 변질하고 여러 대상이 서로 비현실적으로 융합 또는 합체가 되는 것으로 묘사

⑤ 생명체 대상에게 물리적 장치나 구조가 조합된 반응
⑥ 횡설수설하고 조리 없고 이해하기 어려운 언어화
⑦ 관용적이지 않고 몹시 개인적인 혼란한 상징성
⑧ 요구받은 수행과 아무런 관련도 없고 터무니없이 언급한 반응
⑨ 일반적 인간 행동 원리의 본질적 가정을 따르지 않는 현상(예: **'여기 있는 태양이 이 태아를 제물로 빼앗아 가고 있어요', '도깨비불이네요. 이 죽은 사람이고…… 이 두 사람을 살려내는 중이에요. 다시 살아나서 춤추는 모습?'**)
⑩ 외부 대상에 대한 방향성 없는 사고연상이나 비합리적 관계사고 등의 자동적인 '사고의 흐름'에 따라 거침없이 진술함
⑪ 비의식적 역동을 검열하지 못하고 날것 그대로 드러난 묘사(**'여자 성기에서 정액이 터져 나오는 거예요. 피도 섞여서 아주 더럽네요. 불결하네요. 한 사람 정액이 아닐 수밖에 없는 게…… 이 만큼이나 많은 정액은 나올 수가 없지요'**)

마지막으로, 인지기호를 기호화할 때 하나의 반응에서 두 개 이상의 인지기호들을 함께 기호화할 수 있는 조건이 무엇인지 잘 알고 있어야 한다. '중복/다중 기호화'의 일반적인 규칙은 구분 가능한 언어적 묘사나 지각적 특징을 보인다면 해당 인지기호를 모두 기호화할 수 있다. 이러한 구분은 보통 개별 문장 구조를 기준으로 확인할 수 있으며, 이와 함께 인지기호에 해당하는 언어화를 보인 대상이 별도의 대상에 상응하는지 하나의 대상에 여러 인지기호가 연결되는지에 따라 구분할 수 있다. 예를 들어, 수검자가 특정 개별 대상을 묘사할 때 INC, DV, FAB 세 가지 인지기호가 모두 해당하는 언어화를 보였다면 가중치가 가장 높은 FAB만 기호화하는 반면, 수검자가

두 개의 대상을 보고하고 그중 하나의 대상을 묘사할 때 DV 그리고 또 다른 하나의 대상을 묘사할 때 INC에 해당하는 언어화를 보였다면 두 가지 인지기호 모두 중복 기호화할 수 있다는 것이다.

'언어 및 추론' 인지기호 언어 및 추론과 관련된 인지기호는 DV, DR, PEC가 포함되며 DV와 DR은 심각성에 따라 수준 1, 2로 구분하여 기호화한다.

DV는 지각 대상에 적합한 개념을 선정하지 못해서 발생한 인지적 문제를 말하는데 지각의 문제가 아님을 확인해야 한다. 지각 대상에 정확한 개념을 짝짓는 것이 어려운 이유는 반응 상황마다 다양하기에 반응과정을 잘 검토해야 한다. 우선, DV 기호화에서는 시기와 장소, 상황을 고려하며 역할(Role)에도 적합해야 한다는 것을 제안한다. 로르샤흐가 절차에서 '시기'는 나이 등의 수검자의 발달적 시기이며 '장소'는 검사가 진행되는 공간이고, '상황'은 검사 간 소통이 이루어지는 순간의 분위기, '역할'은 수검자와 검사자의 관계에서 지정된 개인의 역할을 의미한다. 이상의 조건에서 다소 벗어난 언어 사용을 하게 될 때는 상대에게 무례한 모습으로 비칠 수도 있는데 맥락이 어떠하냐에 따라 종합적으로 이해해야 한다. 만약 당면 상황에서 '자연스럽지 못하거나 눈에 띌 만한 언어 사용'이 보인다면 DV의 기호화 조건에 해당한다. 여기서 DV는 언어 사용의 관습성을 핵심 기준으로 삼고 있는데 눈에 띄는 어떠한 언어를 사용한다 해도 개인이 속한 하위 문화나 연령적 발달 시기, 직업 장면 등 맥락에서의 관습성을 말하는 것이다. 그리고 DV는 시대적 흐름에 따른 언어 사용 방식의 변화나 유행어의 발생과 존망을 고려하여 기호화할 수 있다. 한때, 외국 출생 배경을 가지고 한국에서 활동한 한 연예인이 한국어 표현의 어눌함으로 시작한 '1도 없다'는 표현은 그 당시에 상당히 거슬리고 어색하면서도 '귀에 띌 만큼'[3] 신선하고 재미있는 표현이었다. 하지만 지금 세대에서는 일상적 표현이며 해당 표현 자체만으로는 어색함이나 이상함 또는 신선함이나 재미를 느끼지 않는다. 이처럼 언어표현의 친숙함이 시대와 맞지 않을 수도 있고 다시 '뉴트로'의 특성을 띠며 다시 신선함으로 사용될 수도 있다. 어떤 상황이든 현재 언어 사용의 시대적 흐름에 일상적이지 않다면 DV를 고려해야 한다.

DV1의 기호화 조건에 해당하는 몇 가지 예를 들어 보면, 예상되는 일상적 상황에서 다소 어색한 언어를 선택 사용했을 때: "**쌔꾸리한 나비**" 청소년 성인 대상에서 어린 아동이 사용할 만한 미숙한 형용사를 사용할 때: "**노래하는 '노래대왕'**이에요" 덜 공식적이고 덜 고상하고 다소 개인적인 어휘를 사용할 때: "**이건 완전 맛진 치킨이네. 딱 '맛닭'이네요**"(맛있다와 멋지다를 조합하여 맛지다고 표현) 말장난과 같은 일차적인 개그나 신조어를 사용할 때: "**나비~ 나비비. 납비~ 납비**" 의미가 적합하지 않은 다소 어색한 비유나 은유: "**바둑이에요. 떨어지는 바둑이. 나무에서 떨어질 수 있는 바둑이요 하하**" 등이 있다. 이상의 DV1으로 기호화되는 경우는 언어문화의 변화에서 자연스러운 현상이기도 하다. 다만, 변화를 이끄는 초기에는 특정 사람들에 의해 새로운 어휘가 사용되다가 점차 많은 이들이 익숙해지게 된다. 이와 함께 온라인, 직장 등의 특정 집단에서 사용되는 은어도 포함되는데 해당 집단을 벗어나서도 그러한 은어를 사용할 때도 DV1에 포함될 수 있다. 단, 이러한 언어는 맥락을 고려하면 손쉽게 추론할

---

3) '귀에 띌 만큼'은 관습적 표현이 아니기에 DV기호화가 가능하다.

수 있는 언어들이어야 한다. DV1에 해당하는 예는 보통 어휘 및 표현의 변화 초기에 느끼는 어색함 정도라 할 수 있다. 예: "**안습**", "**당근**", "**○○ 그 잡채**", "**아이 앰 ○○○해요**", "**어그로 끄는 거예요**", "**럭키비키잖아~**", "**그냥 약간 좀 뭐 그런 느낌적 느낌이에요**" 등등. 이뿐만 아니라 가끔 발생하는 상황 중에서, 수검자는 친숙한데 검사자가 쉽게 이해할 수 없는 전형적인 사투리를 사용한 경우 수검자가 살아가는 실제 장면을 고려하여 기호화하는 것이 필요하다. 수검자가 태어나서 현재까지 해당 사투리 사용 집단에서 살아왔고 앞으로 인생도 그곳에서 살아가게 될 사람이라면 DV1으로 기호화하지 않는 것이 적절하다. 만약 특정지역에서 살아온 사람이 현재 자신의 언어생활 배경과 다른 지역에서 살아가고 있고, 그곳에서 발생한 문제로 검사를 받게 된 경우라면 DV1로 기호화하는 것이 더 적합할 것이다.

DV2의 기호화 조건은 의사소통에서 실수와 심각도가 높아서 언어 사용 맥락에 의존하여 추론하려고 해도 수검자의 사용 언어의 의미를 이해하는 것이 어려워야 한다는 것이다. 이러한 언어는 상당히 임의적이고 작위적 언어들이기에 개념 형성에 문제를 시사하는 사고장애 증상일 수도 있다. 아무리 자신이 사용한 어휘가 무슨 의미인지 설명을 해 준다 해도 수긍하기가 어렵고 굳이 그런 어휘로 그 의미를 담아야 하는지 의문이 들 수 있을 것이다. DV2가 시사하는 심각한 개념 사용의 잠재적 문제는 수검자가 자신의 언어 사용에 다른 사람들이 양해가 어려운 수준에서 이질감이나 불편함, 또는 이상함을 느낀다는 것을 공감할 수 없다는 것이다. 만약, CP 과정에서 자신이 사용한 DV2에 해당하는 언어가 이상함을 감지하고 스스로 일상적인 말로 검사자가 이해할 수 있게 다시 설명해 준다면 DV2로 기호화하지 않아도 된다. 특히, DV의 수준을 구별하는 것에 수검자의 '개그 유형이나 방식'에 대한 이해가 중요한데 검사자의 '말장난 개그의 친숙도'에 따라 임의로 수준을 구별해서 안 되고 일상적 의사소통 상황에서의 '병리성 수준'에 따라 구분하도록 유념해야 한다.

DV 기호화 과정을 요약하면 DV 기호화 여부를 먼저 결정한 후 DV2 기호화 조건에 적합한지 결정하고 DV2에 적합하지 않을 때 DV1으로 결론 내리는 것이 안전한 방법이다.

DR은 DV보다 상대적으로 기호화하기 어려울 수 있다. DV는 특정 개념 사용의 실수나 불일치에 한정되기에 수검자가 사용한 어휘에 초점을 두는 것으로 비교적 분명한 식별이 된다. 이에 반해 DR은 수검자의 '사고과정', 즉 사고의 흐름에서 왜곡과 부적합한 사고과정을 포착해야 하며 소통 상대와의 실제 의사소통 과정에서 불편함이나 이상함이 나타날지를 추정해야 한다. 이뿐만 아니라 DR의 수준 구분은 '사고 주제의 합목적성'과 '사고의 흐름의 이탈 정도'를 고려해야 한다.

우선 DR로 기호화하려면 검사자가 수검자에게 '무엇을 어떻게 어디서 보았는지'를 알려달라는 요구와 관계없는 진술을 해야 한다. 즉, 수검자의 반응은 합목적성에서 벗어나야만 한다. 이러한 사고 주제와 흐름의 이탈이 역치 수준을 넘어섰는지를 탐지할 수 있는 단서는 수검자의 엉뚱한 진술이 '두 문장 이상' 나타난다면 DR 기호화 가능성이 커진다. 한차례 벗어난 진술이 있으면서 해당 진술이 요구된 과제수행에서 크게 벗어나지 않는다면 DR 기호화는 하지 않고, 한다고 하더라도 단순한 실수인 DR1으로 기호화되는 경향이 있다. 이러한 근거는 현실 장면에서 의사소통 방식의 문제를 인식하는 것과 비슷한데, 의사소통 상황에서 분명히 또는 잠재적으로 약속된 소통 주제에서 어느 정도 벗어나냐에 따라 소통의 질을 망치기도 하고 답답한 소통 분위기를 바꿔 주거나 생동감을 주기도 한다. 이렇듯 대화 상황에서 잠시 또는 한 차례의 벗어난 농담이나 코멘트가 얼마나 대화 분위기를 잘 유지하거나 망치는가에 따라 DR 기호화를 결정한다. 대부분 경우 '쓸데없는 소리'나 '농담'이 두 번 이상 연거푸 나타나게 되면 대화의 질을 떨어뜨리고 핵심을 흩어 버리는 경향이 있다. 단, 아주 사적이고 공식적 예의나 눈치를 볼 필요가 없는 대상이나 상황에서는 예외일 수 있다. 로르샤흐 검사 상황은 사회적 상황에서 적당히 갖춰야 할 대인관계적 태도를 보여야 할 상황이기에 너무 친근하고 사적인 소통 분위기를 만드는 것은 부적절할 수 있다.

보통 DR로 기호화하지 않아도 되는 반응을 DR로 기호화하는 경우가 많다. 이러한 경우는 수검자의 반응 의도가 장난스럽거나 가볍고 검사 수행의 합목적성에 소소한 방해, 순간적으로 끼어들고 빠지는 유머, 혼잣말 등이 포함되고 합목적적 수행에서 벗어난 언급이지만 양적 · 질적 면에서 행동수정이 바로 이루어져 적합한 설명으로 돌아올 때도 기호화하지 않는다. 예를 들어, 검사 상황과 관련 없는 순간에 나타난 단순한 감상 표현은 DR로 기호화하지 않는데, 사전 점검 무대에서의 실수나 본 경기를 준비하는 몸풀이 연습에서의 실수는 평가할 수 없는 것이다. 즉, 하나의 카드에서 두 개 이상 반응을 다 완료한 후 검사자가 카드를 수거하고 정리하는 찰나의 순간에 "**아…… 이거 오래 걸리네요…… 배고프다……**"라고 한 말은 기호화할 수 없다. 또는 단순하고 툭 던지는 표현으로 "**이런 거는 처음 보네요**"라고 흘려 말한 것은 기호화할 수 없으며 "**저 이런 거 좋아해요. 심리 테스트 같은 거요**", "**난 상상력은 빵점인데…… 아……**", "**아……**

어려운데요……"와 같은 언어화도 DR로 기호화하지 않는다. 이뿐만 아니라 조용히 혼잣말하는 것도 기호화하지 않는다.

먼저, DR1의 기호화 조건은 어디서 무엇을 어떻게 보았는지에 대한 답을 하는 과정에서 일관성이나 합목적적이지 않게 사고가 흘러갔지만, 로르샤흐 과제의 합목적적 수행에서 소통을 심하게 방해하거나 혼란스럽게 만들지 않는 정도의 이탈을 보일 때이다. 과제에 대해 간단하고 단순한 감상평: "**이건 딱 봐도 나비네요. 나비라는 생명체는 참 아름다운 것이지요**", 부자연스럽게 어려운 문법이나 방식으로 설명하여 쉽게 이해할 수 없는 어색한 언어화: "**음…… 이건 일종의 동물인 것 같은 것인데…… 저는 이것은 박쥐라는 동물이라는 것에 동의합니다**", 명료화할 대상과 관련 없는 부수적인 정교한 언어화: "**이건 로드킬 당한 동물이겠네요. 나는 이런 것들 납딱해진 정도만 봐도 언제 죽었는지 알 수 있지요**", 과제와 관련이 없는 생뚱맞은 언어화: "**움파룸파 족. 얼마 전에 영화에서 봤는데 그 움파룸파가 춤이 완전 웃겨요. 흐흐흐**", 완전히 다른 주제에 대한 묘사 확장: "**이건 사악한 웃음 잭오랜턴이네요. 그 사악한 표정 연기는 역시 조커만한 게 없었는데 다크나이트 시리즈에서 조커가 완전 최고였는데 안타깝게 죽은 건 선생님도 아시지요?**" 등의 유형이 포함된다.

DR2는 '무엇으로 보이는가?'에 대한 답을 해야 하는 요구에 이야기의 주제가 뜬금없이 진행되거나 반응 맥락에서도 상당히 벗어나 있는 반응일 경우 기호화할 수 있다. 검사자가 DR2에 해당하는 수검자의 반응을 들으면 순간적으로 수검자가 말하려는 의도가 무엇인지를 놓칠 수 있을 정도로 DR2에 해당하는 반응은 수행 목적에서 상당히 벗어나 있는 언어화이다. 조리성이 상당히 떨어져 있는 언어화: "**거인이에요. 거인이 무언가를 벌하려고 지켜보고 있는 거…… 거**

인이라 생각하겠지만 사실은 소인국에서 탈출한 거인이기 때문에 거인이 아닌 거지요", 잉크 반점이나 카드, 검사자, 검사 수행절차에 대한 비현실적 의심을 표현: "**이게 사실은 답이 있을 것 같은데…… 말 안 해 주시는 거지요? 보통 그렇잖아요. 아는 사람만 알고 모르는 사람은 당하고. 그런 거 맞지요?**", 해당 잉크 반점에 존재하지 않은 대상에 대한 정교한 묘사: "**후드 입은 아니 망토 걸쳐 입은 악마. 아까 있었던 악마 있잖아요. 그 악마가 쫓겨 다니다가 결국 이 신세가 된 것 같아요. 또 도망 다녀야 돼요**" 이렇듯 DR2는 검사자와 수검자가 협의한 각각의 수행에서 수검자가 자신의 역할에 상당 수준 벗어난 언어화를 하면서 스스로 그 언어화가 이상하다고 인식하지 못할 때 기호화하는 것이다.

PEC는 거슬리는 특이함 또는 경직되고 혼란한 추론이나 과도하게 구체적인(concrete) 추론과 관련된 언어화를 보일 때 기호화한다. 어떤 경우이든 PEC가 기호화되려면 수검자가 기본적으로 기호화할 근거가 될 정도로 충분한 양의 언어화를 해야 한다. 수검자가 자신의 사고를 만들어 갔다 할지라도 표현하지 않았다면 PEC 기호화는 할 수 없다. 그래서 일단 PEC로 기호화되었다면 심각한 사고과정에서 문제를 지적하는 것이다. 그리고 PEC에 해당하는 수검자의 언어표현은 검사자에게 '엥?', '굳이?', '왜 하필?' 그것이 해당 지각 대상을 본 이유가 되어야 하는지 의구심이 들고 검사 진행이 뭔가 잘못되어 간다는 인상을 준다. 그리고 수검자가 자신의 근거가 너무나 당연하다고 여기기에 소통이 경직되어 버려 검사자가 적절히 개입하지 못하게 만들 수도 있다. 이렇게 PEC로 기호화할 수 있다고 확신이 든다면 추가 명료화 지시를 하지 말고 다음 반응으로 넘어가는 것이 합리적이다. 이러한 이유로 PEC는 RP에서 나타난 수검자의 표현에 좀 더 유의해야 하고, CP에서 PEC 기호를 고려할 때는 검사자가 수검자에게 반응의 근거를 요구하는 어떠한 개입이 없었다고 가정할 수 있어야 함을 주의해야만 한다.

PEC 기호화에서 특별한 상황은 수검자가 RP에서 자신이 지각한 대상의 근거를 모호하게 표현했지만 이후 CP에서 앞서 모호했던 면을 좀 더 분명한 근거를 추가할 때인데, 분명 CP에서 PEC 기호화 조건에 해당하는 언급을 했다 해도 PEC로 기호화하지 않는다. 왜냐하면, RP의 반응이 PEC 기호화의 우선 자료가 되는 것이고 CP에서는 검사자의 개입 후 발생한 결과이기 때문이다. 다시 강조해야 할 점은 PEC는 어떤 반응이라 할지라도 반드시 수검자 스스로가 비논리적인 근거로 자신의 지각에 대해 정당성을 표현해야 한다는 것이다.

구체적으로 살펴보면, PEC에 해당하는 반응은 수검자가 자신이 지각한 대상을 본 이유에 대해 자신만만하며 개인적 근거를 들거나 세부적으로 더 정교하게 꾸며 내려는 노력이 경직되게 나타나야 한다. 이와 함께 그러한 경직된 논리는 검사자의 질문으로 자극되어 반사적으로 나타난 합리화나 핑계로서 반응이 아닌 수검자 스스로 '자발적 의도로 설명'한 것이어야 한다.

한편, 이상하고 혼란한 추론에 해당하는 PEC는 잉크 반점이 가진 속성에 자신이 임의로 만들어 낸 추상적 개념을 근거로 들며 정당화하려고 할 때 기호화할 수 있다. 예를 들면, "**두 악마새가 사람을 뜯고 있어요(잉크 반점 속성에 근거). 앞으로 뭔가 세상의 종말이 다가오고 있기 때문인 거죠(임의적 추상적 개념에 근거)**", "**이게…… 머라 할까……상당히 고급스러운 장식품이라 할 만한데요……. 가만히 보면 아주 멋지잖아요. 느낌적 느낌이 옵니다. 그래서 저는 고급스러운 장**

식품이라 하도록 하겠습니다"와 같이 자신이 지각한 대상을 검사자에게도 쉽게 이해할 수 있도록 잉크 반점 내의 속성을 활용하여 설명하지 못하는 반응이라 할 수 있다. 영어식 표현에서는 자발적이고 연속적으로 표현된 'because-'가 핵심 단서가 될 수 있는데 한국어 사용 장면에서는 이러한 접속사 사용이 생략되는 경우가 많다. 그래서 문장 간 의미 연결에 주의해야 하며 본 문장을 수식하는 문장이 근거로 사용된다면 PEC를 의심해 볼 수 있다.

또 한 가지 PEC 기호화 조건은 아주 제한적이고 확고한 태도로 비논리적인 근거를 표현하는 것이다. 비논리적으로 제한적이고 확고한 반응은 틀에 박혀 있고 협소한 관점이나 생각을 반영한다. 그래서 이러한 사고의 대안은 존재하지 않으며 다른 누군가가 지각할 수 있는 다른 대상을 인정하고 수용하기 어렵기에 더욱더 고집스럽고 경직된 사고 형태를 시사한다. 이로부터 자신이 특정 대상을 지각한 이유는 자신이 생각하는 단지 '그 이유'가 확실하고 다른 이유는 생각하지도 않고 그럴 필요도 없다는 태도를 보이곤 한다.

수검자가 참조한 잉크 반점의 속성에는 잉크 반점의 크기, 색깔, 형태, 위치, 지각 대상의 숫자 등이 포함된다. 이러한 잉크 반점이 가진 속성만 가지고 당연히 자신이 지각한 그것으로 볼 수밖에 없고 잉크 반점의 단순 속성이 자신이 지각한 대상으로 볼만한 충분한 이유가 된다고 언급한다. 예를 들어, "**이건 백퍼! 곰이 아니다…… 개가 짝짓기하는 순간을 찍어 놓은 거네. 이거 암컷, 이거 숫컷. 짝짓기하고 있으니 암컷, 수컷이지요. 우와. 완전 찐이네**", "**사자가 브로콜리 위를 걷고 있네요. 이게 사자고 이게 브로콜리고…… 색깔을 보면 딱 브로콜리잖아요……. 브로콜리 위를 걷는 사자예요.**" 등이 포함된다. 이상 예에서 중요한 점은 자신이 본 것에 대한 근거를 들었다는 점만이

표 3-12 인지기호, 언어 및 추론 항목과 기호화 조건

항목 및 기호		기호화 조건
		언어 및 추론
DV	이탈된 언어화 Deviant Verbalization	정확한 개념을 사용하지 못했을 때 검사자의 '말장난 개그의 친숙도'에 따라 임의로 구분하지 않아야 함 '병리성 수준'에 따라 기호화 DV1: 스스로 관습적 사용에서 벗어난 개념임을 인지할 수 있음 일상적이지 않은 낯선 언어 사용 개그 의도의 신조어 미숙한 형용사 사용 덜 공식적인 개인적 어휘 사용 상황의 핵심과 다소 덜 적합한 비유와 은유 DV2: 일상적이지 않은 작위적 개념을 사용한다는 것을 인식하지 못함 타인이 양해할 수 없는 수준의 임의적이고 작위적인 언어 사용
DR	이탈된 반응 Deviant Response	'사고과정'에서 문제를 지적하는 이탈된 언어화를 보일 때 DR1: 비교적 짧고 단순한 반응 주제의 이탈 과제에 대해 간단하고 단순한 감상평 부자연스럽게 어려운 문법이나 방식으로 설명한 언어화 명료화할 대상과 관련 없는 부수적인 정교한 언어화 과제와 관련이 없는 생뚱맞은 언어화 완전히 다른 주제에 대한 묘사 확장 DR2: 요구된 수행과 반응 맥락에서 많이 벗어난 주제에 대한 언어화 언어화하는 대상이 반응 대상에 대한 묘사에서 벗어나 있음

PEC	특이한 논리 Peculiar Logic	혼란하고 과도하게 구체적인(concrete) 추론 경직되고 확신에 찬 추론 반드시 자발적인 표현에 대해서만 기호화 검사자의 역전이 검토가 기호화에 도움이 됨 RP에서 언어화 자료를 중심으로 기호화 잉크 반점이 가진 속성에 비논리적인 추상성을 근거로 들 때 기호화 RP에서 확신없는 표현 후 CP에서 반응 정당화는 기호화 하지 않음

* 인지기호 및 주제기호를 일컬을 때는 한국어 어휘를 사용하기보다 영어의 축약어를 사용한다.

PEC 조건에 해당하는 것이 아니라 그 근거가 비논리적이고 자발적으로 표현되었다는 것이 중요하다. 수검자 자신이 말한 것에 다소 간의 의심이나 검열을 위한 시도가 있었다면 PEC는 기호화할 수 없다. 자기 확신이 없는 표현에는 "**확실치는 않지만……**", "**아마 그런 것 같은데…… 아님 말고요**", "**내가 보기에는 머……**", "**만약 이게 ○○○이라면……**" 등이 있다.

'지각적 조합' 인지기호 '지각적 조합' 항목에는 INC, FAB, CON이 포함되어 있으며 INC와 FAB는 각각 지각적 병리성의 정도에 따라 두 가지 수준으로 구분하여 기호화한다. 인지과정을 단순히 정리해 보면, 실재하는 현상을 지각하고 지각한 정보에 특정 의미를 부여한 후 최종결정한 것을 언어적으로 표현하는 것을 말한다. 이 과정에서 특히, 실재하는 대상을 지각하는 순간에 자동으로 떠오르게 되는 지각 대상이 얼마나 현실적이고 관습적이냐가 적응에 큰 영향을 미친다. 만약, 지각과정에서 임의적이고 비현실적인 대상을

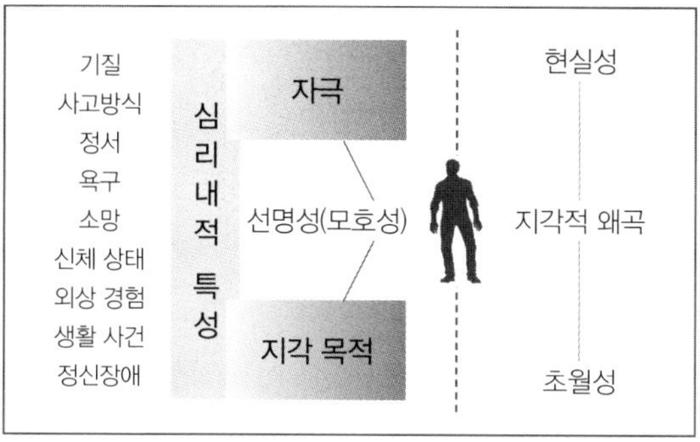

[그림 3-3] 인지기호: '지각적 조합'의 인지과정

떠올린다면 대인관계적 소통 상황에서 심각한 문제를 발생시킬 가능성은 커진다.

인지의 초기 과정에서 문제인 지각적 왜곡을 일으키는 요인은 '**지각 자료의 선명성**'과 '**지각 목적의 선명성(모호성)**' 그리고 '**지각 주체의 내적 특성**'이 관여한다. '자료의 선명성'은 지각 자료를 지각하는 데에 현실에 실재하는 대상을 쉽게 떠올릴 수 있는 정도를 말하며 '지각 목적의 선명성'은 무엇인가를 지각하라는 요구가 얼마나 구체적인지를 말한다. 로르샤흐 과제에서 무엇인가를 보라는 요구는 개인의 동기에 의해 설정되기도 하고 검사자의 요구에 맞춰지기도 한다. 한편 개인의 '심리 내적 특성'은 기질, 사고방식, 정서, 욕구 및 소망, 신체 상태, 외상 경험, 생활사건, 정신장애 등을 포함하며 이러한 내적 특성은 실제 자극을 지각하는 과정 전반에서 영향을 미친다. 결국, 지각적 조합의 문제는 지각 주체자의 심리 내적 특성 그리고 자극과 지각 목적의 선명성의 함수관계에 따라 왜곡 수준이 결정되는 것이다.

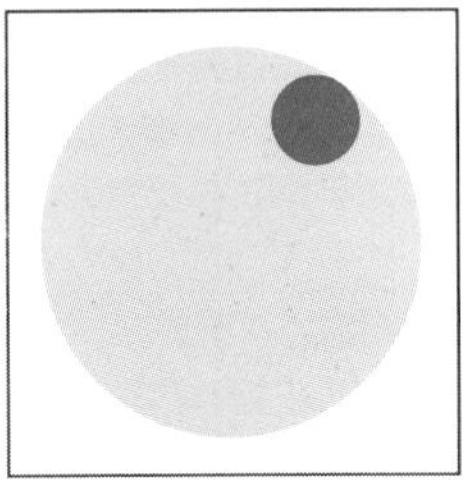
[그림 3-4] INC 반응 특성

INC는 독립된 개별 대상을 지각하는 과정에서 현실에 실재하는 대상에게는 없는, 만약 있다면 보편적이지 않은(이질적인) 속성을 추가했을 때 기호화한다. INC 기호화에 핵심적 조건은 특정된 주요 지각 대상이 있고 이 대상에 이질적인 세부적 속성이 첨가되었다는 것이다. 여기서 '특정된 주요 지각 대상'은 하나의 대상이며, 한 반응에 두 개 이상의 대상을 보고했을 때라도 개별 대상 각각에 대해 INC 기호화 조건을 적용한다. 이 경우 현실에 실재하지 않는 '이질적이고 이상한 속성을 가진 대상'으로 지각한다는 반응이다. 이러한 '이상함'의 기준은 '불가능하지는 않아도 가능성이 아주 희박한 정도'와 '실제 현실에서 수용 가능한 맥락을 가지는 정도'에 따른다. 아무리 수용적인 다양성의 특징이라 하더라도 현실에 존재하는 대부분의 대상은 수용될 수 있는 예상 가능한 특성을 가지고 있다. 그러한 정도를 넘어서는 것은 다분히 평상적이고 관습적 수준에 따라 결정되는 것인데 실제 예를 들어 보면, 사람은 하나의 머리를 가진 인간상이 평상적이고 관습적인 형상이라 할 수 있는데 머리가 두 개가 달린 사람은 아주 드물기도 하지만 두 개의 머리를 가진 인간으로서 생존과 적응에 도움이 될 수 있는 요인이라 하기엔 무리가 있을 것이다.[4)]

4) 장애를 나쁘게 보거나 존엄성의 문제를 지적하는 것이 아니다. 다양성은 시대의 변화에 따라 관습 범위에 들어가기도 하고 벗어나기도 한다. 현재에도 여전히 그러한 면이 있지만, 과거 영화에는 일반 대중이 이상적으로 여기는 형상의 인간이 등장하는 것이 자연스러웠다. 주인공은 예쁘고 잘생긴 형상으로 악당은 표독스럽고 못난 형상으로 그려졌다. 하지만 시대가 변해 대중적 인기를 얻은 영화나 애니메이션에서는 외계인이나 평범한 사람 형상이 등장하고 있고 이러한 현실이 자연스러워지는 중이

또 다른 예로는 "**뿔이 달린 개미 같아요. 개미가 땅을 팔 때 저 뿔이 드릴처럼 돌아가요**" 이 반응은 개미에게 (땅을 파는 용도의) 뿔이 달릴 수 없고, 혹시라도 현실 세계에 뿔 달린 개미가 생존하고 있다 해도 현재 대부분 인간의 관점에서는 무서운 아주 이상하고 무서운 모습일 것이다. 이러한 형태 속성이 부적절하게 추가될 수 있고, 잉크 반점이 가진 음영, 색깔, 움직임 등의 속성이 부적절하게 지각대상에 추가될 수도 있다. 색깔 속성의 추가: '**무지개색의 바람**', 움직임 속성의 추가: '**팝핀을 추는 토끼**' 등도 INC로 기호화할 수 있다. 대표적 예로, '**서커스에서 춤추는 동물**'은 수용 가능한 맥락이기에 INC로 기호화하지 않지만 '**팝핀을 추는 토끼**'는 불가능한 움직임이고, 실제 그런 일이 벌어진다면 아주 기괴한 장면일 것이다.

이상의 예는 특정 속성을 부적절하게 지각 대상의 부분 구조나 세부 특징으로 추가한 반응이긴 하지만 '심각하게' 기괴하고 비현실적이고 비논리적이라 확신하기 어려운 수준이다. 이 정도의 수준에서 비일상적이고 관습적이지 않은 이질적 속성이 추가되었을 때는 INC1로 기호화할 수 있다. 반면, INC2로 기호화할 수 있는 반응은 내용으로도 기괴하고 아주 개인적이고 특수한 상상력, 환상을 반영한 반응이다. 예를 들어, "**이빨이 달린 질이에요. 강제로 들어오려고 하면 잘라 버릴 거예요**", "**기관총 팔이 달린 사람, 아아, 아니 채찍 팔이 달렸어요. 채찍이 팔이라서 슉슉슉할 수 있어요**" 이 반응은 평상적으로 가능하거나 예상하기 어렵고 내용도 기괴한 반응이다.

다. 특별한 INC의 예로, 현시대에서 수용적인 다양성의 주제로 여기는 성전환한 사람이나 남성과 여성의 성적 기관을 모두 가지고 있는 인간상은 수검자가 속한 문화집단의 다양성 수용의 정도에 따라 고민해 볼 필요가 있다.

INC 기호화에서 주의해야 할 점은 수검자가 개념 사용의 실수로 잘못된 언어를 사용했을 때는 DV로 기호화한다는 것이다. 그렇기에 CP에서 수검자가 개념을 잘못 사용할 것인지 실제 표현한 개념에 상응하는 그 속성을 실제로 본 것인지를 확인해야만 한다. 또 한 가지 주의 사항은 현실적 대상이 응당 갖추어야 할 세부 속성을 제외할 때인데 이러한 반응은 기본적으로 INC로 기호화하지 않는다(예: '**팔 없는 사람**', '**목이 잘린 사람**' 등). 간혹 "**팔 잘린 사람이 권투를 하고 있네요. 쳇. 저런 ○○도 권투를 하네 말세다 말세**", "**입이 없는 물고기예요. 여기 입이 있어야 하는데 밋밋하게 없어요. 그런데 지금 뭔가 먹고 있을 거예요. 여기가 볼록하잖아요**" 등 이렇게 제외한 세부 속성(잘린 팔, 입이 없음)과 연합된 행동의 제약(보편적인 방식으로 권투를 할 수 없음, 먹을 수 없음)을 무시한 움직임을 묘사할 때는 INC로 기호화할 수 있다.

FAB는 독립된 두 대상 이상을 지각한 반응에서 해당 대상이 가진 현실적이고 평상적인 형태적 · 상황적 관계에서 벗어난 방식으로 관계 지었을 때 기호화한다. 먼저 '두 대상 이상을 지각'해야 하는데 반드시 '독립된 고유한 두 대상' 이상이어야만 한다. 그리고 '평상적이고 관습적으로 수용이 어려운 정도로 이탈된 관계'를 묘사해야 한다.

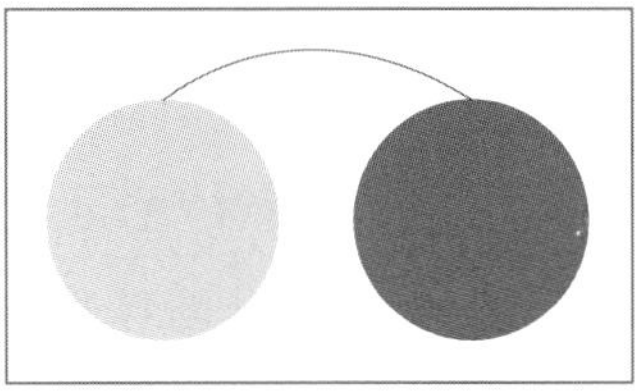

[그림 3-5] FAB 반응 특성

IX번 카드에서 "**태아 두 마리가 여기 있네요. 태아 위에 앉아 있는 엄마네…… 어…… 그런데…… 갓 태어난 애기를 죽이려고 해요. 그렇네. 미친 X**" 이러한 반응은 태아(갓난아기)와 엄마가 이상하고 평상적으로 예상하기 어려운 상황적 관계를 맺고 있다고 묘사하고 있기에 FAB2로 기호화할 수 있는 반응이다. FAB1에 해당하는 반응의 예는 환상과 상상력이 반영된 반응인 경우가 많은데, Ⅲ번 카드에서 **"두 사람이 서로 이루어질 수 없는 사랑을 하고 있어서 적극적으로 다가갈 수 없는데 서로 텔레파시로 마음을 보여 주고 있어요. 여기가 서로의 사랑의 표현으로 심장을 보여 주는 거예요"** 이 반응은 심각하게 기괴하고 수용하기 어려운 수준은 아니기에 FAB1로 기호화할 수 있다.

FAB로 기호화할 때 주의 사항은 INC의 기호화 조건과 마찬가지로 실제 봤거나 충분히 연출되고 상상할 수 있는 만화, 영화, 꿈 등에서의 부적절한 조합은 기호화하지 않는다. 이는 이미 우리의 일상에서 이해되고 소통되고 예상할 수 있기에 실제 적응 장면에서도 크게 문제 시 되지 않기 때문이다. 단, 영화 등에서 연출이 될 수 있는 조합이라 해도 대중의 예상을 넘어서는 조합은 기괴해지기 마련이다. 예를 들어, 영화 〈가디언즈 오브 갤럭시〉에서 등장하는 캐릭터를 묘사하는 과정에서 **"로켓'이 '멘티스'를 먹고 있어요"**라는 반응은 영화의 맥락에서도 쉬이 예상할 수도 없고 내용도 기괴한 반응이다. 이때는 FAB2로 기호화할 수 있다.

CON은 독립된 두 대상을 보았으나 중첩된 영역에서 동시에 두 대상이 지각되어 어느 한 대상도 독립적으로 선명하게 지각되지 않을 때 기호화할 수 있다. 이러한 반응과정에서 수검자의 경험은 같은 영역에서 특정 대상을 지각함과 동시에 또 다른 대상이 같은 영역에서 지각되어 버리는 혼란스러운 지각 경험이다. 이미 '숨은 그림'을 찾은 후 기본 그림만을 지각하려 할 때의 불편감을 느끼는 것과 유사한 경험이다. 다만, CON은 '숨은그림찾기'에서의 지각과정과는 달리 의도하지 않게 동일 영역에서 분명히 변별되지 않은 상태로 두

표 3-13 인지기호, 지각적 조합 항목과 기호화 조건

항목 및 기호		기호화 조건
		지각적 조합
INC	부적합한 조합 Incongruous Combination	독립된 개별 지각 대상에게 이질적인 속성을 추가하여 지각 가능하다 해도 상당히 희박한 속성의 조합 지각 대상을 수식하는 문장 형태로 드러나는 경향 : 'OOO한 OO' 관습적으로 예상, 수용 가능한 정도를 벗어남 영화 등에서 묘사된 대중적인 '부적절한 조합'은 기호화하지 않음 : '얼굴이 빨갛고 머리가 녹색인 움파룸파' DV 기호화 조건과 구별해야 함 : 단순한 '개념 사용'의 문제일 경우 DV로 기호화 INC1, 수용 가능한 수준의 창의적이고 공상적인 조합 : '팝핀을 추는 토끼', '무지개 색깔 바람' INC2, 병리적이고 기괴한 수준의 조합 : '이빨이 달린 질', '채찍 팔(채찍으로 된 팔)'
FAB	우화적 조합 Fabulized Combination	독립된 두 대상 이상이 현실적이고 평상적인 관계에서 벗어난 지각 : 형태적 · 상황적 관계에서 벗어남 지각 대상 간의 관계를 설명하는 주제로 드러나는 경향 영화 등에서 묘사된 대중적인 '부적절한 관계'는 기호화하지 않음 : "고양이가 사람을 먹어요. 나중에 토해낼 거예요(영화 〈더 마블스〉)" FAB1, 초현실적이고 만화적인 공상과 상상의 관계 주제 FAB2, 병리적이고 기괴한 수준의 관계 주제
CON	혼태(混態)* 지각 Contamination	같은 영역에서 독립된 두 대상을 동시에 중첩된 지각 의도하지 않고 통제되지 않은 상태에서의 자동적 지각 시각적 자극을 명확하게 분별하는 것에 문제 : 생각과 느낌의 혼란함은 다른 정보들과 통합하여 추가 검토해야 함

* 혼태(混態): Contamination은 주로 '오염'으로 번역되었다. CON과 관련된 반응과정은 지각한 대상이 독립된 단일 대상으로서 분명히 지각되지 않고 다른 속성의 대상이 섞이거나 중첩되어 지각된다. 이러한 의미에 좀 더 가까운 의미를 담고자 '혼태' 지각으로 번역하였다.

대상이 중첩되어 불안정하게 지각되어 버리는 것이다. 정확한 CON 기호화를 위해 해석적 가설을 참조해 보면, 반응과정에서 '**시각적 자극의 명확한 분별**'이 어려웠음을 가정하고 있고 이는 특정 정신적 심상을 유지하는 과정에서 다른 심상이 침범하여 혼란된 상태를 경험한다는 것을 시사한다. 한발 더 나아가 이들은 세상에 벌어지는 일에 대한 '생각'과 '느낌'을 자신의 통제하에 경험할 것은 명확하게 경험하고 억제할 것은 확실히 억제하여 인식하는 것이 어려움을 예상할 수 있는데, 하지만 이러한 해석은 과잉추정의 위험이 있기에 다양한 정보를 통해 추가 근거가 확인될 때까지 보류해야 한다. 어떠하든 CON으로 기호화될 정도의 분명한 변별 지각의 어려움은 일반적 삶에서는 흔히 겪는 경험이 아니다.

9) 주제기호

주제기호는 수검자의 반응에서 특별하게 묘사된 몇몇 주제에 대해 기호화한 것이다. 주제기호에는 **ABS, PER, COP, MA-H/P, AGM, AGC, MOR, ODL, HR-G/P**가 포함되며, HR 기호를 제외한 모든 주제기호는 수검자가 묘사한 주제 특징을 바탕으로 검사자가 직접 기호화해야 하지만 HR-G/P는 형태질, 반응내용 및 P, 인지기호 및 다른 주제기호 여부 등 반응 특징에 따라 자동기호화된다. 검사자가 직접 기호화해야 할 모든 주제기호들은 필수 기호화 항목이 아니며 해당 기호화 조건에 부합할 때만 기호화한다. 그리고 주제기호는 모든 검사 절차가 완료된 후 기호화하기에 검사 실기과정에서 기호화의 부담은 크지 않지만, 수검자의 언어화 방식과 뉘앙스에 따라 기호화 과정이 까다로워질 수도 있다.

ABS는 실제 잉크 반점의 특정 속성을 이용하여 '고차적인 개념을 구성'하거나 '상징을 만들어 냈을 때' 기호화할 수 있다. 한국어 사용 장면에서 ABS를 '상징'에 대해 기호화한다는 설명으로 인해 수검자가 '상징한다'라고 표현했을 때 자동으로 ABS를 기호화하는 실수를 범할 수도 있다. ABS로 기호화하기 위해서는 반드시 실제 잉크 반점이 가진 속성을 사용하는 것을 넘어 '고차적 개념'을 만들어 내야만 한다. 수검자들은 보통 추상적인 개념으로 표현하는 경향이 있다. '추상'이라는 개념은 구체적이고 실재하는 속성의 의미를 압축하고 요약하여 실제 현상을 경제적으로 전달할 수 있다는 장점이 있는 반면, 현상 전달의 구체성이 떨어져 분명한 의사소통을 어렵게 한다는 단점도 있다. 종종 한국어 '추상'의 의미를 관습적으로 '모호하고 현실적이지 않다'는 의미로 이해해서 잘못된 기호화를 할 수도 있다. 다시 말해, 추상적인 묘사를 한다고 해서 ABS가 기호화되는 것이 아니라 실제 잉크 반점의 구체적 특징을 모아 상위 위계의 개념으로 요약, 구성했을 때만 기호화하는 것이다. 예를 들어, "**국가를 상징하는 문양이에요**", "**귀족을 상징하는 문양이에요**" 등은 문양이나 상징의 형태를 지각한 것을 보고한 것에 그친 반응이다. ABS로 기호화하기 위해서는 반드시 구체적 잉크 반점의 속성을 사용하여 고차적 상징을 만들어 내야 한다.

ABS로 기호화할 수 있는 수검자의 표현은 고차적 개념, 감정, 주관적 경험, 감각적 경험과 관련된 언어를 사용한다. III번 카드에서 "**여기 있는 하트는 두 사람의 사랑을 의미하는 거예요……. 서로가 앞에서는 사랑하는 마음으로 대하지만 사실 뒤에 여기 있는 이것은 뒷생각을 하고 있다는 거지요. 의심이나 숨기고 싶은 걸 표현한 거지요**" ABS의 반응은 고차적 개념 생성을 의미해야 하기에 잉크 반점에 대한 직접적 감정 표현이나 자신의 주관적 경험을 언급할 때는 기호화하지 않는다. 예를 들어, "**이건 완전 우울해요. 이게 괜히 우울하게 만드는 그림 같은데요……**", "**왜 모든 그림이 웬만하면 다 제 눈에는 다 성기로 보일까요……. 성적 상징들. 원래 이런 것만 보이는 거 아니에요**?" 이러한 반응은 단순한 개인적 자극 경험을 언급할 뿐이다. 그리고 자신이 지각한 것을 분명히 설명할 수 없거나 자신의 경험을 표현할 적당한 개념을 찾을 수 없을 때 대충 전달하려는 말 습관으로 '○○○을 의미한다', '○○○을 상징한다', '○○○을 표현한 것이다' 등의 말로 말을 마무리할 수 있다. 이는 고차적인 개념을 만들려는 시도도 아닐뿐더러 모호한 주관적 경험을 분명하게 처리하지 못하는 능력의 부재나 거부적 태도를 반영할 수도 있다. 드물게는, 자신이 지각한 대상을 가리키는 분명한 현실적 개념을 잘 알고 있음에도 자신은 '일반인(?)'이 아니기에 '뭔가 있어 보이고 고상함을 유지하고자 하는 비의식적 의도'를 가질 때 ABS 반응이 나타나기도 한다. 이때는 일반적 ABS의 해석 가설에 '자기애적 특성'을 함께 고려해 볼 수도 있다.

PER은 RP에서 보고한 반응에 대해 개인적 지식이나 경험을 자신이 그렇게 지각한 합당한 근거로 제시할 때 기호화한다. 그 근거는 누구나 인식하고 있고 인정될 수 있는 세상의 일반적인 지식이나 사실적 정보가 아닌 반드시 **'개인이 가진 고유하고 사적인 정보로서 의미와 가치를 가진 근거'**이다. 이는 자신의 삶에서 개인적으로 경험한 소소한 삶의 경험을 공식적인 검사 상황에서 검사자에게 자신의 수행 근거로 제시하는 것은 '자기 참조적 근거'에 불과하다.

PER 반응은 수검자가 자신의 반응을 정당화하려는 의도가 강하게 전달되어야 하며, 자신의 설명을 상대가 이해하지 못하는 낌새가 느껴지면 표현이 더욱더 강해지는 경향이 있다. PER 반응과 함께 관찰할 수 있는 반응 태도는 다양한데 '당연한 것을 왜 묻냐?'는 태도로 확신에 차 있을 수도 있고, 자신의 근거에 반하는 상대의 개입을 차단하려는 비(전)의식적 목적으로 빈틈없이 말을 쏟아부을 수도 있고, 스스로 확신하지 못하여 변명하는 태도를 보일 수도 있고, 상대의 질문에 설명해야 하는 상황을 마땅치 않게 느껴 대수롭지 않게 객관적 정보를 던져주는 태도를 볼일 수도 있고, 자신의 경험을 타인에게 공개하고 공유하는 대인관계적 경험을 좋아하고 자랑스럽게 여기는 태도를 보일 수도 있다. 예외로, 단순히 검사 상황이나 잉크 반점에 대한 개인적 태도나 관심, 호불호를 표현할 때는 PER로 기호

표 3-14 주제기호 항목과 기호화 조건: ABS, PER

항목 및 기호		기호화 조건
ABS	추상적 표상 Abstract representation	잉크 반점의 속성으로 고차적인 개념, 의미, 상징을 만들어 냄 고차적 개념, 감정, 주관적 경험, 감각적 경험 등 '○○을 상징한다'라는 표현을 했다고해서 기호화하지 않도록 주의 자기애적 방어로서 구체성 있는 표현의 거부 양상에 주의
PER	개인적 지식 정당화 Personal knowledge Justification	RP에서 반응에 대한 근거로 자신의 개인적 지식이나 경험을 사용 : 자기 참조적 근거 사용 일반적이고 자연적 사실 정보가 아닌 개인적 정보가 강조되어야 함 : 확신에 찬 태도 : 공격 차단을 위한 정당화, 불확실함에 대한 변명 : 아래 위계에서 의무적으로 답변하는 역할에 대한 못마땅함 : 개방적이고 자기 주장적 태도로 대인관계를 하려는 경향

화하지 않는다.

COP로 기호화하기 위해서는 협동적이고 긍정적이고 서로에게 이점이 있는 상호작용이 두 대상 사이에서 일어나야 한다. 협동, 긍정, 유쾌는 보고된 대상이 경험하는 것이며 객관적인 옳고 그름의 사회적이고 객관적인 가치 판단의 기준과 다를 수 있다. 그래서 두 대상이 제3의 대상을 함께 위협하고 해치는 상호작용도 '협공'으로서 COP 기호화 조건에 부합한다. 또한 사회적으로 나쁜 짓을 함께 공모하는 행동이라도 협동의 개념에 부합한다. 두 대상이 서로 마주 본다거나 손을 잡고 있다는 정도의 관계성은 COP로 기호화하지 않고 두 대상 이상이 같은 목적을 위한 분명한 합목적적 행동이 있어야 한다. 합목적성의 기준의 대표적인 예는 III번 카드에서 "**두 사람이 물건을 들고 있네요.** (물건이라고요?) **네. 이 사람 거 여기 하나, 또 이 사람 거 여기 하나, 네. 하나, 하나**" 이 반응은 두 사람이 각각 물건을 들고 있고 물건을 든 공동의 목적을 부여하지 않고 있기에 COP로 기호화하지 않는다. 이에 반해, "**두 사람이 물건을 들고 있네요. 이게 무거운 거라 여기여기 같이 잡고 '하나! 둘! 셋!' 하고 들고 가는 거예요. 많이 무거운 거라 엉덩이가 빠졌어요**" 이 반응은 두 사람이 하나의 물건을 함께 들고 있다고 묘사되고 있기에 COP로 기호화할 수 있다.

이상의 합목적적 수행은 업무, 의례적 행사, 친목 도모 등의 서로 함께 '한뜻, 의도, 태도'를 전제한다. 이러한 수행은 크게 서로의 '**상호 관계를 더욱 공고히 하고 만족도를 향상하는 행동**'이거나 협동이나 '**서로가 서로에게 도움을 받으며 목적을 이루는 행동**'으로 묘사된다. 먼저, 상호관계를 공고히 하는 행동에는 X번 카드에서 "**기우제같이 제단에 뭘 올리고 절하는 거예요**", "**동물들이 모여서 숲속 파티를 하네요**", VII번 카드에서 "**서로 뽀뽀를 할라 하면서 사랑을 나누고 있네요**"

등으로 묘사할 수 있다. 한편, 서로 의지하며 목적 달성을 위한 협동 행동에는 Ⅲ번 카드에서 "**댄스 대회에 나간 사람들인데 서로 파트너이고…… 스포츠 댄스를 추는 거예요**" 또는 "**두 사람이 무언가를 들고 있어요**", Ⅷ번 카드에서 "**여기 두 동물이 사냥하고 있어요. 초식동물을 저 위로 한 곳으로 몰고 있는 거예요**" 등으로 묘사할 수 있다.

COP 기호화를 할 때 특별히 고려해야 할 사항은 한 대상이 다른 대상을 양육하고 베풀어 주고 도와주고 보살펴 주고 봉양하는 등의 행동도 포함할 수 있다. 그리고 선의의 경쟁과 토론은 사회적으로 수용되고 심지어 권장되기도 하는 행동이다. 스포츠는 일반적으로 서로를 이김으로써 승패가 결정되는 것이다. 승패를 내는 과정은 서로를 둘도 없는 적이라 여기며 격렬하게 몰아붙이기도 한다. 하지만 경기가 끝난 후에는 승자에게 축하를, 패자에게는 최선을 다해 겨루어 준 것에 감사를 전하는 태도와 행동을 하며 스포츠 정신이라 여긴다. 이렇듯 드러난 행동의 특성은 공격적이라도 상위 차원의 의미와 공유하는 정신을 전제하는 행동은 COP로 기호화할 수 있다.

여기서 주의할 점은 스포츠와 토론의 행동이 일반적 형태의 스포츠와 토론이어야 하며 묘사하는 방식이나 내용이 서로를 해치고 손상되게 하는 데에 초점이 두고 있다면 아무리 스포츠와 토론의 형태를 띠고 있다고 해도 COP로 기호화해서는 안 된다. COP 기호화가 불가능한 예: "**격렬한 경기 중인데요. 한 명이 죽어야 끝이 나요. 살려면 무조건 상대를 죽여야 하는 죽음의 게임! 피 터지고 난리 난 상황이에요. '헝거 게임' 같은 거. 보셨지요?**", "**난잡 토론이에요. 침 튀게 열변을 토하는 중인데 썩 들으려고 하지도 않고 이 위에 사람들이 밑에 있는 사람을 개돼지로 아는 거지요. 머. 밑에 사람은 토론하는 척할 뿐이고 결국 머 따르겠지요. 독재. 독재**"

MAH는 정신역동적 개념을 기반으로 만들어진 척도인데 '**자기와 타인의 관계에 대한 내적 표상**'이 이야기 주제에 반영된 반응에 기호화한다. 그래서 해당 반응에 적어도 두 대상 이상이 등장해야 하고 그 대상들이 관계하는 방식이 특정 양상을 띠고 있다면 '**자율성에 대한 상호 관계(자율적 상호 관계)**'의 질을 검토해 볼 있다. 여기서 대상은 꼭 인간만이 아니며 동물, 물건, 상황 등을 폭넓게 포함하고 있다("**잘 차려진 제사상이네요. 홍동백서…… 맞나? 머…… 머…… 그런 거 있잖아요. 깔맞춤 밥상 같은 거**"). 만약, 개별 대상이 서로 동등한 지위, 힘, 권리 등을 가지고 상호 호혜적 관련을 맺는 것으로 묘사했다면 자율적 상호작용의 '**건강성, Healthy(MAH)**'의 차원으로 구분하고 서로의 관계가 위계가 의존–우세의 수직적 관계를 맺는 것으로 묘사했다면 자율적 상호작용의 '**병리성, pathology(MAP)**'의 차원으로 구분한다.

상호 관련의 주제는 수검자가 묘사한 이야기에 담겨 있기에 실제 대상이 잉크 반점영역에 존재하지 않아도 된다. 예를 들어, II번 카드에서 "**친구들한테 얻어 터져가지고 쪼그려 앉아서 고개 처박고 울고 있는 거예요**"는 '얻어터진 대상'은 잉크 반점에 존재하지만 '때린 대상'은 잉크 반점에 지정된 영역 없이 이야기에 포함되었을 뿐이다. 이 경우에는 특정 대상이 자신의 힘으로 또 다른 대상의 신변에 손상을 입혔기 때문에 MAP로 기호화할 수 있다. 만약, "**얘가 어디서 맞고 와서 피도 나고 해 있고…… 얻어터진 애인데(MAP)…… 이 사람이 이 아이한테 힘내라고 해 주고 있는 모습(MAH)이에요**"라고 MAH와 MAP에 모두 해당한다면 이때는 '**하향 기호화 원칙**'에 따라 MAP로 단일 기호화한다.

MAH는 '**나쁨이 없는 기본적 상태**'가 유지되는 관계 표상을 의미하고 MAP는 '손상되고 개인의 자율성을 침해'하는 관계 표상을 의미하는데, 나쁨이 묻어 있는 관계 여부가 최종 관계 양상을 규정하게 된다. 이렇게 MAP 기호화 조건은 지위, 권리, 힘의 균형이 두드러지게 기울어져 있거나(상호작용에서 대인관계상의 불균형) 그러한 힘으로 손상당하고 피해받은 대상으로 묘사될 때이다. 이와 다르게 MAP와 MAH의 주제가 함께 있는 반응이라 해도 MAH로 기호화할 때가 있는데 도움을 주려는 목적이 두드러지면서, 동시에 도움을 받는 대상 또한 기꺼이 원하고 받는 것이 자신이 배려를 받았음을 인정하고 감사함을 느낄 것이라 예상될 때 MAH로 '**상향 기호화**'를 할 수 있다. 이러한 예로는 Ⅶ번 카드에서 "**여기 두 사람이 아이를 잡고 있어요. 갓 태어나는 장면인 것 같은데…… 애기도 빨리 나오려고 의사 손은 꽉 잡고 있는 거예요**", Ⅹ번 카드에서 "**여기 저 사람이 썰매를 끌어 주고 있어요. 뒤에 매달려서 끌려가는 게 아이들인데…… 별로 안 무서워하고 더 빨리 '달려! 달려!' 하는 거예요. 재밌어해요**" 등이 있다.

COP에서 설명한 것과 마찬가지로 스포츠 경기에서 한 대상이 좋은 기세로 한 대상을 제압하는 묘사가 있을 수 있는데 경쟁과 공정한 스포츠 규칙에 위배 되지 않는 위력 행사일 경우 MAP로 기호화하지 않는다. 다만, 투견 등 싸우게 하려고 인간이 의도적으로 마련한 설정에서 서로 싸우고 있는 묘사는 MAP로 기호화할 수 있다. MAP의 대표적 예는 싸움, 죽임당함, 공격당함, 귀찮게 함, 맞음, 눈치 줌, 스트레스 받게 함, 파괴됨 등의 주제를 포함한다. 단순히 이러한 주제가 묘사되었다고 해서 MAP가 아니라 이러한 피해를 준 암묵적 대상에 대한 묘사가 있어야만 MAP로 기호화할 수 있다는 점을 염두에 두어야 한다. 더해, 기본적으로 COP와 함께 MAH를 기호화할 수 있지만 MAP는 함께 기호화할 수가 없다. 예외로, "**두 마리 치**

타가 물소를 몰아가는 거예요. 합동작전을 펼치는 거. 집단 사냥하는 거. 머 그런 거. 여기 물소 두 마리 앞에 있고. 여기 치타 두 마리 여기 여기요"라는 반응은 치타의 합동 사냥에 대해 COP를 기호화할 수 있고, 먹이사슬의 상위 개체의 먹이 활동은 포식자와 피식자의 위계를 가정하는 관계라는 점에서 MAP로 기호화할 수 있다. 두 마리 치타의 관계가 상당히 생산적이고 협동적인 움직임이기에 MAH의 조건이 될 수 있다 해도 MAP도 함께 기호화되기 때문에 최종 COP와 MAP로 기호화해야 한다.

MAP 기호화에서 주의해야 할 또 한 가지 사항은 인공적으로 조작하고 생산한 물건은 '**생산성**'의 의미와 그것을 '**만들려고 한 목적 달성**'의 의미에 초점을 두고 있는 묘사가 대부분이기에 '**생산과 목적 달성을 위해 자연히 예상되는 파괴와 손상**'은 MAP로 기호화하지 않는다[예: '**깎아 만든 석상(석상을 강조)**', '**동물 카펫**', '**캐시미어 코트**' 등]. 단, 이러한 대상을 묘사하면서 외부의 영향을 강조하였다면 MAP로 기호화할 수 있다('**동물 가죽을 벗겨 만든 옷**', '**벼락 맞아 갈라진 향나무 조작품**' 등). 이러한 점 때문에 MAP에서 공격을 받은 대상이 묘사될 때는 항상 MOR과 함께 기호화된다.

한편, MAH는 MAP와 마찬가지로 실제 잉크 반점을 영역을 점하고 있는 지각대상 여부가 아닌 주제에 따라 기호화한다. 하지만 반응에 등장하는 모든 대상의 개별적 자율성이 침해되는 묘사가 부재할 시에만 기호화할 수 있다. 가장 흔한 예로, Ⅲ번 카드에서 "**두 사람이 같이 춤을 추고 있어요**", "**파티 상황이에요 모두 즐기고 있네요. 여기는 술이 잔뜩 취해서 시뻘게 져서 좋다고 막…… 히히히**" 등이 있는데 서로의 자율성에 손상을 주는 묘사가 없다. 이상의 예에서처럼 MAH는 COP와 함께 기호화할 수도 있지만 COP가 있다고 해서 모두 MAH를 함께 기호화하지 않는다. 항상 그러한 것은 아니지만, 한국어 사용 양상을 보면, 긍정적인 관계를 말할 때 '서로가', '서로 함께', '같이'라는 단어를 많이 쓰는데 이 경우 MAH 조건에 부합하는지 고려해 볼 수 있고, 부정적인 관계를 표현할 때 '이것이 이것을', '무엇이 무엇을'이라는 관계 행위의 방향을 지정하는 경향이 있기에 MAP 기호화에 단서가 될 수 있을 것이다.

한편, MAH와 MAP는 주제적으로 두 대상 이상의 관계가 명확하게 강조되어야 하는데 단순히 두 대상이 서로 바라본다거나 두 동물이 어디론가 가고 있다거나 악기 연습하고 있다는 묘사는 두 대상의 관계에 특별한 의미를 부여한 것이라 보기 어렵다. 또한, COP로 기호화할 만한 반응이지만 MAH나 MAP로 기호화할 수 없는 반응일 수도 있다. 대표적으로 춤을 추거나 합주한다는 반응은 COP로 기

표 3-15 주제기호 항목과 기호화 조건: COP, MAH, MAP

항목 및 기호		기호화 조건
COP	협동적 움직임 Cooperative Movement	두 대상 간의 협동적이고 긍정적이고 이점이 있는 상호작용 공동의 한 가지 뜻, 의도, 태도를 전제하는 행동 : 업무, 의례적 행사, 친목 도모 상호 관계를 더욱 공고히 하고 만족도를 향상하는 행동 서로에게 도움을 받으며 목적을 이루는 행동 종의 생존을 위한 친사회적인 행동 : 양육, 봉양, 돌봄 등의 행동 사회적으로 인정되고 권장되는 경쟁 : 토론, 스포츠 단, 상대를 해치고 손상을 주는 목적이 아니어야 함 단순한 상호작용은 기호화하지 않음 : '마주 보고 있다', '손을 잡고 있다'

MAH	자율적 상호작용–건강성 Mutuality of autonomy –Healthy	보고된 주제에 대해 기호화 : 두 대상 이상이 보고 : 대상들 간 상호 호혜적 관계 방식의 양상에 기호화 COP와 별도로 MAH 기호화 결정을 해야 함 : COP가 있어도 MAH가 아닐 수 있음
MAP	자율적 상호작용–병리성 Mutuality of autonomy –Pathology	손상되고 개인의 자율성을 침해하는 관계 표상 지위, 권리, 힘의 균형이 두드러지게 기울어져 있음 의존–우세의 수직적 관계 : 공격하고 공격 당함 : 싸움, 죽임당함, 공격당함, 귀찮게 함, 맞음, 눈치 줌, 파괴됨 공정한 경쟁 규칙에 위배되지 않는 위력 행사일 경우 MAP 아님 COP와 함께 기호화할 수 없음 예외) '먹이를 잡기 위한 협공 사냥'은 COP, MAP 동시 기호화 예외) 생산과 목적 달성을 위해 자연히 예상되는 파괴와 손상 : '깎아 만든 석상(석상을 강조)', '동물 카펫', '캐시미어 코트' 등 단, 묘사하면서 외부의 영향을 강조하였다면 MAP로 기호화 공격을 받은 대상이 묘사될 때는 항상 MOR과 함께 기호화

호화하기 위한 필수 조건에는 충족되어도 MAH로 기호화하기 위해서는 '서로 함께', '대회를 위해서', '○○○을 축하하기 위해', '서로의 마음을 표현하기 위해' 등의 **'분명한 관계적 기술이 포함'**되어야 한다. 위에서 예를 들었던 스포츠 경기 등의 규칙과 약속을 전제한 전반적인 서로 간의 활동 모두는 개별적 자율성을 우선시하지 않고 정해진

규칙에 따른 행동을 하는 것으로 보기 때문에 MAH나 MAP 기호화 조건에 부합하지 않는다.

AGM은 다양한 대상들의 정신적 · 물리적으로 공격적인 움직임을 보이거나 공격적 움직임으로 긴장 상태를 유발하는 상태를 묘사할 때 기호화한다. 잉크 반점의 상황이 이전 이미 공격이 벌어진 결과로 묘사할 때는 기호화할 수 없으며 반드시 현재 잉크 반점 내에서 벌어지는 움직임에 대해 고려해야 한다. "**조심히 살금살금 먹이를 몰아가는 동물**" 이 반응은 공격성이 절정에서 표현되는 것은 아니지만 공격적 상황을 예상할 수 있는 직전 단계에서의 긴장을 느끼게 한다. 이러한 반응은 AGM으로 기호화할 수 있다. 이뿐만 아니라 다른 대상을 해치고자 하는 등의 나쁜 의도를 가졌거나 화를 참고 있는 '생각, 감정, 동기나 태도'를 언급할 때도 AGM의 조건에 해당한다. 그래서 IV번 카드에서 "**화나 있는 거인이에요**"라거나 "**한 번만 더 말 안 들으면 혼낼 마음으로 마지막으로 이렇게…… 지켜보는 중이에요. 게이지가 다 찼네요**" 등과 같이 수검자가 보고한 대상이 공격성을 암시할 만한 감정을 담고 있는 것으로 표현할 때도 AGM을 고려해야 한다. 이러한 긴장이 서로의 비등비등한 힘으로 유지되고 있다면 AGM으로 기호화하기에 확실한 움직임은 아니다. 반드시, 한 대상이 다른 대상에게 일방적으로 힘의 영향을 주는 것이 명확히 기술되어야 AGM으로 기호화할 수 있다.

이와 다르게 AGC는 움직임이 아닌 단순 반응내용에 따라 기호화하게 된다. 움직임이 반영되지 않았다는 의미는 실제고 공격적인 사고의 작동이 이루어지고 있는 것이 아닌 개인적으로 공격적 주제에 쉽게 자극받고 있음을 시사한다. 공격적인 내용은 공격으로 발생하는 광범위한 현상을 아우르는 것이며, 이러한 현상을 떠올리게 하는 대상은 공격적 내용으로 기호화할 수 있는 것이다. 공격적 물건이나 대상을 떠올리는 것은 수검자의 삶에서 힘, 권력, 위험이나 위협에 대해 신경을 쓰고 있음을 반영하는 지표가 될 수 있다. 이러한 대상을 보는 것이 공격적인 성향을 가리키는 것이 아님을 명심해야 하고 수검자가 왜 이러한 대상에 관심이 끌리고 있는지를 개인력 정보를 참고하여 기호화해야 한다. 구체적으로 AGC의 예를 살펴보면, 공격적 상황을 담고 있는 물건이나 대상들은 개인에게 위험, 다침, 손상, 나쁜 의도나 괴롭힘 등의 경험을 유발하는 대상이다. 예를 들어, 총, 화살, 칼, 폭탄, 회초리 등은 인간이 공격적 의도로 사용할 수 있는 무기라 할 수 있고 동물이 가진 공격 도구인 날카로운 발톱, 이빨, 독침, 뿔 등도 포함할 수 있다. 또한, 무생물의 파괴적 영향을 시사하는 태풍, 번개, 홍수로 넘친 물, 가시가 달린 꽃, 불길한 상황을 암시하는 먹구름 등을 포함할 수 있다.

AGC 기호화는 수검자의 사용언어문화에서 불길한 물건 및 대상이나 악의를 가졌음을 상징하는 대상을 광범위하게 포함할 수 있기에 반응에 묘사된 맥락과 뉘앙스를 고려하여 기호화해야 한다. 전세계적으로 공유되는 악의적 대상은 드라큘라, 악마, 괴물, 좀비 등을 고려해 볼 수 있고 쓰나미, 화산 폭발, 산불, 태풍 등은 자연적 재난이 예상되는 위협 대상이라 할 수 있다. 그리고 상어, 악어, 뱀, 독수리, 독거미 등은 공격성의 상징으로 여기는 동물들에 포함될 것이다. 하지만 이상의 대상과 다양한 공격에 쓰이는 물건들은 문화적 상징에 따라 공격적 자극의 가치가 없기도 한데 특정 문화에서 낯선 대상과 물건이라 조건화된 '공격성을 지닌 자극'이 아닐 수도 있고 오히려 긍정적이거나 신성시하는 대상이나 물건일 수도 있다. 이러한 예로, 한국에서 '용'은 신성한 대상이지 공격을 일삼는 대상이 아니며 미국에서 '가물치(포식자의 상징이 큼)'는 생태계 교란종으로 인식하지만, 한국에서는 토종 물고기이며 훌륭한 식자재로 인식되거나 누군가는 특별히 공격적 상을 떠올리지 않는 물고기의 한 종류로 보고한 것일 수도 있다.

한편, 언어문화의 특징뿐만 아니라 개인의 공격성과 관련된 외상사건의 연합 대상이나 물건일 수도 있는데 이 경우 AGC로 기호화하는 것이 적합하다. '고데기'는 일반적으로 공격과 조건형성이 되지 않은 도구일 뿐이지만 누군가에게는 자신의 생명을 위협하거나 괴롭혔던 도구였을 수도 있다. 이렇듯 개인력에서 공격적 사건과 관련된 핵심적 경험이 있을 때는 개인적 조건자극을 탐색하여 기호화에 참고해야 한다. '찢어진 눈'은 분명한 AGC 속성을 띠지 않지만, 특정 수검자에게는 '찢어진 눈'이 자신을 심각하게 괴롭혔던 친구의 상징적 외양이라면 '찢어진 눈'은 AGC로 기호화할 조건에 충족된다. 또 다른 예로, '바다게의 집게'는 일반적으로 무기로써 속성을 띠기에 AGC 기호가 적합하겠지만 해산물로서 '바다게'를 떠올리는 수검자는 '없어 못 먹는 맛있는 해산물'로 인정되는 것이다.

MOR 기호화는 수검자가 지각한 '**대상의 본연의 상태가 손상된 것으로 묘사**'하는 단어를 사용할 때 기호화할 수 있다. 보통 두 가지 단어 유형으로 구분할 수 있으며, 하나는 '깨진, 찢어진, 망가진, 죽은, 결함 있는, 기형적인, 파괴된, 불능의, 병에 걸린, 형태가 찌그러진, 다친, 노화된' 등을 포함하며, 다른 하나는 '심리적으로 고통스러운, 불쾌한, 우울한, 피곤한, 지친, 힘들어 하는' 등을 포함한다. 손상된 상태를 반영하는 수검자의 표현은 X번 카드에서 "**늙은이에요. 여기 주름이 이렇게 처져 있고…… 늙은이. 피부도 얼룩덜룩하고 늙**

으면 안 좋아지지요", "**집게인데…… 집는 집게 쪽이 너무 작아서 잘 안 집힐 것 같아요**", VI번 카드에서 '**찢어진 나뭇잎**', '**머리가 이상하게 작은…… 좀 이상하지만 여기가 머리고 사실 이렇게 생기진 않았는데 여기가 두 개로 갈라져 있어요**', IV번 카드에서 "**팔이 떨어져 있고 신경이 덜렁덜렁 남아 있는 거예요**", II번 카드에서 "**둘이 싸워서 피 나고 멍든 거**" 등이 포함된다. 손상과 관련된 반응 중에서도 특별히 해골이나 특정 대상의 뼈 형상을 묘사할 때는 보통 MOR로 기호화하지 않으나 해당 뼈의 원래의 대상의 모습이 망가지고 사멸했음을 묘사할 때나 기존의 형상에서 무너지고 변형되고 훼손된 상태의 뼈 및 뼛조각을 묘사할 때는 MOR로 기호화할 수 있다. '뼈'를 주제로 하는 반응뿐만 아니라 '피'가 내용이 되는 반응도 마찬가지로 같은 방식으로 기호화할 수 있다. 만약, II번 카드에서 "**여기 빨간색이 피예요**"와 같이 단순히 빨간색 잉크 반점 단일 영역에서 단일 대상으로서 '피'를 본 것이라면 MOR이 아니지만 "**이 동물이 흘린 피예요. 여기가 빨간 곳이 피고……**"라는 반응은 MOR로 기호화할 만한 주제가 묘사된 반응이다.

한편, 심리적 불편감과 관련된 표현은 IX번 카드에서 "**사람 얼굴요. 뭔가 불만이 있는 거 같은데 많이 속상한 표정 딱이잖아요**", "**울고 있는 사람**", "**힘들어하는 동물**" 등이 될 수 있다. 잉크 반점에 대한 자신의 감상으로서 "**불쾌하네요**", "**피곤하네요**" 등의 표현은 기호화하지 않는다. 특히, 정서적 불편감과 관련된 표현은 소속 언어문화에서 뉘앙스를 고려하여 기호화해야 하며 이상의 예에서 소개한 단어를 사용했다고 해서 기호화하지 않아야 한다. 예를 들어, '괴로움'이나 '짜증' 등의 표현은 불편한 심리를 묘사하는 표현이기도 하지만 특정 맥락에서는 처한 상황이 가진 난해함에 대한 표현일 수도 있다. 많은 사람은 자신의 의지나 태도 또는 상황을 묘사할 때 전달하려는 내용을 강조하기 위해 불편한 감정적 단어를 사용하기도 한다. 일상 장면에서 흔히 들어 볼 수 있는 예로는 "**죽을 만큼 좋다**", "**이거 진짜 짜증나게 맛있네**", "**완전 눈물, 눈물나! 대박! 나 너무 힘들어**", "**와…… 완전 자살각. 헐……**" 등이 있다. 강조를 위해 이렇게 역설적 · 감정적 표현을 하는 이유는 구체적 묘사만 할 경우, 자신이 경험한 강한 주관적 경험을 전달하지 못한 채로 김빠진 현실적 경험의 전달에 그치기 때문일 수도 있을 것이다. 그렇기에 MOR을 고려해 볼 만한 단어를 사용했을 때 수검자가 사용한 단어 자체에 머물지 말고 그러한 단어를 사용한 맥락과 의도를 추정해 보려는 노력이 필요하다.

MOR 기호화 과정에서 흔한 실수 중 하나는 VI번 카드에서 나타나는데, '**가죽**' 또는 '**가죽으로 만든 깔개나 코트**'를 묘사할 때가 있다. 이 경우 특별히 '**죽은 동물**'의 가죽이라거나 '**가죽을 벗겨 만든 코트나 카펫**'을 특별히 묘사한 경우에만 MOR로 기호화를 할 수 있다. 하지만, 가죽을 벗겼다거나 죽은 동물이라는 표현이 '상세하게 세부 설명을 추가하려는 시도'나 '관용적으로 표현'하는 경우가 있기에 MOR 기호의 속성을 충족하는 예가 맞는지 특히 주의해야 한다. 또한 가지 주의할 사항은 현실적으로 논리적으로 관용적으로 응당 그럴 만하다고 추정할 수 있는 형태적 변형은 MOR로 기호화하지 않는다. 흔한 예로, II번 카드에서 '**눈, 코, 입 파 놓은 핼러윈 호박**'이나 VI번 카드에서 "**야구 방망이, 빠따. 아주 탄탄한 나무를 깎아서 만든 거예요. 튼튼한 걸 만들라고 아주 두꺼운 나무를 깎아서 튼튼한 야구 빠따 만든 거지요**" 등은 칼로 파거나 깎았다는 표현이 형태적 손실로 인한 변형으로 볼 수 있으나 관습적으로 문화적으로 당연히 그럴 수 있다고 여길 만한 작업에 의한 변형은 MOR로 기호화하지 않는다.

표 3-16 주제기호 항목과 기호화 조건: AGM, AGC, MOR

항목 및 기호		기호화 조건
AGM	공격적 움직임 Aggressive Movement	정신적 · 물리적으로 공격적인 움직임 공격적 움직임으로 긴장 상태를 유발하는 상태를 묘사 반드시 현재 잉크 반점 내에서 벌어지는 움직임에 대해 기호화 공격적 상황을 예상할 수 있는 직전 단계에서의 긴장 해치려는(암시적) 의도, 화를 참고 있는 '생각, 감정, 동기나 태도' 한 대상이 다른 대상에게 일방적으로 힘의 영향을 줘야만 함
AGC	공격적 내용 Aggressive Content	단순 반응 내용에 따라 기호화 공격과 관련 현상을 떠올리게 하는 광범위한 물건이나 대상을 포함 공격 대상을 보는 것이 공격적인 성향을 가리키는 것은 아님 인간이 공격적 의도로 사용할 수 있는 무기 : 총, 화살, 칼, 폭탄, 회초리 등 동물이 가진 공격 도구 : 날카로운 발톱, 이빨, 독침, 뿔, 째려보는 눈빛 등 무생물의 파괴적 영향 : 태풍, 번개, 홍수로 넘친 물, 가시가 달린 꽃, 불길한 먹구름 등 문화적 맥락과 뉘앙스를 고려하여 기호화 개인의 공격성과 관련된 외상 사건의 연합 대상이나 물건 : 면담 과정에서 밝혀진 정보를 참조할 수 있음
MOR	병적 내용 (손상과 불쾌) Morbid	원래의 대상의 모습이 망가지고 사멸했음을 묘사 기존의 형상에서 무너지고 변형되고 훼손된 상태 손상된 상태 : 깨진, 찢어진, 망가진, 죽은, 결함 있는, 기형적인, 파괴된, 불능의, 병에 걸린, 형태가 찌그러진, 다친, 노화된 등 심리적 불편감 : 우울한, 피곤한, 불쾌한, 고통스러운 등 소속 언어문화에서 사용하는 관용적 뉘앙스를 고려하여 기호화 : "죽을 만큼 좋다", "이거 진짜 짜증 나게 맛있네", "완전 자살각!"

이상에서 정확한 MOR 기호화를 위해 염두에 두어야 할 것은 손상과 관련된 '**주제로서 묘사**'가 되어야 한다는 점과 '**사용 언어문화에서 손상과 해를 입은 의미로 묘사**'되어야 한다는 것이다.

ODL은 우선, 반드시 RP에서 표현된 반응으로만 기호화할 수 있다. RP에서는 자연스럽고 습관적인 수검자의 언어 사용 습관이 묻어나기 마련이며 대부분은 당면한 상황에서 부여받은 역할에 익숙한 언어를 사용하는 습관이 있다. 집안에서 아무리 애교 많은 말투의 사람이라도 검사를 받는 상황 등을 포함한 사회적 장면에서는 형식적 말하기 기술을 발휘할 수 있을 것이다. 하지만 자신의 대인관계의 유형에서 '자신이 맡은 상'과 '타인이 맡은 상'이 분명하고 고정적이라면 어떤 상황이든지 상관없이 자신이 편하게 느끼는 자신의 상에 일치하는 모습을 비치게 된다. 이 과정은 상당히 비의식 · 전의식 수준에서 자동적인 현실에서의 대인관계 방식을 형성하게 된다. 이렇듯 RP에서는 상황에 구애받지 않는 일반적인 자신의 관계 상황에서의 언어습관이 드러난다고 가정하고 있다. ODL은 CP에서 언어화를 중요하게 고려하지 않기에 대략적인 수검자의 의존적 성향을 파악하기 위해 전체 반응의 RP 반응만 고려하여 ODL에 해당하는 언어 사용이 있는지를 모든 반응을 한 번에 검토하는 것이 좋다(수직 기호화 접근).

ODL은 이론적으로나 경험적으로나 의존성 성격특성과 아주 관련이 높은 것으로 밝혀진 지표다. ODL로 기호화하기 위해서는 수검자가 구강적 활동이나 대인관계상의 수동성 및 의존성을 함의하고 있는 언어를 사용해야만 한다. 이러한 언어를 탐지하기 위해서는 '**반드시 수검자의 언어 사용 문화적 맥락을 고려하여 폭넓게 적용해야 하고 해당 문화가 가진 언어의 상징에 친숙할 수 있어야 한다.**' 특히, 아동 ·

청소년 대상이 보이는 자연스러운 구강 의존적 언어의 예시를 잘 알고 있어야 한다. 일상에서 ODL을 추정할 만한 표현을 쉽게 찾아볼 수 있는데, 가장 눈에 띄는 표현은 먹을 것을 자주 언급한다거나 말하기를 좋아하는 사람들의 언어습관에서 잘 드러난다.

한편, ODL은 수검자가 사용한 언어 자체를 고려하여 기호화하는 것이기에 해당 언어가 어떤 의미가 있고 어떤 기능을 하는지는 중요하지 않다. 예를 들어, "**찰떡같은 커플이에요**"라는 반응에서 끈끈하게 서로가 잘 어울린다는 것을 비유하려는 것으로 '찰떡'이라 표현했지만, '찰떡'이라는 언어를 사용했다는 것만으로도 충분히 ODL로 기호화할 수 있다. 영어와는 달리 한국어 표현에서 음식을 비유한 대상 언어는 눈에 띄는 표현이기에 이러한 언어를 표현하는 경우 쉽게 포착할 수 있을 것이다. 영어와 한국어 표현의 차이에 따른 기호화의 예를 살펴보면, '햄스터'는 영어식 표기로 'hamster'인데, 'ham-'이 포함되었기 때문에 영어 사용자의 기록에서는 ODL 기호화 조건에 부합하지만, 한국어 사용 문화에서는 '햄스터'를 하나의 고유명사로 인식하기 때문에 ODL로 기호화하지 않는다.

ODL은 기본적으로 이렇게 단순히 '음식 자체'와 관련된 언어 사용 여부에 따라 기호화하게 되지만 식기, 냄비, 장독 등을 포함하는 주방용품이나 식생활과 관련된 도구를 언급할 때는 그러한 도구가 반드시 식생활을 위한 도구로 표현되어야 한다. 예를 들어, "**맷돌이에요. 아주 오랫동안 사용한 것 같이 낡아 있네요**"라는 반응은 곡식을 가는 용도로 사용하는 도구이지만 식자재를 위한 도구라는 것이 강조되기보다 오랜 세월 써 온 물건임을 강조한 것일 수도 있다. 만약 과거의 물건을 상기한 반응일 경우에는 ODL로 기호화하지 않는다. 이뿐만 아니라 동물을 보고할 때 그 동물이 인간의 식용으로 강조한 표현이면 ODL로 기호화할 수 있다. 소, 돼지, 닭, 개, 새우, 악어 등은 기본적으로 A로 기호화하며 특별히 이러한 동물을 '고기류'의 식자재로 보고할 때만 ODL로 기호화하게 된다. 일상적으로 먹지 않는 동물이나 채소, 버섯류는 ODL로 기호화하지 않지만, 특별히 먹는 것으로 의미를 부여했다면 기호화할 수 있다.

〈표 3-17〉과 〈표 3-18〉에서 ODL 기호화를 고려해 볼 만한 항목과 예시를 제시하였는데 해당 언어가 표현되었다 해도 바로 ODL로 기호화하지 말고 해당 언어의 사용이 구강 의존적 의미로 사용된 것인지 신중하게 검토해야만 한다. 그리고 한국어 사용의 관용적 표현에 좀 더 세심한 주의가 필요하며 수검자가 속한 하위 집단의 특성도 함께 고려하여 기호화해야 할 것이다. 한편, ODL이 의심되는 표현 중 "**이건…… 입이라 할 수가 없지**", "**가슴 없는 여자 같은데요……**", "**아무도 이야기를 하지 않는 것 같습니다**" 등 구강 의존적 언어를 사용하면서 '그것이 아니다'라는 점을 분명히 말로 표현할 때 이중부정의 단서라 여기며 ODL로 기호화할 수 있다. 이러한 반응과정에서 일차적으로 머릿속에서 ODL 관련 개념이 상기되고 난 후 반동형성의 과정을 거쳐 '부정(denial)' 방어가 일어났다고 볼 수 있다. 또한, 자신 없이 특정 대상을 확실하게 말하지 못하고 여러 대상을 언급하는 '이것 또는 저것' 반응에서 ODL에 포함되는 언어가 최종 반응 대상으로 선택이 되지 않았더라도 ODL로 기호화해야 한다. 이렇듯 ODL 기호화는 반드시 '사용 언어 기반'의 기호화 규칙에 따라야만 한다. 즉, 수검자의 비(전)의식적이고 습관적이고 자동적인 언어 사용 양식을 탐지한다는 점에 초점을 두는 것이다.

표 3-17 주제기호 항목과 기호화 조건: 구강 의존적 언어

항목 및 기호		기호화 조건
ODL	구강 의존적 언어 Oral Dependent Language	반드시 RP에서 표현된 반응으로만 기호화 '사용언어 기반'의 기호화 규칙 음식 재료 자체 보고 주방용품이나 식생활과 관련된 도구 : 반드시 식생활을 위한 도구로 설명되어야 함 수검자의 언어 사용 습관 비의식 · 전의식 수준에서 자동적인 현실 대인관계 구조를 형성 구강적 활동이나 대인관계상의 수동성 및 의존성을 함의하는 언어 반드시 수검자의 언어 사용 문화적 맥락을 고려하여 폭넓게 적용 '이것 또는 저것' 반응에서 ODL 단어가 언급되어도 기호화 가능

표 3-18 ODL에 해당하는 사용언어 예시

항목	대표적 언어 예시
구강 관련 내용	
음식과 음료	어묵, 새우튀김, 탕후루, 젤리, 와인, 해산물, 음식 수식어, 과일, 채소, 소스류, 육고기 등
식생활 관련 대상과 식사 공급자	밥상, 식당, 시장, 종업원, 주방용품, 냄비 등
음식을 받아먹는 역할의 대상을 묘사	아기 새, 뚱뚱한 사람, 마른 사람, 처진 뱃살 등
취식을 위한 신체 부위	입, 이빨, 혀, 입술, 볼, 부리, 코끼리 코, 상아, 볼록 뱃살, 주둥이, 송곳니 등
구강적 활동	먹는다, 이야기한다, 노래한다, 키스/뽀뽀한다, 웃는다, 찡그린다, 침 뱉는다, 미소 짓는다, 숨 쉰다, 흡연한다, 빤다, 입술을 오므린다, 베어 문다, 논쟁한다, 입바람을 불어 낸다 등

식기류	주전자, 숟가락, 젓가락, 은박지, 물잔, 빨대, 와인 잔 등
구강적 활동 관련 도구	립스틱, 입술 자국, 담배, 틀니, 색소폰 등 입으로 불어 소리를 내는 악기류 등
의존 관련 내용	
수동성과 무기력	혼란스러운, 잃어버린, 술에 취한, 연약한 상태의 갓난아기, 아기 새, 울고 있는 등
'아기 말투 및 단어' 사용	뿡뿡이('뿡뿡' 소리 나는 장난감), 멍멍이, 야옹이, 빵빵이(모든 자동차), 이 아이는(물건이나 동물을 지칭할 때) 등
임신 및 생식기	똘똘이/소중이/짬지/꽈추/쿠키 등(생식기 보고에 대한 민망함을 희석하기 위한 유화적 명명) 태반, 자궁, 난소, 난자, 배아, 수정란, 태아, 암술과 수술 예외) 남근, 낭심, 고환, 질, 클리토리스, G-spot 등 성기(보통 의학적 용어로 희석할 경우=Sx로 기호화)
생명, 출산, 세대 전수, 부활을 위한 고군분투	"막 나비로 변하기 직전의 애벌레입니다", "이 나무에서 새로운 싹이 자라나고 있어요. 살아 보겠다고 쑥쑥 자라나는 중이에요", "막 태어난 아기네요. 귀여워~. 꼬물락거리는 모습이에요. 이제 새 삶의 시작입니다", "한 사람의 시작의 순간이에요. 새로운 모습으로…… 새로운 시작처럼요" 등
애원과 기도	개가 밥을 달라고 하거나 관심을 달라고 애교부리는 모습, 기도하는 사람, 기대하는 의도, 해달라고 바라거나 애걸하는 모습 등
양육자	엄마, 아빠, 의사, 신, 예수님, 산신령, 조상신, 수호천사 등
선물과 선물 제공 대상 및 매개체	크리스마스 나무, 코르누코피아, 램프의 요정, 소원 상자, 축복요정, 까치, 흥부의 박(문화적 맥락을 고려) 등
행운의 상징물	토템, 부적, 달마상, 위시본, 포춘쿠키, 선물상자, 복권 추첨 통, 네 잎 클로버, 별똥별 등

제4장

채점

Rorschach

The Guidebook of Rorschach-Performance Assessment System

1. 계정 받기

R−PAS의 전체 채점 과정은 r−pas.org[1]에서 이루어진다. 검사 완료 후 기호화한 자료는 온라인 상태에서 입력하여 즉각 점수를 산출할 수 있다. 온라인 채점 서비스를 이용하기 위해서는 반드시 r−pas.org에 가입하고 사용자 계정을 승인받아야만 한다. 우선, 오른쪽 상단의 [Register] 버튼을 클릭하면 [R−PAS®(Rorschach Performance Assessment System®) 계정 등록 안내] 화면으로 이동된다. 해당 화면에서 [계정 등록을 위한 영상 안내]와 [사용자 계정 수준 설명서]를 참고할 수 있다. r−pas가 승인하는 계정 종류는 세 가지이며 '기본 실무자 계정', '승인 지도자 계정', '승인 연구자 계정'이 있다.[2]

[그림 4−1] 홈페이지 첫 화면 상단 메뉴 영역

'기본 실무자 계정'을 받게 되면 모든 결과 전체를 제시해 주고(예: 산출점수 결과 페이지, 페이지 1과 페이지 2 프로파일 결과, EII−3와 조합점수 산출결과 그리고 부록), 전체 결과 페이지를 인쇄하거나 저장할 수 있고, 규준 데이터에 맞춰진 모든 반응 수준의 기호와 프로토콜

1) r−pas.org는 다양한 언어로 번역서비스를 제공한다. 홈페이지 왼쪽 상단의 표시 언어 옵션에서 [korean]을 선택할 수 있으며 전반적인 계정관리 및 기호입력, 채점, 결과 보기 과정에서 한국어를 사용할 수 있다.

2) 희망하는 계정 신청 절차는 파란색 글자의 해당 계정 이름의 링크를 클릭하면 바로 진행된다.

점수를 담은 데이터 파일을 내려받을 수 있다. '**승인 지도자 계정**'은 '대학-기반 교육 프로그램'을 위해 만들어졌다. 이 계정을 받게 되면 모든 결과 전체를 제시해 주고(예: 산출점수 결과 페이지 1과 페이지 2 프로파일 결과, EII-3와 조합점수 산출결과 그리고 부록), 전체 결과 페이지를 인쇄하거나 저장할 수 있고, 한 사례 이상의 결과 프로토콜의 반응 수준의 데이터를 내려받을 수 있지만(예: 학생 과제에서 기호화의 정확성을 확인하는 목적) 연구에 사용되는 프로토콜 수준의 점수 데이터는 내려받지 못한다. 또한, 지도자 계정을 통해 담당 지도자는 상당수의 교육 자료를 사용할 수 있다(예: 1,000개 이상의 PPT 슬라이드, 사용법을 가르치는 데에 유용한 패킷, 기호화 연습 사례). 지도자 계정은 40%의 교육용 할인가로 e-상품을 구매할 수도 있다(프로토콜, 실시 앱, 해석 가이드). 단, 해당 계정은 승인받기 위해서는 가입 절차에서 '자격 증명 서류'와 '강의계획서'를 파일을 첨부해야만 한다.

만약, '**대학 장면 외의 기관에서 활동 중인 지도감독자**'의 경우에도 실무자 교육 계정을 요청할 수 있는데 별도의 승인 절차를 거쳐야 한다. 이 계정은 교육용 자료를 이용할 수 있는 '**기본 실무자 계정**'이며, 승인을 받기 위해서는 먼저 '기본 실무자 계정'을 신청하신 후 r-pas [문의하기] 링크를 통해 현재 장면에서 실제로 시행 중인 구조화된 교육 및 지도 감독 역할에 관한 서류를 보내주면 승인받을 수 있다. 마지막으로 '**승인 연구자 계정**'은 이 계정에는 '결과' 링크가 없으므로 기본 출력 내용의 시각 자료로 표시되지 않는다(예: 산출점수 결과표, 프로파일 페이지, 조합점수 산출표, 부록 표시 안 됨). 단, 표준 백분위 및 표준점수를 포함하여 모든 반응 수준 기호와 모든 프로토콜 수준 점수가 포함된 데이터 파일을 내려받을 수 있다. 연구 프로토콜은 연구가 완료될 시 공개적으로 결과 공표해야 하고, 지식 생산에 기여할 목적으로 로르샤흐 주제를 체계적으로 연구하고 있다는 것에 관한 문서를 제시해야 한다. '**승인 연구자 계정**'을 받으려면 info@r-pas.org로 문의 후 안내를 받을 수 있다.

2. 프로토콜 이용권 사용하기

계정을 받게 되면 바로 승인 범위 내에서 모든 서비스를 이용할 수 있다. 실무에서 가장 필요한 채점 프로그램을 사용하기 위해서는 [상품구매] 메뉴에서 [Protocols]를 구매해야 한다. 일반적인 온라인 쇼핑 절차에 친숙한 검사자는 쉽게 구매할 수 있을 것이다.

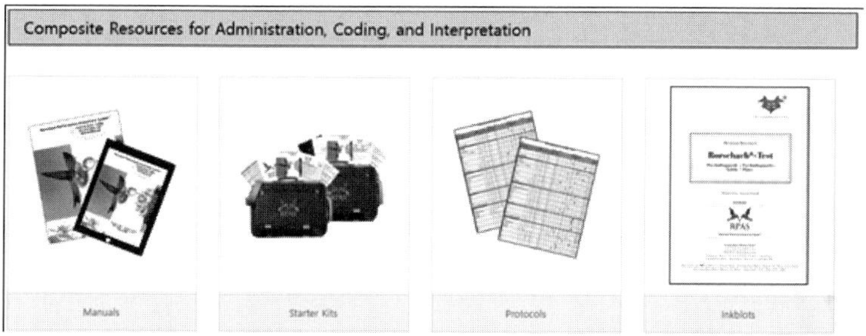

[그림 4-2] [상품구매] 페이지에서 확인할 수 있는 실시, 기호화, 해석을 위한 상품

구매를 완료하면 개인 계정의 컨트롤 패널 화면에서 구매한 이용권의 항목과 수량을 확인할 수 있다. 실시 및 채점 과정에서 필요한 상품은 '프로토콜(Protocols)'이며, 채점 후 해당 사례에 대한 해석 가이드를 얻으려면 해석을 위한 특별 상품 항목에서 'Protocol Add-on: Interpretive Guide(프로토콜 첨부용 해석 가이드)'를 구매하면 된

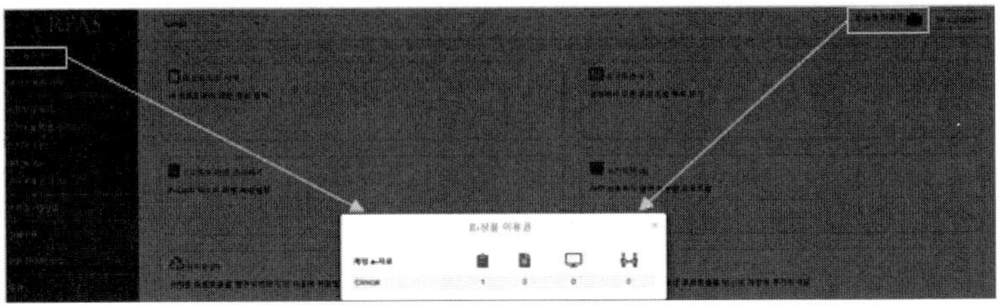

[그림 4-3] 컨트롤 패널에서 '사용 가능한 이용권' 확인

다. 구매한 '해석 가이드'는 채점이 모두 완료된 후 온라인 상태에서 클릭 한 번으로 간편히 추가 등록할 수 있다.

3. 새 프로토콜 시작하기

실시 완료된 검사 자료가 준비되었다면 채점을 위해 컨트롤 패널 메뉴의 [**새 프로토콜 시작**]을 클릭하여 자료 입력을 시작할 수 있다. [**새 프로토콜 시작**]의 첫 화면에는 사용 가능한 계정 정보(사용 가능한 프로토콜 유형), 실시앱 연동 옵션, 수검자의 개인 정보(이름, 나이, 젠더, 교육년수), 맥락정보 및 행동관찰(의뢰목적, 호소문제, 사용언어, 수검 태도, 외양, 일반적 행동 특성, 사전 수검 경험, 감각문제 등), 프로토콜 정보는 기관에 따라 선택 입력, 검사실시 방법(R-opt 또는 CS 선택, FQ 항목표 R-PAS 또는 CS), 추가 정보 등을 입력해야 한다. 필수 정보를 포함한 필요 정보를 모두

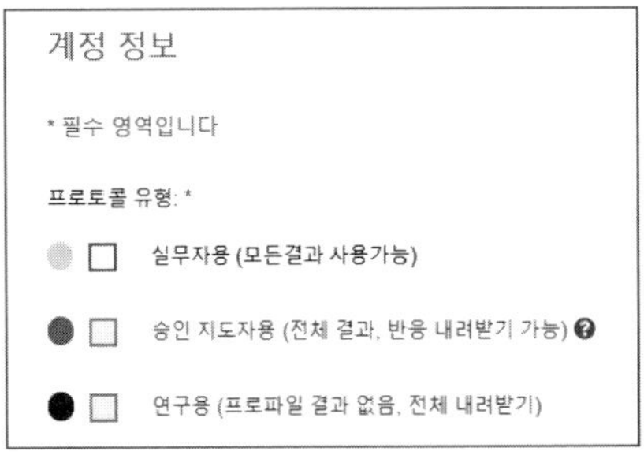

계정 정보
* 필수 영역입니다
프로토콜 유형: *
실무자용 (모든결과 사용가능)
승인 지도자용 (전체 결과, 반응 내려받기 가능)
연구용 (프로파일 결과 없음, 전체 내려받기)

[그림 4-4] 계정 정보 입력 옵션

[그림 4-5] 수검자 정보, 맥락 정보 및 행동관찰

입력했다면 화면 하단에 '프로토콜 시작하기' 버튼을 클릭하여 이용권 차감 알림에 동의하면 본격적인 기호입력 창이 열린다.

클릭 후 열리는 기본 창에서 표시되는 [**프로토콜 보기**] 화면에서는 현재 입력할 프로토콜에 대한 옵션을 보여 준다.

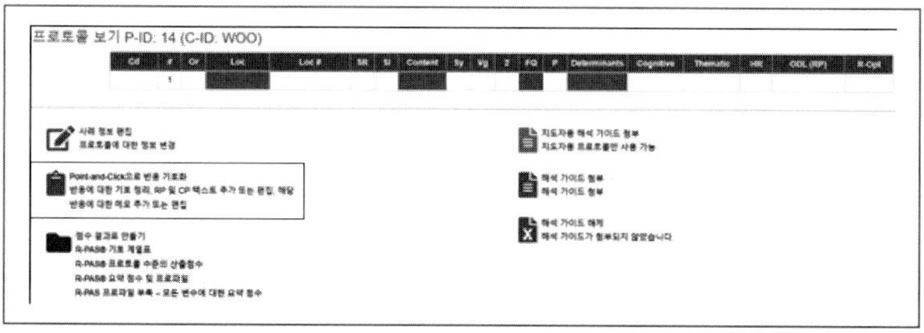

[그림 4-6] 프로토콜 보기 옵션

(상단 박스의 빨간색 칸은 필수 기호화 항목을 표시한 것이다.)

'사례 정보 편집: 정보 오입력 및 추가 사항 수정 보완이 필요한 경우 사례 정보 화면으로 돌아가 수정할 수 있다', 'Point-and-Click으로 반응 기호화: 선택된 수검자의 자료를 기호화하는 절차가 시작된다', '점수 결과표 만들기: 기호화가 끝나면 자동으로 결과표가 작성되고 결과 확인을 할 수 있다', '지도자용 해석 가이드 첨부: 지도자용 계정으로 구매할당을 받은 이용권이 있다면 활성화되어 결과에 해석 가이드를 첨부할 수 있다', '해석 가이드 첨부: 실무자용 계정으로 구매할당을 받은 이용권이 있다면 활성화되어 결과에 해석 가이드를 첨부할 수 있다', '해석 가이드 해제: 수검자 정보 및 기호화를 수정한 경우 해석 가이드를 해제하여 이후 다시 첨부할 수 있다' 이상 여섯 가지 옵션을 확인할 수 있을 것이다.

본격적으로 기호 입력을 하려면 'Point-and-Click으로 반응 기호화'를 클릭하여 기호화 작업 화면으로 이동하면 된다.

4. 프로토콜에 기호 입력하기

화면에서는 ① 반응별 기호화 항목, ② 지정한 반응으로 이동, ③ 기호화할 카드 번호, ④ RP 반응 내용 입력, ⑤ CP 반응 내용 입력, ⑥ 행동관찰, 반응시간 등 추가 입력 정보, ⑦ 반응 기호화 Point-and-Click 패널 등을 확인할 수 있다. **'반응별 기호화 항목'**에서 현재 기호화되고 있는 기호계열을 실시간으로 확인 검토할 수 있다. **'지정한 반응으로 이동'**은 특정 반응에 대한 기호화를 수정할 시 손쉽게 해당 반응의 기록 정보로 이동할 수 있다.

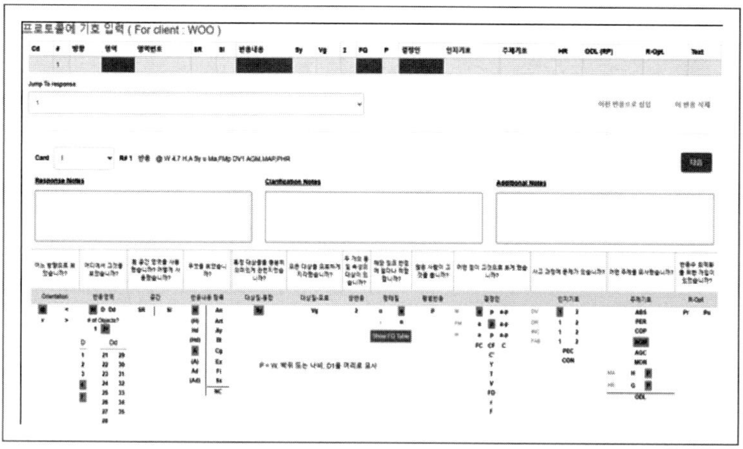

[그림 4-7] [프로토콜에 기호 입력] 화면

'**기호화할 카드번호**'는 개별 반응을 기호화할 때 해당 카드를 보여 주는 것이며 개별 반응 기호화 전에 반드시 먼저 반응에 해당하는 카드를 설정해 둬야 한다. '**RP 반응 입력과 CP 반응 입력**' 입력 박스에는 수검자의 언어화 및 비언어화 행동을 모두 있는 그대로 입력해야 한다. 이때 비언어화 행동은 '(　　)'로 묶어 표기하는 것을 권장한다. '**추가 입력 정보**' 입력 박스에는 반응 간 특이한 행동 양상을 기록할 수도 있고 해석에 참고할 수 있는 반응과정의 정보를 기록할 수도 있고 의미 있는 반응시간 양상을 기록하는 것도 도움이 된다. 'Point-and-Click'에서는 실제 반응에 대한 기호화 작업을 할 수 있으며, 표시된 모든 기호 중 해당 반응에 해당하는 기호를 '**지정선택**' 하는 방식으로 기호화 결정을 한다. 기호패널에서 지정 선택된 기호는 배경색이 표시되어 있다. 기호화 항목별 지정선택 입력 방식은 직관성이 높아 한두 차례 실습만으로도 충분히 숙달할 수 있다. 정확한 입력을 위해 각 항목의 기호를 지정하는 과정에서 주의해야 하

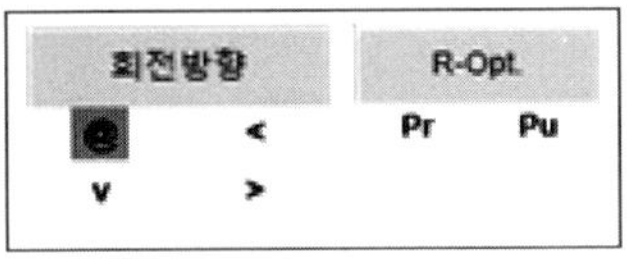

[그림 4-8] 회전 방향과 R-Opt.

는 사항을 간략히 정리해 두었다.

'회전 방향'은 네 가지 기호 중 하나를 선택 지정할 수 있다. 두 개 이상 동시 지정선택은 불가능하며 카드 회전 행동이 없었다면 모든 기호를 선택하지 않고 비워 두어야 한다. **'R-Opt.'**는 기호패널에서 오른쪽 끝에 위치하는데 Pr이나 Pu가 해당하는 카드의 첫 반응 또는 네 번째 반응에 지정선택하면 된다.

'반응영역'은 필수 입력 영역으로서 두 단계에 걸쳐 지정선택해야 하며 우선, 최종 결정된 반응영역을 W, D, Dd 중에서 한 가지 기호를 지정선택해야 한다.

W는 하나의 대상을 지각했을 경우와 두 개 이상의 대상을 지각한 경우마다 지정선택해야 할 기호 개수가 달라진다. 한 가지 대상을 지각한 W 반응은 먼저 'W'를 지정선택한 후에 '1'을 함께 지정선택해야 한다. 두 가지 이상의 대상을 지각한 W 반응이라면 'W'와 '2+'를 지정선택한 후 바로 아래에 실시간 표시되는 영역 번호 패널에

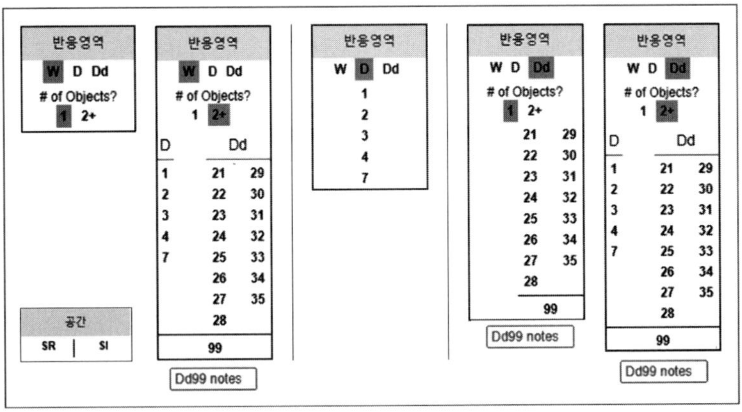

[그림 4-9] 반응영역과 공간 반응 기호 입력의 예

서 반응에 사용한 부분영역의 고유번호를 모두 지정선택할 수 있다. 예를 들어, W 반응에 사용한 영역이 D2와 D7 그리고 Dd 25였다면 'W', '2+'를 먼저 지정선택한 후 'D' 영역 번호에서 '2', '7' 그리고 'Dd' 영역 번호에서 '25'를 지정선택하는 것이다. Dd99에 해당할 경우 99를 지정선택하고 아래 기록 박스에 임의적 영역 위치에 대한 간단 기록을 남길 수 있다. 'D' 반응의 경우는 단순히 하나의 영역을 사용한 것이며 이에 해당하는 영역 번호를 지정선택하면 된다. Dd에 해당하는 반응은 W 반응과 같은 방식으로 지정선택할 수 있다. '공간 반응'은 SR과 SI 두 가지를 독립적으로 채점할 수 있게 설정되어 있고 결정된 기호에 맞게 지정선택할 수 있다.

'**반응내용 항목**'은 필수 입력영역으로서 16가지의 특정된 내용 기호화 '해당 항목 없음'을 의미하는 NC가 표시되어 있다. 세로 구분 선의 왼쪽에는 흔히 보고되는 내용인 인간과 동물에 해당하는 기호가 그리고 오른쪽에는 문자 순서대로 기호가 위치하며 실제 반응에 포함된 모든 반응내용을 동시 지정선택 할 수 있다.

반응내용 항목	
H	An
(H)	Art
Hd	Ay
(Hd)	Bl
A	Cg
(A)	Ex
Ad	Fi
(Ad)	Sx
	NC

[그림 4-10] 반응내용

'**대상질**'은 '대상질-통합'과 '대상질-모호' 두 가지 기호를 독립적으로 선택지정할 수 있다. 그리고 '**쌍 반응**'일 경우 '2'를 선택하고 '**평범 반응**'은 'P'를 선택지정하면 된다.

대상질-통합	대상질-모호	쌍반응
Sy	Vg	2

[그림 4-11] 대상질, 쌍 반응, 평범 반응

'**형태질**'은 필수 입력영역으로서, 기호입력 과정 중 가장 주의가 필요한 작업이다. 형태질 기호화 지원 시스템을 활용하기 전에 해당 반응의 형태질이 이미 결정된 상태라면 기호화 패널에서 바로 'o',

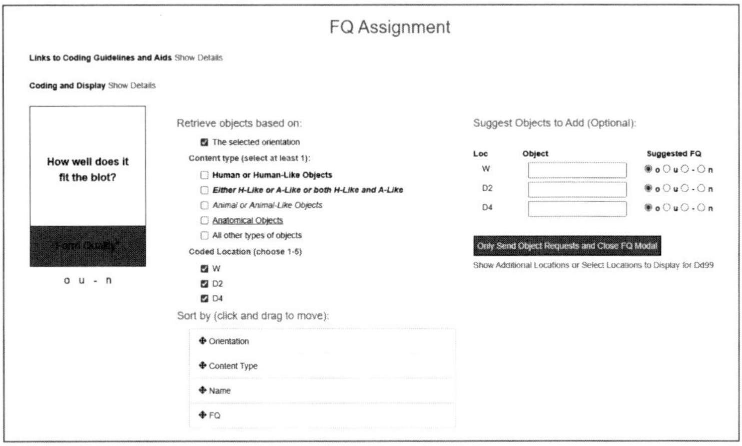

[그림 4-12] FQ 결정인 기호화 시스템 화면

'u', '–', 'n' 중 하나를 지정선택하면 된다. 이렇게 보통 해당 반응의 형태질을 먼저 기호화한 후 프로그램에 입력하겠지만 이제는 온라인상에서 바로 해당 반응의 형태질을 검토하고 결정하고 입력까지 손쉽게 지원을 받을 수 있다. 그렇다 하더라도 기호화 원칙에 따라 직접 형태질을 결정하는 과정을 숙지하고 있어야 할 것이며, 형태질 결정 시스템을 보조 도구로 사용하는 것을 권장한다. 결정인 결정의 순서는 '반응영역 번호 지정선택'과 '반응내용 항목 지정선택' 후 형태질 항목 아래 [Show FQ Table] 버튼을 클릭하면 열리는 새 화면 창에서 결정인 항목표를 한눈에 확인할 수 있다.

우선, 새 화면 창의 왼쪽 상단에서 [기호화 지침과 보조자료]와 [기호화 및 화면 표시] 메뉴가 있는데 기호화 작업에서 유용한 참고 지침을 확인할 수 있다. [기호화 지침]에 포함된 내용 항목은 〈표 4-1〉에 제시하였고 [기호화 및 화면 표시] 정보는 홈페이지 내에서 확인할 수 있다(세부 내용 보기 클릭).

표 4-1 FQ 결정인 기호화 시스템 활용을 위한 지침

	기호화 지침과 보조자료
1	원본 사이즈 카드 이미지
2	FQ 결정을 위한 간편 지침
3	항목표에 지각 대상이 없을 시 FQ 확장추정 지침
4	CS 사용자를 위한 FQ 기호화 학습
5	반응영역 기호화

형태질 항목표는 특정된 조건 없이 모든 대상에 대한 형태질을 표시할 수도 있고 반응 카드 방향, 반응영역 그리고 반응내용에 부합하는 형태질만 추려서 표시하도록 옵션 지정을 할 수 있다. 이뿐만 아니라 옵션에 따라 표시될 형태질 항목을 카드 방향 순, 반응 대상의 유형 순, 반응 대상 이름의 문자 순, 형태질 수준 순으로 정렬할 수도 있다. 또한, 형태질 목록에 없는 반응일 때 수검자가 보고한 사용영역에 해당하는 반응 대상의 이름을 제안할 수도 있다.

일단 FQ 탐색을 위한 기준을 설명하면 이에 따라 선별된 FQ 항목을 실시간으로 화면에 제시해 준다. 예를 들어, I번 카드에서 W 반응을 했다면 W 영역에 해당하는 형태질 목록이 [그림 4-13]과 같이 표시되는데 해당 대상 이름을 한 번 클릭하면 노란색으로 바탕색이 변하고 두 번 클릭하면 파란색으로 바탕색이 변한다. 노란색은 최종 결정될 수 있는 하나의 대상을

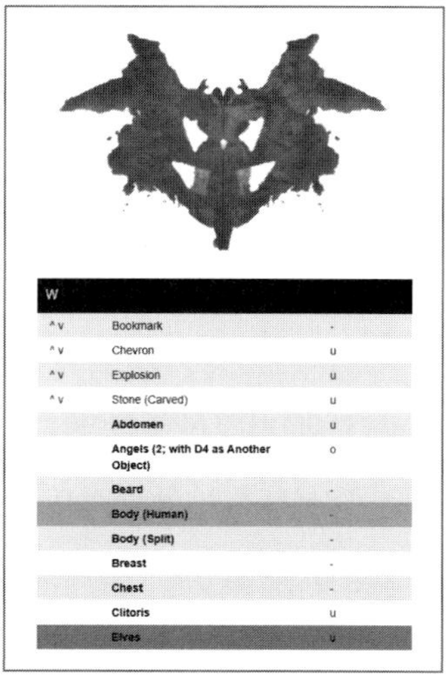

[그림 4-13] 형태질 항목 표시 방식

표시하는 것이고 파란색은 좀 더 따져 볼 여러 대상을 표시해 두는 것이다. 이렇게 표시하는 것은 채점자가 스스로 검토해야 할 사항을 주의할 수 있도록 도와주는 표시에 불과하다. 노란색과 파란색 어떤 상태를 선택한다고 해서 시스템 자체에서 자동 기호화 결정이 이루어지지는 않는다.

'**결정인**'은 필수 입력영역으로서 해당 반응에서 결정된 기호를 하나씩 독립적으로 지정선택할 수 있다. 움직임 반응일 경우 '움직임 양태'를 움직임 결정인 기호에 반드시 첨부해야 하는 기호이기에 두 가지 '움직임 양태'만 선택하게 되어 있다. 유채색은 한 줄에 표시되어 있고 음영과 형태 차원, 반사, 단일 형태 결정인 순으로 나열되어 있다. 두 가지 이상의 결정인이 지정선택이 되면 조합(복합) 결정인을 갖는 반응임을 말하는 것이다.

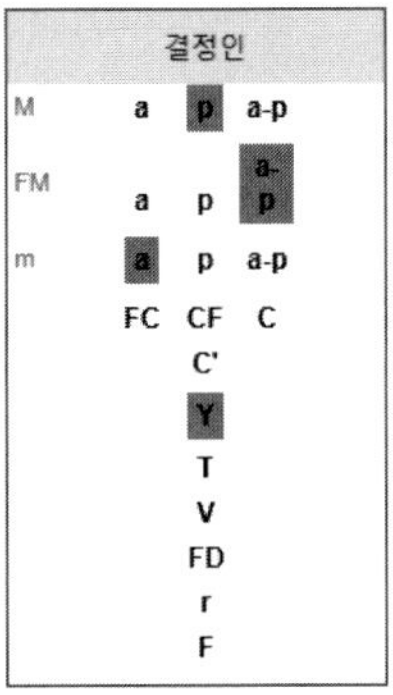

[그림 4-14] 결정인

'**인지기호**'는 DV, DR, INC, FAB, PEC, CON 순으로 나열되어 있고 수준을 지정해야 하는 네 가지 기호는 각 수준에 해당하는 숫자를 클릭하는 것으로 지정선택이 된다. 모든 인지기호는 독립적으로 기호화할 수 있지만, 실제 반응기록에서 독립된 반응과정이 확인될 경우 중복 기호화를 할 수 있기에 최종결정하기 전에 다시 한번 더 반응기록을 살펴보는 것을 권장한다. '주제기호'는 ABS, PER, COP,

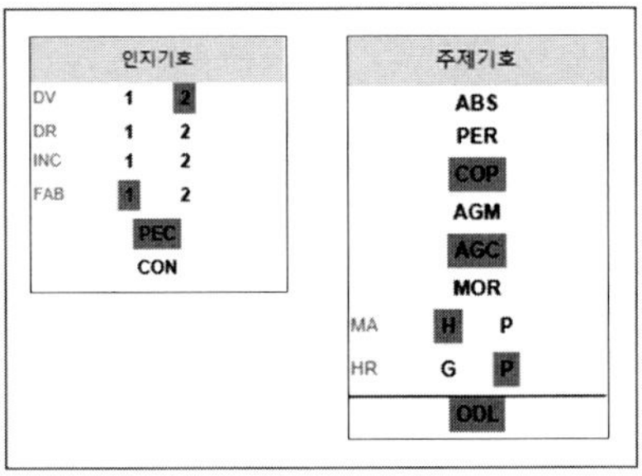

[그림 4-15] 인지기호와 주제기호

AGM, AGC, MOR, MA−H/P, HR−G/P, ODL 순으로 나열되어 있으며 반응기록에서 해당 이야기 주제가 드러난다면 채점자가 직접 이들 기호를 독립적으로 선택지정할 수 있다. 하지만 HR 기호는 G 또는 P로 구별 기호화가 되는데 '이야기 주제'에 따라 기호화 결정이 되는 것이 아니라 최종 선택된 기호에 따라(형태질, 반응내용, 인지기호 및 다른 주제기호 등) 자동 계산이 가능하기에 표시 상태만 확인하면 된다.

5. 결과표 만들기

모든 반응에 대한 기호화가 완료되면 화면 하단의 **[반응 저장하고 나가기]** 버튼을 클릭하면 결과 페이지로 이동하게 된다. 결과를 즉시 확인할 수도 있고, 컨트롤 패널로 돌아와 **[프로토콜 보기]** 메뉴로 들어가서 자신이 기호화한 모든 수검자의 프로토콜은 항목을 확인할 수도 있다. 결과 제시 화면은 'R−PAS® 기호계열 표: 기호계열 보기 옵션에서 RP, CP, comment를 지정선택하여 결과에 표시될 정보를 변경할 수 있다', 'R−PAS® 프로토콜 수준의 산출점수: 프로토콜 수준의 모든 기호의 빈도점수 및 산출 점수표', 'R−PAS® 요약 점수 및 프로파일 페이지 1, 2: 해석영역과 개별 변수들의 원점수, 백분위, 표준점수, 복잡성 조정점수 그리고 표준점수에 대한 프로파일(프로파일 보기 옵션에서 원점수, 복잡성 조정점수, 최소/최대값, Units를 선택 지정하여 결과를 볼 수 있음)', 'EII−3 및 조합점수 산출결과: 조합점수의 구성 요소에 대한 점수와 산출방정식 및 결과값', 'R−PAS 프로파일 부록—모든 변수에 대한 요약 점수'을 보여 준다. 이상의 모든 결과는

R-PAS® 기호 계열표

C-ID : P-ID : 나이 : 젠더: 학력: 실시 날짜 :

Cd	#	방향	영역	영역번호	SR	SI	반응내용	Sy	Vg	2	FQ	P	결정인	인지기호	주제기호	HR	ODL (RP)	R-Opt	Text
I	1		W				A				o		F						** *
	2		W			SI	NC	Sy			n		ma, C'		AGC				* *
II	3		W				A, Cg	Sy			-		Ma, C', Y	FAB1		PH			** *
	4		W				Bl, NC	Sy			n		C, C'	FAB1					* *
III	5		D	7,9			H, (H), Bl, Cg	Sy		2	-		Ma, C, Y	FAB2, PEC	COP, AGM, MOR, MAP	PH			** *
	6		D	7,9			H, Fi	Sy		2	-		Ma, C, Y	FAB1, PEC	COP, AGM, MAP	PH	ODL		* *
IV	7		W				(H), (Hd)	Sy			o		Ma, Y, FD		PER, AGM, AGC	PH			** *
	8		D				NC				-		ma, C', Y		AGM, AGC				* *
V	9		W				A				o	P	FMa, C'						** *
	10		W	4,7			H	Sy			o		F	INC1	MOR	PH			* *
VI	11		D	5			(H)				-		C', Y		PER	PH			** *
	12		D	1,8			(H), Fi	Sy			-		Ma, C'			PH			* *
VII	13		Dd	7,99		SI	NC				-		F						** *
	14		Dd				NC				-		mp, Y						* *
VIII	15	@	W				Fi, NC	Sy	Vg		n		C		AGC, MOR				** *
	16	v	W	8,99			NC	Sy			-		Ma, C	DV1, FAB1, PEC	MAH	PH			* *
IX	17		W	8,99			NC	Sy			-		F	FAB1	MAH				** *
	18	v	W				NC				-		FC						* *
X	19		D				H, Cg	Sy			-		Ma, FC, FD		COP	PH	ODL		** *
	20	v	D				A				-		FMa	DV1					* *

[그림 4-16] [결과] R-PAS® 기호 계열표

R-PAS® 프로토콜 수준의 산출점수

C-ID: P-ID: 나이: 젠더: 학력: 실시 날짜:

기호영역	빈도점수	빈도점수	산출점수
반응 및 검사실시	R = 20	R8910 = 6	R8910% = 30%
	Pr = 0	Pu = 0	
	CT = 4		
반응영역	W = 11	D = 7	W% = 55%
	Dd = 2	WD = 18	Dd% = 10%
공간	SR = 0	SI = 2	
	AnyS = 2		
반응내용	H = 4	An = 0	SumH = 9
	(H) = 4	Art = 0	NPH = 5
	Hd = 0	Ay = 0	NPH/SumH = 56%
	(Hd) = 1	Bl = 2	
	A = 4	Cg = 3	
	(A) = 0	Ex = 0	
	Ad = 0	Fi = 3	
	(Ad) = 0	Sx = 0	
		NC = 9	
대상질	Sy = 12		Sy% = 60%
	Vg = 1		Vg% = 5%
	2 = 2		
형태질과 평범반응	FQo = 4	WDo = 4	FQo% = 20%
	FQu = 0	WDu = 0	FQu% = 0%
	FQ- = 13	WD- = 11	FQ-% = 65%
	FQn = 3	WDn = 3	WD-% = 61%
	M- = 6	P = 1	

기호영역	빈도점수	빈도점수	산출점수
결정인	M = 7	FC = 2	WSumC = 8.5
Blends:	FM = 2	CF = 0	SumC = 7
ma,C'	m = 3	C = 5	(CF+C)/SumC = 71%
Ma,C',Y / C,C'	C' = 7	Y = 7	MC = 15.5
Ma,C,Y	T = 0	V = 0	M/MC = 45%
Ma,C,Y / Ma,Y,FD	r = 0	FD = 2	YTVC' = 14
ma,C',Y		F = 4	mY = 10
FMa,C' / C',Y			F% = 20%
Ma,C' / mp,Y			PPD = 19
Ma,C			MC - PPD = -3.5
Ma,FC,FD	a = 11	p = 1	p/(a+p) = 8%
	Ma = 7	Mp = 0	Mp/(Ma+Mp) = 0%
	Blend = 13	CBlend = 3	Blend% = 65%
인지기호	DV1 (1) = 2	DV2 (2) = 0	WSumCog = 46
	INC1 (2) = 1	INC2 (4) = 0	SevCog = 4
	DR1 (3) = 0	DR2 (6) = 0	Lev2Cog = 1
	FAB1 (4) = 5	FAB2 (7) = 1	
	PEC (5) = 3	CON (7) = 0	
주제기호	ABS = 0	PER = 2	MAHP = 4
	COP = 3	MAH = 2	MAP/MAHP = 50%
	AGM = 4	AGC = 4	GPHR = 9
	MOR = 3	MAP = 2	PHR/GPHR = 100%
	ODL = 2		ODL% = 10%
	GHR = 0	PHR = 9	
기타 산출점수	IntCont = 0	TP-Comp = 7.5	Complexity = 102
	CritCont% = 60%	V-Comp = 4.4	LSO = 40
	EII-3 = 5.3	SC-Comp = 7.9	Cont = 27
			Det = 35

굵은 글자로 된 산출점수 결과는 요약 점수와 프로파일 페이지에 있습니다

[그림 4-17] R-PAS® 프로토콜 수준의 산출점수

결과 화면에서 바로 출력할 수 있고 PDF 파일로 저장할 수도 있다.

프로파일 결과에 표시되는 동그라미 아이콘들은 표준점수 10점을 기준으로 맞춰져 있다. 안이 비어 있는—'녹색 아이콘'은 90~110에 범위를, 원 안에 하나의 세로줄이 있는—'노란색 아이콘'은 다음의 인접 범위(80~89와 111~120)를, 원 안에 두 개의 세로줄이 있는—'빨간색 아이콘'은 그다음의 인접 범위(70~79와 121~130)를, 그 이상 범위(70 미만 그리고 130 초과)는 속이 찬—'검은색 아이콘'으로 되어 있다. 그렇기에 컬러와 흑백 어떤 종류의 프린터를 사용하더라도 쉽게 시각적으로 해당 범위를 식별할 수 있다.

'해석 가이드'는 기본적으로 페이지 1에 포함된 변수들에 대해 10점 구간에 속하는 모든 점수를 하나의 범위로 묶어 사례-기반 추론을 하며, 페이지 2의 값들에 대해서는 표준점수 15점 구간에 따라 해석 범위를 묶여 있다. 페이지 2에 포함된 변수가 가진 잠정적인 해석을 좀 더 넓게 고려해 보기 위해 설정한 것이다. 따라서 페이지 2의 결과를 기반으로 추론할 경우, 일반적으로 '평균' 범위는 85~115, '평균 미만(평균 하)'은 70~84, '낮음' 범위는 70 미만, '평균 초과(평균 상)' 범위는 116~130, '높음' 범위는 130 초과한 점수이다. 이렇게 구분 점수와 표시 방식의 차이로 페이지 2의 프로파일 아이콘 유형은 페이지 1에 적용한 방식과 다르게 해석적 의미와 실제 해석적 의미가 불일치하게 된다(예: 노란색 아이콘이지만 평균 범위의 해석을 담고 있음). 사례 해석을 해야 하는 사용자는 모든 점수가 연속선의 특정 위치에 있다는 것을 잘 알고 있어야 하고, 특정 점수에 해당하는 아이콘 유형이나 해석적 분류 범주는 기본적으로 의사소통을 편하게 하기 위한 것이며 이는 어느 정도의 임의적 편의성을 제공하기 위한 것임을 잘 알고 있어야 한다. 결과 프로파일에 포함된 대부분 변수

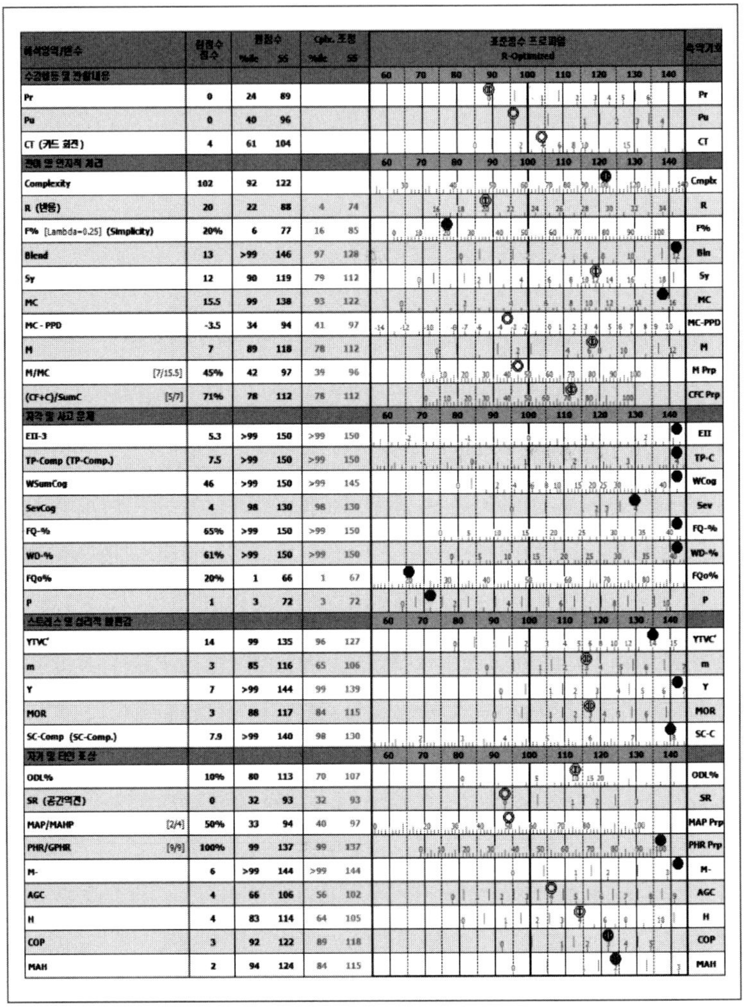

해석영역/변수		원점수	원점수 %ile	원점수 SS	Cplx. 조정 %ile	Cplx. 조정 SS	약어기호
수검행동 및 관찰내용							
Pr		0	24	89			Pr
Pu		0	40	96			Pu
CT (카드 회전)		4	61	104			CT
관여 및 인지적 처리							
Complexity		102	92	122			Cmplx
R (반응)		20	22	88	4	74	R
F% [Lambda=0.25] (Simplicity)		20%	6	77	16	85	F%
Blend		13	>99	146	97	128	Bln
Sy		12	90	119	79	112	Sy
MC		15.5	99	138	93	122	MC
MC - PPD		-3.5	34	94	41	97	MC-PPD
M		7	89	118	78	112	M
M/MC	[7/15.5]	45%	42	97	39	96	M Prp
(CF+C)/SumC	[5/7]	71%	78	112	78	112	CFC Prp
지각 및 사고 문제							
EII-3		5.3	>99	150	>99	150	EII
TP-Comp (TP-Comp.)		7.5	>99	150	>99	150	TP-C
WSumCog		46	>99	150	>99	145	WCog
SevCog		4	98	130	98	130	Sev
FQ-%		65%	>99	150	>99	150	FQ-%
WD-%		61%	>99	150	>99	150	WD-%
FQo%		20%	1	66	1	67	FQo%
P		1	3	72	3	72	P
스트레스 및 심리적 불편감							
YTVC'		14	99	135	96	127	YTVC'
m		3	85	116	65	106	m
Y		7	>99	144	99	139	Y
MOR		3	88	117	84	115	MOR
SC-Comp (SC-Comp.)		7.9	>99	140	98	130	SC-C
자기 및 타인 표상							
ODL%		10%	80	113	70	107	ODL%
SR (공간역전)		0	32	93	32	93	SR
MAP/MAHP	[2/4]	50%	33	94	40	97	MAP Prp
PHR/GPHR	[9/9]	100%	99	137	99	137	PHR Prp
M-		6	>99	144	>99	144	M-
AGC		4	66	106	56	102	AGC
H		4	83	114	64	105	H
COP		3	92	122	89	118	COP
MAH		2	94	124	84	115	MAH

[그림 4-18] R-PAS® 요약점수 및 프로파일 페이지 1

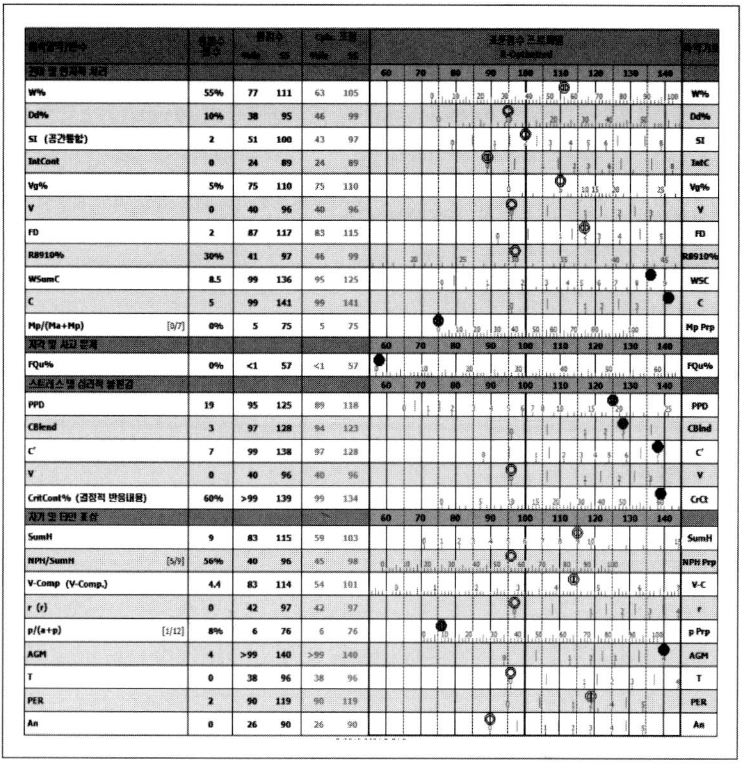

해석영역/변수		원점수	원점수 %ile	원점수 SS	Cplx. 조정 %ile	Cplx. 조정 SS	약어기호
관여 및 인지적 처리							
W%		55%	77	111	63	105	W%
Dd%		10%	38	95	46	99	Dd%
SI (공간통합)		2	51	100	43	97	SI
IntCont		0	24	89	24	89	IntC
Vg%		5%	75	110	75	110	Vg%
V		0	40	96	40	96	V
FD		2	87	117	83	115	FD
R8910%		30%	41	97	46	99	R8910%
WSumC		8.5	99	136	95	125	WSC
C		5	99	141	99	141	C
Mp/(Ma+Mp)	[0/7]	0%	5	75	5	75	Mp Prp
지각 및 사고 문제							
FQu%		0%	<1	57	<1	57	FQu%
스트레스 및 심리적 불편감							
PPD		19	95	125	89	118	PPD
CBlend		3	97	128	94	123	CBlnd
C'		7	99	138	97	128	C'
V		0	40	96	40	96	V
CritCont% (결정적 반응내용)		60%	>99	139	99	134	CrCt
자기 및 타인 표상							
SumH		9	83	115	59	103	SumH
NPH/SumH	[5/9]	56%	40	96	45	98	NPH Prp
V-Comp (V-Comp.)		4.4	83	114	54	101	V-C
r (r)		0	42	97	42	97	r
p/(a+p)	[1/12]	8%	6	76	6	76	p Prp
AGM		4	>99	140	>99	140	AGM
T		0	38	96	38	96	T
PER		2	90	119	90	119	PER
An		0	26	90	26	90	An

[그림 4-19] R-PAS® 요약점수 및 프로파일 페이지 2

에는 보통 세 가지 해석 범위가 있으며, 드물게는 2개 범위나 5개나 6개의 해석 범위를 가진 변수도 포함되어 있다.

조합점수/구성요소	Case Data	Beta Weight	Equation	결과
EII-3			EII-3 =	5.3
FQ-	13	.36	+ 0.138 × (1.318) × (FQ-)	2.36
WSumCog	46	.49	+ 0.302 × (1.000) × (√WSumCog)	2.05
CritCont%	60%	.19	+ 0.265 × (1.000) × (√CritCont)	0.92
M-	6	.18	+ 0.321 × (1.068) × (√M-)	0.84
PHR	9	.19	+ 0.287 × (1.002) × (√PHR)	0.86
GHR	0	-.17	- 0.101 × (0.998) × (GHR)	0.00
R	20	-.20	- 0.052 × (1.000) × (R)	-1.04
			- 0.955 + (0.268)	-0.69

조합점수/구성요소	Case Data	Beta Weight	Equation	결과
V-Comp			V-Comp =	4.4
T	0	-.27	- 0.631 × (√T)	0.00
#R with W¦SI¦Sy	16	.20	+ 0.065 × ([#R with W or SI or Sy])	1.04
LSO Complexity	40	.12	+ 0.699 × (LSO/R)	1.40
AnyS	2	.32	+ 0.224 × (AnyS)	0.45
SumH	9	.20	+ 0.652 × (√SumH)	1.96
(H)+(A)+(Hd)+(Ad)	5	.18	+ 0.388 × (√((H)+(A)+(Hd)+(Ad)))	0.87
H+(H)+A+(A) / Sum H & A Cont	12 13	-.21	- 2.340 × ([H+(H)+A+(A)] / [H+(H)+A+(A)+Hd+(Hd)+Ad+(Ad)])	-2.16
Cg	3	.13	+ 0.278 × (√Cg)	0.48
			+ 0.332	0.33

조합점수/구성요소	Case Data	Beta Weight	Equation	결과
TP-Comp			TP-Comp =	7.7
WD-%	61%	.18	+ 2.159 × (1.168) × (WD-%/100)	1.54
FQ-%	65%	.48	+ 5.618 × (1.194) × (FQ-%/100)	4.36
FAB2	1	.12	+ 0.598 × (1.000) × (-1/(FAB2 + 1)^{3})	-0.15
WSumCog	46	.28	+ 0.191 × (1.000) × (√WSumCog)	1.30
M-	6	.17	+ 0.329 × (1.068) × (√M-)	0.86
R	20	-.06	- 0.017 × (1.000) × (R)	-0.34
			- 0.458 + (0.560)	0.10

조합점수/구성요소	Case Data	Beta Weight	Equation	결과
SC-Comp			SC-Comp =	7.9
V+FD	2	.16	+ 0.322 × (1.000) × (√(V + FD))	0.46
CBlend	3	.35	+ 0.896 × (1.000) × (√ CBlend)	1.55
r Pair	0 2	.19	+ 2.123 × (1.000) × (√(|(([3 × r] + Pair)/R) - 0.375|))	1.11
MOR	3	.13	+ 0.263 × (1.000) × (√MOR)	0.46
LSO Complexity	40	.10	+ 0.882 × (1.000) × (√|(LSO/R) - 1.373|)	0.70
PPD MC	19 15.5	.20	+ 0.065 × (1.000) × (PPD - MC)	0.23
CF+C FC	5 2	.24	+ 0.152 × (1.000) × ((CF+C) - FC)	0.46
FQo%	20%	-.08	- 1.031 × (0.967) × (FQo%/100)	-0.20
AnyS	2	.25	+ 0.177 × (1.000) × (AnyS)	0.35
P	1	.16	+ 0.589 × (1.000) × (√(|P - 5.5|))	1.25
H	4	-.16	- 0.128 × (1.000) × (H)	-0.51
			+ 2.020 + (0.033)	2.05

[그림 4-20] EII-3 및 조합점수 산출결과

기호영역 & 변수	원점수	원점수 %ile	원점수 SS	Cplx. 조정 %ile	Cplx. 조정 SS
R & 수검행동					
R	**20**	**22**	**88**	**4**	**74**
R8910	6	23	89	14	83
Pr	**0**	**24**	**89**		
Pu	**0**	**40**	**96**		
CT	**4**	**61**	**104**		
R8910%	**30%**	**41**	**97**	**46**	**99**
반응영역					
W	11	74	109	50	100
D	7	23	89	28	91
Dd	2	33	93	33	93
WD	18	33	93	11	81
W%	**55%**	**77**	**111**	**63**	**105**
Dd%	**10%**	**38**	**95**	**46**	**99**
공간					
SR	**0**	**32**	**93**	**32**	**93**
SI	**2**	**51**	**100**	**43**	**97**
AnyS	2	42	97	27	90
반응내용					
H	**4**	**83**	**114**	**64**	**105**
(H)	4	95	125	93	123
Hd	0	14	84	14	84
(Hd)	1	78	111	44	98
A	4	6	77	6	77
(A)	0	37	95	37	95
Ad	0	9	80	9	80
(Ad)	0	45	98	45	98
An	**0**	**26**	**90**	**26**	**90**
Art	0	32	93	32	93
Ay	0	42	97	42	97
Bl	2	98	132	98	132
Cg	3	80	113	58	103
Ex	0	45	98	45	98
Fi	3	99	133	96	127
Sx	0	45	98	45	98
NC	9	79	112	47	99
SumH	**9**	**83**	**115**	**59**	**103**
NPH	5	74	110	50	100
NPH/SumH	**56%**	**40**	**96**	**45**	**98**
대상질					
Sy	**12**	**90**	**119**	**79**	**112**
Vg	1	72	109	72	109
2	2	13	83	7	78
Sy%	60%	98	132	92	121
Vg%	**5%**	**75**	**110**	**75**	**110**

기호영역 & 변수	원점수	원점수 %ile	원점수 SS	Cplx. 조정 %ile	Cplx. 조정 SS
FQ와 평범반응					
FQo	4	1	63	<1	60
FQu	0	1	64	1	64
FQ-	13	>99	150	>99	150
FQn	3	99	138	99	138
WDo	4	2	68	1	62
WDu	0	2	68	2	68
WD-	11	>99	147	>99	147
WDn	3	>99	140	>99	140
M-	**6**	**>99**	**144**	**>99**	**144**
P	**1**	**3**	**72**	**3**	**72**
FQo%	**20%**	**1**	**66**	**1**	**67**
FQu%	**0%**	**<1**	**57**	**<1**	**57**
FQ-%	**65%**	**>99**	**150**	**>99**	**150**
WD-%	**61%**	**>99**	**150**	**>99**	**150**
결정인					
M	**7**	**89**	**118**	**78**	**112**
FM	2	36	95	15	84
m	**3**	**85**	**116**	**65**	**106**
FC	2	67	107	50	100
CF	0	21	88	21	88
C	**5**	**99**	**141**	**99**	**141**
C'	**7**	**99**	**138**	**97**	**128**
Y	**7**	**>99**	**144**	**99**	**139**
T	**0**	**38**	**96**	**38**	**96**
V	**0**	**40**	**96**	**40**	**96**
r	**0**	**42**	**97**	**42**	**97**
FD	**2**	**87**	**117**	**83**	**115**
F	4	6	77	11	81
a	11	93	122	87	117
p	1	17	86	8	79
Ma	7	98	131	95	124
Mp	0	19	87	19	87
Blend	**13**	**>99**	**146**	**97**	**128**
CBlend	**3**	**97**	**128**	**94**	**123**
WSumC	**8.5**	**99**	**136**	**95**	**125**
SumC	7	92	121	77	111
(CF+C)/SumC	**71%**	**78**	**112**	**78**	**112**
MC	**15.5**	**99**	**138**	**93**	**122**
M/MC	**45%**	**42**	**97**	**39**	**96**
YTVC'	**14**	**99**	**135**	**96**	**127**
mY	10	99	137	96	127
F%	**20%**	**6**	**77**	**16**	**85**
PPD	**19**	**95**	**125**	**89**	**118**
MC - PPD	**-3.5**	**34**	**94**	**41**	**97**
p/(a+p)	**8%**	**6**	**76**	**6**	**76**
Mp/(Ma+Mp)	**0%**	**5**	**75**	**5**	**75**
Blend%	65%	>99	150	>99	150

기호영역 & 변수	원점수	원점수 %ile	원점수 SS	Cplx. 조정 %ile	Cplx. 조정 SS
인지기호					
DV1 (1)	2	89	119	89	119
DV2 (2)	0	49	100	49	100
DR1 (3)	0	43	97	43	97
DR2 (6)	0	48	99	48	99
PEC (5)	3	99	136	99	136
INC1 (2)	1	61	104	31	92
INC2 (4)	0	45	98	45	98
FAB1 (4)	5	99	142	99	142
FAB2 (7)	1	98	130	98	130
CON (7)	0	49	100	49	100
WSumCog	**46**	**>99**	**150**	**>99**	**145**
SevCog	**4**	**98**	**130**	**98**	**130**
Lev2Cog	1	89	119	89	119
주제기호					
ABS	0	46	99	46	99
PER	**2**	**90**	**119**	**90**	**119**
COP	**3**	**92**	**122**	**89**	**118**
MAH	**2**	**94**	**124**	**84**	**115**
GHR	0	3	73	3	73
AGM	**4**	**>99**	**140**	**>99**	**140**
AGC	**4**	**66**	**106**	**56**	**102**
MOR	**3**	**88**	**117**	**84**	**115**
MAP	2	92	121	85	116
PHR	9	99	138	96	127
ODL	2	74	110	44	97
MAHP	4	95	124	88	118
MAP/MAHP	**50%**	**33**	**94**	**40**	**97**
GPHR	9	76	111	50	100
PHR/GPHR	**100%**	**99**	**137**	**99**	**137**
ODL%	**10%**	**80**	**113**	**70**	**107**
기타 산출점수					
IntCont	**0**	**24**	**89**	**24**	**89**
CritCont%	**60%**	**>99**	**139**	**99**	**134**
EII-3	**5.3**	**>99**	**150**	**>99**	**150**
TP-Comp	**7.5**	**>99**	**150**	**>99**	**150**
V-Comp	**4.4**	**83**	**114**	**54**	**101**
SC-Comp	**7.9**	**>99**	**140**	**98**	**130**
Complexity	**102**	**92**	**122**		
LSO	40	85	116		
Cont	27	84	115		
Det	35	98	132		
기타 조합점수 구성성분					
W-SI-Sy	16	70	108	37	95
(H)(Hd)(A)(Ad)	5	89	118	77	111
H(H)A(A)/SumH&	92%	91	120	89	118
VFD	2	80	113	55	102
(r*3+Pair)%	10%	10	80	8	79
CFC – FC	3	92	121	92	121

[그림 4-21] R-PAS 프로파일 부-모든 변수에 대한 요약점수

6. 해석 가이드 사용

구매할당을 받은 '해석 가이드'가 있다면 [프로토콜 보기] 항목에서 선택된 프로토콜의 세부 메뉴에 [해석 가이드 첨부]가 활성화되어 클릭이 가능한 상태로 표시가 된다. 해당 사례의 모든 반응에 대한 기호가 입력된 다음, 직후가 아니어도 언제든 필요할 때 첨부하여 '해석 가이드'를 확인할 수 있다. '해석 가이드'는 R-PAS 결과 프로토콜에 포함된 모든 프로파일 점수에 해당하는 해석적 설명을 담고 있다. 각 변수에 대한 '일반적 해석(일반 해석)'을 설명하고 채점 완료한 사례에 해당하는 표준점수의 해석적 설명이 함께 제공한다. 사용자가 직접 '일반 해석'과 '사례별 해석'을 지정하여 선택적으로 화면 표시할 수도 있다.

[그림 4-22] R-PAS® 사례-기반 해석 가이드

'해석 가이드'의 정확한 사용은 검사가 정확하게 실시되고 기호화되었음을 전제할 수 있어야 한다. 만약 실시와 기호화의 정확성이 담보되지 않을 시에는 해석 가이드의 진술은 적용될 수 없음을 명심해야 할 것이다. 그리고 검사결과의 절대적 진술이 아님을 잘 알고 있어야 하고 평가 맥락과 수검자의 배경정보, 다른 검사결과 등을 통합하여 평가해야만 한다.

참고문헌

김영환 역(2005). 로르샤하 해석의 원리(2판). 서울: 학지사.

김정아 역(2020). 로르샤흐: 잉크 얼룩으로 사람의 마음을 읽다. 갈마바람.

신민섭 외 역(2017). 심리평가 핸드북. 서울: 사회평론아카데미.

우상우(2017). 심리치료 장면에서의 심리평가. 서울: 학지사.

우상우(2024). 개념으로 배우는 로르샤흐. 서울: 학지사.

윤화영 역(2011). 로르샤하 종합체계(5판). 서울: 학지사.

Ales, F., Giromini, L., Bosi, J., & Zennaro, A. (2022). *White space responses in the Rorschach: Using eye-tracking to further understand the distinction between space reversal and space integration.* Current Psychology.

Ales, F., Giromini, L., & Zennaro, A. (2020). Complexity and cognitive engagement in the Rorschach task: An eye-tracking study. *Journal of Personality Assessment, 102,* 538-550.

Atkinson, L. (1986). The comparative validities of the Rorschach and MMPI: A meta-analysis. *Canadian Psychology, 27,* 238-247.

Bandura, A. (1954a). The Rorschach white space response and "oppositional" behavior. *Journal of consulting Psychology, 18,* 17-21.

Bornstein, R. F. (1996). Construct validity of the Rorschach Oral Dependency Scale: 1967-1995. *Psychological Assessment, 8,* 200-

505.

Bornstein, R. F. (2012). Rorschach score validation as a model for 21st-century personality assessment. *Journal of Personality Assessment, 94,* 26-38.

Cronbach, L. J. (1949). Statistical methods applied to Rorschach scores: A review. *Psychological Bulletin, 46,* 393-429.

Dean, K. L., Viglione, D. J., Perry, W., & Meyer, G. J. (2007). A method to optimize the response range while maintaining Rorschach Comprehensive System validity. *Journal of Personality Assessment, 89,* 149-161.

Dean, K. L., Viglione, D. J., Perry, W., & Meyer, G. J. (2008). Correction to: "A method to optimize the response range while maintaining Rorschach Comprehensive System validity." *Journal of Personality Assessment, 90,* 204.

Diener, M. J. (2013). Focus on Clinical Practice—Review of 'An Introduction to the Rorschach Performance Assessment System (R-PAS)'. *Independent Practitioner, Winter,* 12-14.

Diener, M. J., Hilsenroth, M. J., Shaffer, S. A., & Sexton, J. E. (2011). A meta-analysis of the relationship between the Rorschach Ego Impairment Index (EII) and psychiatric severity. *Clinical Psychology & Psychotherapy, 18,* 464-485.

Ellenberger, H. (1954). The life and work of Hermann Rorschach (1884-1922). *Bulletin of the Menninger Clinic, 18,* 173-219.

Frank, L. K. (1939). Projective methods for the study of personality. *The Journal of Psychology: Interdisciplinary and Applied, 8,* 389-413.

Gibby, R. G., & Stotsky, B. A. (1953). The relation of Rorschach free association to inquiry. *Journal of Consulting Psychology, 17,* 359-364.

Graceffo, R. A., Mihura, J. L., & Meyer, G. J. (2014). A meta-analysis of an implicit measure of personality functioning: The Mutuality of Autonomy Scale. *Journal of Personality Assessment, 96,* 581-595.

Hunsley, J., & Bailey, J. M. (2001). Wither the Rorschach? An analysis of the evidence. *Psychological Assessment, 13,* 472-485.

Lewey, J. H., Kivisalu, T. M., & Giromini, L. (2019). Coding With R-PAS: Does Prior Training With the Exner Comprehensive System Impact Interrater Reliability Compared to Those Examiners With Only R-PAS-Based Training? *Journal of Personality Assessment, 101*(4), 393-401.

Meyer, G. J. (2000). On the Science of Rorschach Research. *Journal of Personality Assessment, 75*(1), 46-81.

Meyer, G. J., Viglione, D. J., Mihura, J. L., Erard, R. E, & Erdberg, P. (2011). *Rorschach Performance Assessment System: Administration, coding, interpretation, and technical manual.* Toledo, OH: Author.

Meyer, G. J. (2017). What Rorschach performance can add to assessing and understanding personality. *International Journal of Personality Psychology, 3,* 36-49.

Meyer, G. J., & Archer, R. P. (2001). The hard science of Rorschach research: What do we know and where do we go? *Psychological Assessment, 13*(4), 486-502. https://doi.org/10.1037/1040-3590.13.4.486

Meyer, G. J., & Eblin, J. J. (2012). An overview of the Rorschach Performance Assessment System (R-PAS). *Psychological Injury and Law, 5,* 107-121.

Meyer, G. J., Giromini, L., Viglione, D. J., Reese, J. B., & Mihura, J. L. (2015). *The association of gender, ethnicity, age, and education with Rorschach scores. Assessment, 22,* 46-64.

Meyer, G. J., Hsiao, W.-C., Viglione, D. J., Mihura, J. L., & Abraham, L.

M. (2013). Rorschach scores in applied clinical practice: A survey of perceived validity by experienced clinicians. *Journal of Personality Assessment, 95,* 351-365.

Meyer, G. J., Viglione, D. J., & Giromini, L. (2014). An introduction to Rorschach assessment. In R. P. Archer & S. R. Smith (Eds.), *Personality Assessment* (2nd ed.). New York, NY: Routledge.

Mihura, J. L., & Graceffo, R. A. (2014). Multimethod assessment and treatment planning. In C. J. Hopwood & R. F. Bornstein (Eds.), *Multimethod clinical assessment.* Guilford Press.

Mihura, J. L., Meyer, G. J., Dumitrascu, N., & Bombel, G. (2011). *A systematic review and metaanalysis of the Rorschach Comprehensive System validity literature.* Manuscript submitted for publication.

Pianowski, G., de Villemor-Amaral, A. E., & Meyer, G. J. (2023). Comparing the Validity of the Rorschach Performance Assessment System and Exner's Comprehensive System to Differentiate Patients and Nonpatients. *Assessment, 30*(8), 2417-2432.

Pianowski, G., Meyer, G. J., de Villemor-Amaral, A. E., Zuanazzi, A. C., & do Nascimento, R. S. G. F. (2019). Does the Rorschach Performance Assessment System (R-PAS) Differ from the Comprehensive System (CS) on Variables Relevant to Interpretation? *Journal of Personality Assessment, 103*(1), 132-147.

Schwartz, A. L. (2012, Winter). Special Topics in Assessment—An introduction to the Rorschach Performance Assessment System(R-PAS): The promise and challenges of a new system. *SPA Exchange, 2,* 12-13.

Shaffer, T. W., Erdberg, P., & Meyer, G. J. (2007). International reference samples for the Rorschach Comprehensive System [Special issue]. *Journal of Personality Assessment, 89*(Suppl. 1).

Viglione, D. J., & Hilsenroth, M. J. (2001). The Rorschach: Facts, fictions, and future. *Psychological Assessment, 13*, 452-471.

Wood, J. M., Nezworski, M. T., & Garb, H. N. (2003). What's right with the Rorschach? *The Scientific Review of Mental Health Practice, 2*, 142-146.

www.r-pas.org

부록

카드별 잉크 반점의 고유영역 번호 차트

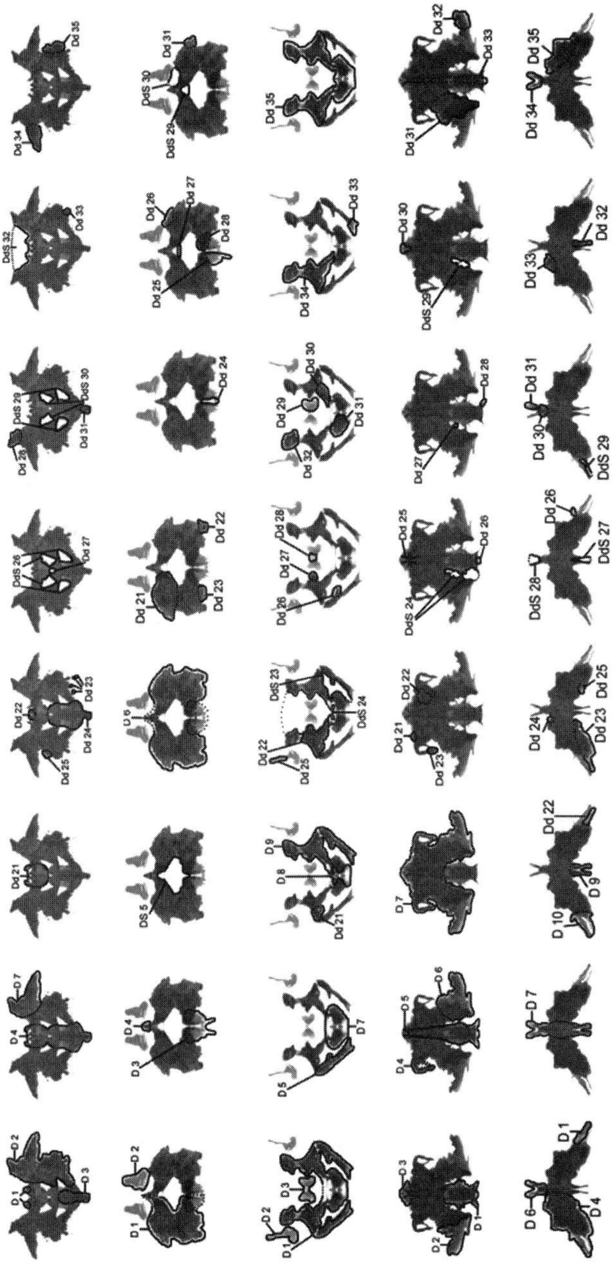

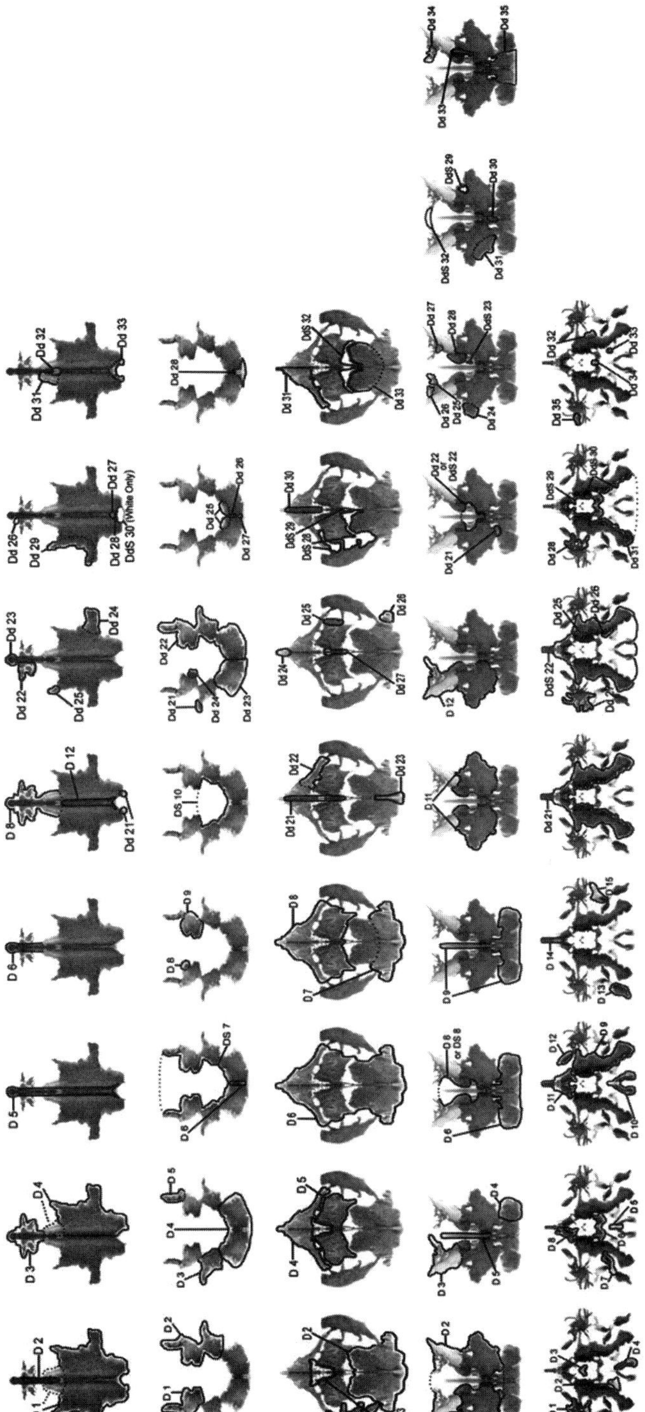

찾아보기

인명

내용

저자 소개

우상우(Woo Sang Woo)
임상심리학 박사
임상심리전문가
푸른숲심리상담센터 부설 임상심리연구소 소장
국민대학교 겸임교수, 덕성여자대학교 겸임교수

현재 푸른숲심리상담센터에서 다양한 심리적 어려움을 겪고 있는 분들을 만나 심리평가와 심리치료 서비스를 제공하고 있으며, 상담심리학 및 임상심리학 전공 수련생들의 지도감독자로서 역할을 하고 있다. 그리고 R-PAS 사용자를 위한 정기 교육 및 특강을 진행하고 있다.

로르샤흐 수행평가체계 실무 가이드북
실시, 기호화, 채점
The Guidebook of Rorschach-Performance Assessment System
Administration, Coding, Scoring

2024년 8월 5일 1판 1쇄 인쇄
2024년 8월 12일 1판 1쇄 발행

지은이 • 우상우
펴낸이 • 김진환
펴낸곳 • ㈜학지사
04031 서울특별시 마포구 양화로 15길 20 마인드월드빌딩
대표전화 • 02-330-5114 팩스 • 02-324-2345
등록번호 • 제313-2006-000265호

홈페이지 • http://www.hakjisa.co.kr
인스타그램 • https://www.instagram.com/hakjisabook

ISBN 978-89-997-3173-0 93180

정가 17,000원

저자와의 협약으로 인지는 생략합니다.
파본은 구입처에서 교환해 드립니다.